Wilhelm Dietl
Schattenarmeen

Wilhelm Dietl

Schattenarmeen

Die Geheimdienste der islamischen Welt

Residenz Verlag

Bibliografische Information der Deutschen Bibliothek
Die Deutsche Bibliothek verzeichnet diese Publikation in der Deutschen
Nationalbibliografie; detaillierte bibliografische Daten sind im Internet
über http://dnb.ddb.de abrufbar.

www.residenzverlag.at

© 2010 Residenz Verlag
im Niederösterreichischen Pressehaus
Druck- und Verlagsgesellschaft mbH
St. Pölten – Salzburg

Umschlaggestaltung: Joe P. Wannerer
Umschlagbild: plainpicture/Millennium
Typografische Gestaltung, Satz: Ekke Wolf, typic.at
unter Verwendung der Schrift Minion
Lektorat: Dr. Rainer Schöttle
Gesamtherstellung: CPI Moravia

ISBN 978-3-7017-3167-1

Inhalt

Einleitung
Nachrichtendienst light

Zum Bild – Das offizielle Emblem des »Ministeriums für Aufklärung und Sicherheit« der Islamischen Republik Iran

Die peinliche Panne passierte während der Guerillajahre von Jassir Arafat. Ein Team des PLO-Geheimdienstes *Rasd* reiste von Tunis nach Damaskus. Es soll etwa ein Dutzend Männer im besten wehrfähigen Alter gewesen sein. Als sie auf dem Flughafen der syrischen Hauptstadt eintrafen, schienen sie bei bester Laune. Sie kannten ihre Instruktionen und waren in den strengen Regeln der Konspiration geschult worden. Auch mit Assads ausgesprochen misstrauischem Regime konnten sie umgehen.

Was sie noch nicht kannten, waren ihre aktuellen Falschnamen, aber das sollte ihnen sehr bald bewusst werden. Ihre Vorgesetzten hatten ihnen auf dem Flughafen von Tunis nagelneue Pässe in die Hand gedrückt. Die Reiseausweise waren nicht wirklich gefälscht; es waren echte Pässe, nur mit falschen Namen und Personaldaten versehen. Das diente auch als Vorsichtsmaßnahme für den Fall eines Abgleichs mit den gefürchteten Computerdateien der Syrer, mit denen Arafats PLO-Fraktion Fatah traditionell auf Kriegsfuß stand.

Da die Palästinenser als Gruppe unterwegs waren, sammelte ein syrischer Offizieller alle Pässe ein. Die Reisenden warteten in einer Ecke der Ankunftshalle, wo sie ihre erste Zigarette auf feindlichem Boden rauchten und ansonsten munter plauderten. Nach etwa einer halben Stunde kam wieder ein Uniformierter und fing an, die frisch abgestempelten Ausweise auszuteilen. Er rief die Namen der Passinhaber. Einmal, zweimal, dreimal.

Keiner reagierte wirklich. Im Gegenteil, sie standen kollektiv unter Schock. Arafats Geheimagenten hatten bei der lockeren Atmosphäre im Flugzeug vergessen, sich ihre neuen Arbeits-Personalien einzuprägen. Nun fielen sie ihnen auf Anhieb nicht ein. Keiner wusste, ob er Obeid hieß oder Helou, Eid oder Saade.

Die Palästinenser kapitulierten und ließen sich widerstandslos in eine Geheimdienstzentrale der Syrer abführen. Das unrühmliche Ende einer Dienstreise, die unfreiwillig noch eine ganze Weile dauern sollte. So wurde der *Rasd* zum Gespött der regionalen Branche. Hintergründig ernannten die Syrer sie zu Ehren-Homsis: Aus der

Stadt Homs, so behauptet es der Volksmund, kommen die Dummköpfe der Nation.

Dumm sind die Hauptamtlichen der Geheimdienste im Nahen und Mittleren Osten in der Regel nicht, nur extrem grausam, weit entfernt von westlichen Werten, nach eigenen Regeln und Gesetzen lebend. Sie sind das Symbol ihrer jeweiligen Diktatur, ihr Schild und Schwert, die Überlebensgarantie und der lange Arm der Herrschenden.

Wichtig für das Verständnis der Geheimdienste des Orients sind Definitionen. Dabei spielen die traditionellen Grenzen keine entscheidende Rolle. Viel wichtiger sind konfessionelle Barrieren, ideologische Bruchstellen, Allianzen mit weit entfernten, kulturell fremden Partnern. Wo beginnt und wo endet der Nahe, der Mittlere Osten? Auch Nordafrika hält sich für einen integralen Bestandteil der arabischen Welt. Die Verbindungen nach Pakistan und Afghanistan gehören zum täglichen Geschäft der Geheimen von der arabischen Halbinsel.

Die Iraner stellen sich gegen alle, unterhalten aber trotzdem intensive Kontakte nach Syrien, in den Libanon, zu radikalen Palästinensern. Wenn es um weltweite Anschläge geht, dann bleiben die Drahtzieher in Teheran gern im Hintergrund. Sie schicken bevorzugt die routinierten Killer der libanesischen Hisbollah vor. Das verschleiert die eigene Rolle.

Was haben die islamischen Geheimarmeen der ewigen Krisenzone zwischen Indus und Atlantik gemeinsam? Sie passen nicht in die westliche Definition von Nachrichtendiensten, gehen in freundlichen Analysen maximal als »Nachrichtendienst light« durch. Nur am Rande sammeln sie Informationen, die ihren politischen Führungen die Welt erklären – ein Kerngeschäft westlicher Dienste. Politik muss in der islamischen Welt unbedingt ins eigene Schema passen. Wenn nicht, dann wird sie zuerst einmal abgelehnt – und durch Aussitzen auf Distanz gehalten. Fremde Konzepte zu akzeptieren, das kann Jahre und Jahrzehnte dauern.

Gemeinsam ist den Geheimdiensten der Region, arabisch *Muchabarat*, dass sie absolut kompromisslos gegen die Feinde und Andersdenkenden im Inneren vorgehen. Sie morden und foltern, verbreiten Angst und Schrecken. Intellektuellen begegnen sie von Anfang an mit Misstrauen und Ablehnung. Schriftsteller, Journalisten und Oppositionspolitiker stehen für sie auf der Liste potenzieller Feinde ganz oben. Im Vergleich zu den geheimen Diensten der islamischen Welt war die Staatssicherheit im früheren Ostblock ein menschenfreundliches Gebilde. An Brutalität sind die Dienste im Nahen und Mittleren Osten durch nichts zu überbieten.

Besonders selbstbewusste Regime sind der Überzeugung, dass sie auch auf ihre Landsleute *jenseits* der Grenzen jederzeit Zugriff haben müssten. Mit Empörung reagieren sie, sobald sich ihnen Polizei und Justiz der Asylländer in den Weg stellen. Geheimdienste aus dem Iran, aus Syrien, Libyen und Marokko haben in der Vergangenheit immer wieder Oppositionelle aus deren Gastländern verschleppt oder sie dort spektakulär getötet. In der Regel werden diese Fälle sehr schnell aufgeklärt, weil es für Todesschwadronen fremder Kulturen im Westen nahezu unmöglich ist, spurlos abzutauchen. Sie begehen Fehler, werden gefasst oder zumindest identifiziert. Wirklich »erfolgreiche« Attentate von ausländischen Diensten bei uns liegen lange zurück.

In den vergangenen Jahrzehnten wollten die Regime der islamischen Welt immer dann besonders clever sein, wenn sie sich zu einer riskanten Auslandsoperation ihrer Dienste entschieden hatten. Also heuerten sie hauptberufliche Terroristen an, die ihnen mit weltweiten Verbindungen und für gute Bezahlung die blutige Arbeit abnehmen sollten. In die Historie des Terrors gingen Aktionen des Venezolaners Carlos und seiner internationalen Söldnertruppe ein, aber auch Anschläge von Palästinensern und der von Teheran gesteuerten »schiitischen Internationale«.

So war es bei den Angriffen auf Flugzeuge von PanAm, Lufthansa, UTA und TWA, beim Anschlag auf die Diskothek »LaBelle« in Berlin wie auch bei den Bomben gegen jüdische Einrichtungen in Buenos Aires. Auch ein Osama bin Laden wurde zu anderen Zeiten als strategisch wichtiger Partner akzeptiert. Was häufig wie eine individuelle Tat aussah, entpuppte sich schließlich immer als purer Staatsterrorismus.

In der Konsequenz führte das beim Berliner »Mykonos«-Attentat zur gerichtlichen Verurteilung der verantwortlichen iranischen Regierung und zum internationalen Haftbefehl für den damaligen Chef des Geheimdienstes, Ali Fallahian. Um diesen auszustellen, brauchte es jedoch viel Mut aufseiten der Justiz in Karlsruhe und Berlin. Es geht auch anders herum. Partnerdienste arabischer Staaten übernehmen gern Auftragsarbeiten für ihre westlichen Freunde, allen voran die CIA. Das funktioniert so: Die Araber lassen sich islamistische Terrorverdächtige liefern, die selbst in extraterritorialen Bereichen wie dem US-Gefangenenlager Guantanamo Bay noch ein Mindestmaß an Menschenrechten erfahren müssten. An die arabischen Dienste übergeben, werden diese Verdächtigen jenseits aller internationalen Gesetze beliebig lange in isolierten Untergrundzellen verwahrt, bestialisch gefoltert und manchmal auch zu Tode gequält. Für die Amerikaner gehört das zum irrationalen »Krieg gegen den Terror«, und auch bei den Europäern steigt die Akzeptanz für das Outsourcing von Quälereien. Die »Allianz der Willigen« darf als multinationale Wachstumsbranche gelten. An ihrer Spitze stehen derzeit – überraschenderweise – die Jordanier.

Eine Sonderrolle spielen die nationalistischen Palästinenser, also die Vertreter der traditionellen PLO. Sie werden von der CIA mit Know-how und Technik unterstützt; stabilisieren sie doch eine der vordersten Frontlinien im Kampf gegen den Iran und Hisbollah, die kräftig in Hamas investieren.

Gelegentlich müssen die neuen Partnerdienste aus Maghreb und Maschrek, Levante und Hindukusch, vom Nil und vom Tigris darauf achten, dass ihre letzten echten Geheimnisse gewahrt bleiben. In der Zeit des Kalten Krieges ging es ihnen nur um die dezente Beschaffung von konventionellen Rüstungsgütern. Und die wurden, je nach ideologischer Ausrichtung, von einem der beiden Blöcke geliefert.

Heute streben die Machtzentren der islamischen Welt nach der Atombombe. Weltweite Embargobestimmungen zwingen sie aber letztlich dazu, die für sie verbotene Technik über ebenfalls weltweite Netze mit getarnten Beschaffungsfirmen und durch die verschwiegenen Kanäle ihrer Geheimdienste einzukaufen. Proliferation, also die Weiterverbreitung von Massenvernichtungswaffen und deren Trägersystemen, ist weltweit zu einem großen Thema geworden.

Waren die Chefs der orientalischen Geheimdienste einst Dunkelmänner, deren Namen und Gesichter nur wenige Eingeweihte – und natürlich die Gegner – kannten, so treten sie heute auch politisch als Hauptfiguren auf. Der Ägypter Omar Suleiman beispielsweise ist Direktor des »Allgemeinen Nachrichtendienstes« und der zweitmächtigste Mann am Nil. Er gilt bereits als mutmaßlicher Nachfolger seines Präsidenten Hosni Mubarak. Häufig wird er als Unterhändler herangezogen, wenn sich die palästinensischen Fraktionen bekriegen.

Assef Shaukat, Schwager des syrischen Präsidenten Bashar Assad, galt in den letzten Jahren als der Erste unter den Damaszener Geheimdienstchefs. Er testete die Toleranz der angeheirateten Familie, als er sich selbst für das höchste Amt im Staate ins Gespräch brachte. Shaukat, ein Hauptverdächtiger beim immer noch ungeklärten Attentat auf den ehemaligen libanesischen Premier Rafik Hariri, wurde im Sommer 2009 zum stellvertretenden Stabschef der syrischen Armee »befördert«. Insider gehen davon aus, dass es sich nur um eine Parkposition handelt.

Zu den engsten Vertrauten des libyschen Diktators Muammar al-Gaddafi zählen seit Jahrzehnten Abdullah Senoussi und Musa Kusa. Immer wieder standen sie an der Spitze libyscher Geheimdienste. Ihre Namen tauchen im Zusammenhang mit zahlreichen Terroranschlägen auf. In Frankreich wurden sie in Abwesenheit zu hohen Haftstrafen verurteilt. Gaddafi kann auf die beiden Vertrauten nicht verzichten, weil sie tragende Säulen seiner Macht sind. Deshalb wurde Musa Kusa, der schon einmal Botschafter in London gewesen war, im Frühjahr 2009 zum Außenminister ernannt.

Mehr denn je konzentrieren sich die Geheimdienste des Westens auf ihre Konkurrenten, Gegner und auch Partner in der islamischen Welt. Dabei sind gerade neue Vertraute mit besonderer Vorsicht zu genießen.

Seit dem Jahreswechsel 2009/10 konzentriert sich die Abwehrschlacht der westlichen Geheimdienste und Armeen auf das ärmste arabische Land, den Jemen. Die komplizierte Stammesgesellschaft am unteren Ende des Roten Meeres, streng konservativ und tief religiös, wird zunehmend von Al-Qaida unterwandert. Von hier stammt die Bin-Laden-Familie. Blutsbande und geistige Verwandt-schaft schaffen starke Bindungen. Ähnlich wie in Pakistan werden die Geheimdienste von mächtigen islamistischen Kräften beein-flusst. Im Jemen existieren zwei Dienste – die sogenannte »Politische Sicherheitsorganisation« (PSO) und das nach 2001 gegründete »Na-tionale Sicherheitsbüro« (NSC). Das NSC berichtet direkt an den Präsidenten. Beide Behörden unterscheiden sich, nach aktuellen In-formationen aus dem Jemen, durch ihre ideologische Ausrichtung. Die PSO hat zahlreiche Islamisten in ihren Reihen, während das NSC als Auffangbecken für abgewanderte ehemalige Offiziere von Saddam Husseins (säkularem) Staatssicherheitsdienst gilt. Jemen und Irak waren ja einst enge Verbündete und pflegten ihre Gemein-samkeiten. Verständlich, dass die neuen Freunde des eigenwilligen Präsidenten Ali Abdullah Saleh (Spitzname »Little Saddam«) – die Amerikaner – gegenüber beiden »Partnerdiensten« Misstrauen ent-wickeln. Letztlich ist es aber ein Treppenwitz der Geschichte, dass US-Agenten und irakische Baathisten aus der Not heraus eine strate-gische Allianz eingehen mussten.

In der Phase des islamistischen Terrorismus, der die Weltpolitik seit dem 11. September 2001 entscheidend beeinflusst, ist die »Part-nerwahl« eine Aufgabe von besonderer Brisanz.

Iran
Der Geheimapparat der Mullahs

Die Vorgeschichte: SAVAK

Die SAVAK war eine Organisation, die zu einem sehr persönlichen Zweck ins Leben gerufen wurde: zum Machterhalt des »Königs der Könige« Mohammed Reza Pahlevi.

Die Historie des Geheimdienstes begann zeitgleich mit dem Kampf um den Rohstoff Erdöl. Die zunehmend selbstbewusster werdenden Iraner verstaatlichten 1951 ihre Ölindustrie und brüskierten damit vor allem die Briten, deren Interessen in der Region betroffen waren. Das Parlament wählte den 69-jährigen kosmopolitisch gebildeten Mohammed Mossadegh zum neuen Premierminister. Da konnten die westlichen Großmächte nicht tatenlos zuschauen.

Im Sommer 1953 lief die Geheimdienstoperation »Ajax« an. Bei der CIA wurde die beliebte Parole gestreut, es gelte im Iran den Vormarsch des Sowjetkommunismus zu verhindern. Agenten aus Washington schürten landesweite Unzufriedenheit. Auf dem Höhepunkt der Demonstrationen, dem 18. und 19. August 1953, wurde der einst so populäre Nationalist Mossadegh zum Rücktritt gezwungen. Der kurzfristig ins Ausland ausgewichene Herrscher Mohammed Reza Pahlevi kehrte zurück und nutzte die willkommene Gelegenheit, 2000 Mitglieder der Moskau-freundlichen Tudeh-Partei festzusetzen.

Nach dem erfolgreichen Putsch waren die Amerikaner präsenter denn je. Sie bescherten ihrem Schützling auf dem Pfauenthron einen Geheimdienst, wie es ihn in Persien noch nie gegeben hatte. Er nannte sich SAVAK, ausgeschrieben *Sazeman-e Ettelaʾat va Amniat-e Keshvar* (»Nationale Nachrichten- und Sicherheitsorganisation«). Im September 1953 reiste ein Oberst der US-Armee für die CIA nach Teheran. Er traf sich mit General Teymur Bakhtiar, dem Militärgouverneur der Hauptstadt. Zusammen entwickelten sie ein Konzept für das Projekt SAVAK. Der US-Oberst vermittelte Wissen nach den neuesten Richtlinien seines Hauses. Das war effizient, weil Geheimaktivitäten in jener Zeit Hochkonjunktur hatten und das Gewerbe vom Kalten Krieg geprägt wurde. Die Iraner lernten Theorie und Praxis von Überwachung und Vernehmung kennen, die Kooperation innerhalb ihrer Netze und deren Eigensicherung.

Im März 1955 wurde der geistige Urheber der SAVAK durch ein neues, fünfköpfiges Expertenteam aus Washington abgelöst. Ein Jahr später reorganisierten sie den Dienst. Unter dem Kommando von General H. Norman Schwarzkopf, dessen Sohn später als Oberbefehlshaber die Operation »Desert Storm« 1990/91 leiten sollte, konzentrierten sie sich auf die Vermittlung von operativen Techniken, Auswertung und Spionageabwehr. Sie schufen das seinerzeit skrupelloseste Machtinstrument des Nahen und Mittleren Ostens. Nach fünf Jahren war ihr Auftrag beendet und das Team wurde von Fachleuten des israelischen Mossad abgelöst. Die SAVAK bedurfte erst ab 1965 keiner fremden Ausbilder mehr. Von da an kümmerten sich eigene Kräfte um den Nachwuchs.

Der Geheimdienst der Pahlevis zählte nun rund 5500 hauptamtliche Agenten. Das Heer der Informanten wurde statistisch nicht erfasst. Bis 1961 hatte Bakhtiar die SAVAK geleitet, war dann aber bei seinem Monarchen in Ungnade gefallen, was ihn so sehr kränkte, dass er sich zum scharfen Kritiker des Herrscherhauses entwickelte, was wiederum Mohammed Reza Pahlevi nicht akzeptieren konnte. Also schickte er Bakhtiar 1970 ein »Hit-Team«, welches den ehemaligen SAVAK-Chef ermordete und die Tat als Unfall erscheinen ließ.

Bakhtiars Nachfolger Hassan Pakravan stand im Ruf, eher gutmütig und freundlich zu sein. Von ihm wird erzählt, dass er sich mit dem religiösen Oppositionsführer Ruhollah Khomeini wöchentlich zum Essen getroffen habe, obwohl dieser unter Hausarrest und spezieller Beobachtung stand. Menschenfreund Pakravan soll auch Khomeinis Hinrichtung verhindert haben, aus Rücksicht auf die Gefühle des einfachen Volkes. Dies alles war seiner Karriere nicht förderlich: 1965 wurde er durch einen engen Vertrauten und Jugendfreund des Schahs ersetzt – General Nematollah Nassiri. Die Opposition war inzwischen besser organisiert und setzte dem Regime von beiden Seiten zu. Zum einen schürten die gut organisierten Geistlichen aus den Reihen der »Mudschahedin« und der »Fedayin« Unzufriedenheit unter gläubigen Iranern, zum anderen gewannen kommunistische Tudeh-Funktionäre an Einfluss bei den Intellektuellen.

Der Schah wusste, wovon er sprach: »Selbstredend muss man in einem Land, das sich strategisch in einer so heiklen Lage befindet wie das unsere, jederzeit schnell und entschlossen handeln können, um jeden Versuch, die Regierung zu stürzen, schon im Keim zu ersticken. Heutzutage braucht jedes freie Land einen politischen Geheimdienst, der in Zusammenarbeit mit anderen Regierungsstellen alle Versuche dieser Art aufdeckt. Jeder andere Kurs wäre unter den heutigen Bedingungen falsch.«

Staatsterror als Staatsschutz: Die SAVAK erkannte die revolutionäre Situation und griff immer rücksichtsloser durch. Der Staatssicherheitsdienst organisierte die lückenlose Überwachung der bekannten Unzufriedenen. Er zensierte Presse, Literatur und Film. Wer von den Schergen des Kaisers in die berüchtigten Gefängniskomplexe Evin und Komiteh in Teheran oder landesweit in vergleichbare Verliese verschleppt wurde, entkam nur selten der Folter.

Die SAVAK entwickelte skrupellose und höchst brutale Techniken des Quälens. Ihre Opfer wurden mit harten Schlägen, häufig auf die Fußsohlen, extremer Isolationshaft, Schlafentzug, Ausreißen von Zähnen, Finger- und Fußnägeln, Elektroschocks, Säuretropfen auf die Schleimhäute, kochend heißem Wasser, simuliertem Ertrinken, Scheinhinrichtungen, Schlangen (vor allem für weibliche Häftlinge) und harten Gegenständen oder Glasscherben, die schwere Verletzungen im Darm- und Vaginalbereich hervorriefen, gemartert.

Die Folterknechte der SAVAK legten ihre nackten Gefangenen auf den heißen Grill oder auf einen speziell konstruierten elektrischen Stuhl. Um die Schreie zu dämpfen, mussten die Opfer dabei eine große Metallmaske tragen. Da sie eine entfernte Ähnlichkeit mit der amerikanischen Raumkapsel aufwies, tauften die SAVAK-Folterer die Maske ganz einfach »Apollo«. Wer im Gewahrsam des kaiserlichen Geheimdienstes »nur« vergewaltigt wurde, hatte großes Glück gehabt.

Der in den USA lebende iranische Historiker Erwand Abrahamian nennt in seinem Standardwerk *Tortured Confessions* Zahlen, die als realistisch angesehen werden. Die Sicherheitsorgane des Iran, also

nicht allein die SAVAK, sollen zwischen 1971 und 1977 exakt 368 Aufständische getötet und zwischen 1971 und 1979 rund 100 politische
Gefangene exekutiert haben. Allein 1975 sollen sich 22 prominente
Schriftsteller, Professoren, Theaterdirektoren und Filmemacher
wegen ihrer kritischen Haltung in Haft befunden haben.

Als die Zahl der zu Tode Gefolterten unaufhaltsam stieg, so Abrahamian, entsandte die SAVAK-Führung einige ihrer Vernehmer zu
befreundeten Diensten, um neue »wissenschaftliche Methoden« zu
studieren, die »ungewollte Todesfälle« verhindern sollten. Hier ging
es um die Vermeidung ungünstiger Statistiken, keinesfalls aber um
Mitmenschlichkeit. Die wichtigsten Lehrmeister in Sachen Folter
fanden die Iraner bei ihren Freunden von der CIA. Das bestätigte
der frühere Iran-Experte der CIA, Jesse J. Leaf, aber auch der renommierte Autor Robert Fisk. Er ermittelte als Ausbildungsort eine US-
Luftwaffenbasis bei New York.

Die SAVAK hatte unbegrenzte Rechte im Unrechtsstaat der Pahlevis. Ihre Mitarbeiter – am Ende waren es etwa 60 000 – waren gefürchtet und gehasst, was 1979 letztlich auch zur blutigen Revolution
führte. Solange die Monarchie existierte, war die SAVAK dem Pre-
mierministerium zugeordnet. Der jeweilige SAVAK-Direktor durfte
den Titel eines »Stellvertretenden Premierministers für nationale
Sicherheitsfragen« führen. Die SAVAK zählte zur Zivilverwaltung
des Landes, beschäftigte aber viele Militärs und pflegte enge Arbeits-
kontakte mit Angehörigen der Streitkräfte. Das hielt den Herrscher
nicht davon ab, für 7,5 Millionen Dollar bei der amerikanischen
Stanford Technology Corporation ein hochmodernes Telefon-Abhör-
system zu kaufen, mit dem die SAVAK die Kommunikation des Offi-
zierskorps in den Streitkräften überwachen konnte.

Bei der Schattenarmee des Schahs gab es auch eine Auslandsabtei-
lung, die sich vor allem auf iranische Studenten in Europa und den
USA konzentrierte. In das Blickfeld der Deutschen rückten die
Agenten des Pfauenthrons spätestens 1967, als der damalige Student
Bahman Nirumand sein Enthülllungsbuch *Persien – Modell eines
Entwicklungslandes* vorlegte. Es beeinflusste die Anti-Schah-Bewe-
gung und trug nicht unerheblich zur explosiven Stimmung während
des Besuchs der Pahlevis im Juni 1967 in Deutschland bei. SAVAK-

Agenten traten in Berlin als sogenannte »Jubelperser« auf und provozierten Straßenschlachten mit den Gegnern der Monarchie. Nirumand äußerte sich zu den Beziehungen der westlichen Demokratien zum Schah-Regime. »Wenn auch die Weltöffentlichkeit nichts von all den Folterungen, Erpressungen falscher Geständnisse, Todesurteilen, von Terror, Unterdrückung und Armut in Persien erfährt, so sind doch die Regierungen aufs Beste orientiert und tragen aus gutem Grund zum Verschweigen der Wahrheit bei.« Für den Westen waren es eigentlich zwei Gründe: das Erdöl und der Kalte Krieg. Der Iran war ein wichtiger Frontstaat zum damaligen Hauptfeind Kommunismus.

Eine kleine Schar von Experten innerhalb des iranischen Geheimdienstes kümmerte sich auch um die aktuelle Situation in den Nachbarländern, um den sich abzeichnenden Konflikt zwischen Linken und Religiösen in Afghanistan, um den hemmungslos aufrüstenden Todfeind Saddam Hussein und seine Baath-Partei in Bagdad, um die schreckhaften Herrscher am Persischen Golf.

Es war die Ära von General Nematollah Nassiri. Er sah sich einerseits gezwungen, gegen den wachsenden Volkszorn – 1976 gab es bereits bürgerkriegsähnliche Auseinandersetzungen auf den Straßen Teherans – brutal durchzugreifen, durfte sich andererseits aber auch selbst nie sicher fühlen. Mansur Rafizadeh, der SAVAK-Resident in den USA, berichtete später, der Schah habe sogar das Telefon seines einstigen Schulkameraden Nassiri abhören lassen, da er letztlich niemandem vertraute. Es war die Aufgabe des »Special Intelligence Bureau«, untergebracht im Niavaran-Palast, den Beamtenapparat zu überwachen. 1978 wurde Nassiri von Nasser Moghadam abgelöst, einer unglücklichen Figur, die das Regime in den wenigen und turbulenten Monaten bis zur Revolution nicht mehr retten konnte.

Die neuen Machthaber töteten alle wichtigen Vertreter der alten Regierung, derer sie habhaft werden konnten, im Luxusfall nach Urteilen der gefürchteten Revolutionsgerichte. Zu den ersten Hingerichteten zählten die ehemaligen SAVAK-Direktoren Pakravan, Nassiri und Moghadam. Die meisten der etwa 3000 führenden SAVAK-Mitarbeiter wurden nach der Abreise der Familie Pahlevi, Mitte Januar 1979, in den Straßen gejagt und von ihren Opfern oder deren Angehörigen getötet. Unter den 248 Militärs, an denen zwischen Februar und September 1979 die Todesstrafe vollzogen wurde, befanden sich 61 SAVAK-Mitarbeiter. Nur Agenten, die sich in jenen mörderischen Tagen im Auslandseinsatz befanden, hatten eine Chance, den Aufstand zu überleben.

Die unteren Chargen des Geheimdienstes liefen weitgehend zu den Mullahs über. Schließlich benötigte auch Khomeinis Regime einen Staatssicherheitsdienst, der mit bewährter Skrupellosigkeit alle Andersdenkenden unter Kontrolle halten konnte. Bei den Geistlichen fand sich nur eine sehr begrenzte Anzahl von Naturtalenten für die Geheimdienstarbeit. Deshalb wurde die SAVAK kurz vor dem Umbruch offiziell aufgelöst, aber niemals wirklich abgewickelt.

Die Mullahs änderten den Namen und die Führung, besetzten Schlüsselpositionen mit eigenen Leuten, und schon lief die Geheimdienstarbeit mit der bekannten Methodik weiter, als habe es nie eine Unterbrechung gegeben. In der Übergangsphase leitete Generalmajor Hossein Fardust, ein früherer Vizedirektor der SAVAK und gleichfalls Mitschüler von Schah Mohammed Reza Pahlevi, die neue Behörde SAVAMA. Diese Abkürzung stand für »*Sazeman-e Ettela'at va Amniat-e Melli-e Iran*« (»Ministerium für Nachrichtendienst und nationale Sicherheit des Iran«). Zwischen 1979 und 1981 wurde SAVAMA von den personellen SAVAK-Altlasten befreit. Dann befand sich auch der geheime Sicherheitsapparat fest in der Hand des Klerus.

Erst Jahre später merkten die neuen Machthaber, dass ihnen immer noch ausreichend geschultes Personal fehlte und dass sie diese Lücke mit frommen Aktivisten nicht füllen konnten. Daraufhin appellierte Parlamentssprecher Ali Akbar Hashemi Rafsandschani an die untergetauchten minder belasteten SAVAK-Veteranen, ihre patriotische Pflicht zu erfüllen und an den alten Arbeitsplatz zurückzukehren. Im Kampf gegen die innere Opposition werde jeder gebraucht.

Hossein Fardusts Amtszeit war im Dezember 1985 zu Ende. Der Mann des alten Regimes wurde auf Betreiben seiner neuen Gegner verhaftet. Die Mullahs beschuldigten ihn, ein »Spitzel der Sowjets« zu sein. Und so fraß die Revolution ihre Adoptivkinder. In gewohnter Weise beseitigten die Frommen ihre letzten linken und liberalen Rivalen.

Islamische Geheimdienste: SAVAMA und VEVAK

Das Kürzel SAVAMA galt für eine relativ kurze Übergangszeit. Dann sprachen die Ajatollahs – und auch die fremden Nachrichtendienste – nur noch von VEVAK. Das stand für »*Vezarat-e Ettela'at Va Amniat-e Keshvar*« (oder »Ministerium für Aufklärung und Sicherheit«). Der besondere Schwerpunkt lag hier bei der Staatssicherheit, und deshalb war das auch die wichtigste Abteilung des Dienstes. Ali Rabii sorgte an verantwortlicher Stelle für die kompromisslose Jagd auf Andersdenkende. Er kommandierte ein dichtes Netz an regionalen Büros, die den Iran der Mullahs bald lückenlos überwachten.

Die internationale Abteilung unterstand Mehdi Charman. Da praktisch das gesamte globale Netz des SAVAK mangels Personal zusammengebrochen war, bediente sich Charman einer neuen Organisation, die außerhalb des Landes noch nicht in Erscheinung getreten war – den Al-Quds-Kommandos der Revolutionswächter, eine Mischung aus zivilem Hit-Team und militärischer Eliteeinheit. Al Quds sollte in den folgenden Jahren für zahlreiche Terroranschläge verantwortlich sein. Ihre europäischen Einsätze koordinierten sie vermutlich über die iranische Botschaft in Bonn. Im Prinzip unterstützten aber ausnahmslos alle iranischen Vertretungen die Operationen des Geheimdienstes.

Iranische Agenten arbeiten traditionell unter einer Abdeckung durch das Außenministerium (manche auch als getarnte Angehörige des »Ministeriums für Kultur und islamische Führung«). In einer Analyse des Bundesnachrichtendienstes heißt es hierzu: »Über die iranischen Auslandsvertretungen erhalten die Mitarbeiter der Dienste logistische Unterstützung. Vermutlich sind alle Angehörigen der iranischen Botschaften und Generalkonsulate nachrichtendienstlich geschult und zur Zusammenarbeit mit den Diensten verpflichtet.«

Die Volksmudschahedin veröffentlichten in Köln eine »Informationsschrift« mit dem Titel *Die Botschaft und der Terroristenring des Khomeini-Regimes in Österreich.* Darin wird behauptet: »Neben den Botschaften und den Konsulaten des Regimes sind auch andere Einrichtungen in deren Aktivitäten verwickelt, unter anderem die ›Islamischen Vereine‹, iranische Kulturhäuser, Behindertenheime und Speditionen. Beispielsweise ist das zur Botschaft in Wien gehörende Kulturhaus eine Zentrale für nachrichtendienstliche Aktivitäten und für die Koordinierung von Terrorakten.

Vier Männer namens Ghodsi, Sadeghi, Aarabi und Amini, die in diesem Haus tätig sind, agieren an der Hinterfront eines Rings, der von Handels- und Speditionsfirmen getarnt wird, welche den Warentransport aus der Bundesrepublik Deutschland und Österreich in den Iran abwickeln. Außer ihren anderen logistischen Aufgaben haben diese Handels- und Speditionsfirmen den Auftrag, die Ausrüstung und den Nachschub für die terroristischen Operationen des Khomeini-Regimes in Europa zu beschaffen.« Um ihre Behauptungen zu untermauern, benannten die Regimegegner eine Reihe von Firmen und Personen, die sie der nachrichtendienstlichen Arbeit verdächtigten.

VEVAK kümmerte sich also mit großer Energie um die Ermordung weltweit verstreut lebender iranischer Dissidenten. An zweiter Stelle stand die verdeckte Beschaffung von Waffensystemen und, vor allem auch, Ersatzteilen für die vorwiegend amerikanische Ausrüstung des Militärs. Seit der Revolution hatte der Westen den Iran mit einem Embargo belegt. Den Mullahs gelang es mit viel Mühe und erhöhten Kosten, das fehlende Material zu beschaffen. 1980 begann der acht Jahre dauernde Krieg gegen den Irak. Ohne Nachschub wäre das Überleben des Regimes nur eine Frage kurzer Zeit gewesen.

Nach der Affäre um Hossein Fardust beschlossen die Ajatollahs, ihren wichtigsten Geheimdienst ab sofort selbst zu führen. Weder Militärs noch Zivilisten erschienen ihnen effizient genug für diese Aufgabe. In den frühen Achtzigerjahren entwickelten sie auch verschiedene Konzepte für den späteren geheimen Sicherheitsapparat. Er sollte, anders als bei SAVAK oder SAVAMA, die sich als Geheimdienste verstanden, in eine größere, übergreifende Struktur eingefügt werden.

Die entscheidende Idee kam von Said Hajjarian, einem Insider der ersten Stunde. Der ehemalige Maschinenbaustudent und Teheraner Stadtrat hatte sich als talentierter Nachrichtendienstler erwiesen. Deshalb wurde er an den Planungssitzungen beteiligt. Er schlug vor, die Dienste in einem gemeinsamen Ministerium zu koordinieren. So könne man Reibungsverluste verhindern. Hajjarian marschierte mit seinem Vorschlag durch die Institutionen. Er stellte fest, dass auch die religiösen Ultras eine bürokratische Schutzzone um sich errichtet hatten, die sich von den volksfernen Praktiken der Schahzeit keineswegs unterschied.

Said Hajjarian sprach bei Mir Hussein Moussavi, dem damaligen Pemierminister, vor. Rasch zeigte sich, dass das Prestigeobjekt vielfacher Begierde gleichermaßen Faszination wie Abwehr auslöste. Die Geheimdienstarbeit war kontrovers und wichtig. Moussavi wollte nicht eigenmächtig entscheiden, also überwies er sein Anliegen an das Parlament. Dort wurde es zwischen den Ausschüssen hin- und hergeschoben. Welche Behörde sollte künftig die Dienste kontrollieren? Wo war es sinnvoll, sich zu engagieren? Wer kam infrage für leitende Funktionen?

Die ehemaligen, zumeist von den amerikanischen Freunden ausgebildeten SAVAK-Kräfte suchten eine sinnvolle Weiterbeschäftigung, in der sie ihre praktischen Kenntnisse aus dem Sicherheitsbereich einbringen konnten. Auf das dünne Eis der Ideologie wagten sie sich bis auf Weiteres nicht mehr, und wenn doch, dann sicherten sie sich gegen alle Gefahren des Geheimdienstalltags ab.

Es gab nun sehr viele neue Zuständigkeiten, deren mögliche Untiefen jeder für sich selbst erkunden musste. Die Regierung Moussavi überlegte eine Weile, ob sie den Dienst eigenen Leuten unterstellen sollte oder dem Präsidenten, der Justiz, dem Geistlichen Oberhaupt oder etwa den islamischen Revolutionswächtern, den Pasdaran. Die letzte Entscheidung traf Khomeini selbst, und er ordnete die Gründung eines neuen Ministeriums an. Der Plan wurde am 18. August 1984 realisiert. Dabei blieben kleine, wenig lebensfähige Geheimdienste, die sich in den Katakomben verschiedener Ministerien entwickelt hatten, ausgeschlossen.

Der erste Minister nach der Reform, der – politisch gesehen –

mit einem Vertrauensvorschuss ans Werk ging, hieß Mohammed Reyshahri. Der 1946 geborene Geistliche kam aus dem traditionellen Lager und weckte von Anfang an keine Erwartungen auf spektakuläre Reformen. Zu seinen wichtigsten Erfolgen wird heute das Verhindern zweier Coups d'état gegen das Regime gezählt. Eine dieser Aktionen sollte angeblich am 8. Juli 1980 von Anhängern des ehemaligen Premierministers Shapour Bakhtiar inszeniert werden. Der andere Fall war heikler und politisch brisanter. Sadegh Ghotbzadeh, einer der eifrigsten Mitstreiter Khomeinis, der mit ihm zusammen aus Paris zurückkehrte, war im November 1979 zum Außenminister ernannt worden. Der weltläufige Ghotbzadeh leitete die Verhandlungen mit den USA, die zur späteren Freilassung der Teheraner Botschaftsgeiseln führten. 1982 geriet er in die ideologischen Auseinandersetzungen zwischen Khomeini und dem angesehenen Großajatollah Schariat-Madari, seinem einzigen namhaften Konkurrenten.

Der greise Revolutionsführer witterte eine Verschwörung, und Reyshahri lieferte ihm die angeblichen Fakten. Der ehemalige Außenminister wurde vor Gericht gestellt. Er gestand, einen Regierungswechsel – und eventuell die Beseitigung Khomeinis – geplant zu haben. Daraufhin wurde sein Mentor Schariat-Madari unter Hausarrest gestellt. Er konnte Khomeinis Machtanspruch nicht mehr gefährlich werden. Ghotbzadehs Hinrichtung folgte Monate später.

Mohammed Reyshahri kam aus einfachen Verhältnissen und hieß eigentlich Sheikh Mohammad Mohammadi Nik. Sein neuer Name leitete sich davon ab, dass er 1946 in einem Ort namens Rey geboren wurde. Sein Schwiegervater, der bekannte Ajatollah Ali Meshkini, nannte ihn der Einfachheit halber »den Mann aus der Stadt Ray«. Seine wichtigste Funktion sollte die des Staatssicherheitsministers sein. Bei den Wahlen des Jahres 1997 trat er glücklos gegen den späteren Staatspräsidenten Mohammed Khatami an. Dem geheimen Metier blieb er danach treu, als er den persönlichen Sicherheitsdienst des Khomeini-Nachfolgers Ali Khamenei übernahm. Hinter den Kulissen ist Reyshahri noch heute ein mächtiger Stratege des Regimes.

Sein direkter Nachfolger im Ministeramt wurde Hodschatalislam Ali Fallahian. Der 1949 in Najafabad bei Isfahan geborene Kleriker hat es zu notorischer Berühmtheit gebracht. Nach der Revolution sorgte er als Richter für kompromisslose Entscheidungen bei den islamischen Gerichten von Abadan und Bakhtaran. Als Geheimdienstchef war er bald gefürchtet für seine gnadenlose Jagd auf oppositionelle Geistliche und auf Mitglieder der Volksmudschahedin. Dazu griff er auf das alte, weltweite System seines Nachrichtendienstes zurück.

In Fallahians Amtszeit (1989 bis 1997) fielen mehrere aufsehenerregende politische Morde an Exiliranern, unter anderem der Überfall eines Kommandos von iranischen und libanesischen Killern auf Exilpolitiker der iranischen Kurden, die in Berlin tagten. Unter dem Namen des Restaurants, in dem die Tat geschah, wurde der Fall weltweit bekannt: Taverne »Mykonos«. Am 14. März 1996 erwirkte die Bundesanwaltschaft einen Haftbefehl gegen Fallahian (»Der Beschuldigte … hat sich aus eigener Willkür zum Herrn über Leben und Tod anderer gemacht.«). Der bärtige Geistliche wird auch von den Schweizer Behörden wegen seiner mutmaßlichen Verantwortung für den gewaltsamen Tod des Exilpolitikers Kazem Rajavi im April 1990 gesucht.

Seit dem Regimewechsel im Iran wurden mindestens 162 politische Gegner in 20 Ländern der Erde, in Pakistan und Irak, Deutschland und Frankreich, aber auch auf den Philippinen und in den USA, durch Todeskommandos der Teheraner Geheimdienste ermordet.

Interpol stellte für Ali Fallahian einen weiteren Haftbefehl aus, diesmal wegen des verheerenden Bombenanschlags auf die jüdische Gemeinde in Buenos Aires im Juli 1994, der 85 Menschen das Leben kostete. Innenpolitisch wird Fallahian als Schlüsselfigur beim brutalen Mord an vier Teheraner Intellektuellen im Jahr 1998 gesehen. Der frühere Minister ist immer noch Sicherheitsberater des obersten geistlichen Führers des Landes, Ajatollah Ali Khamenei. Er kann den Iran nicht mehr verlassen, da er weltweit mit einer Verhaftung rechnen muss.

Lediglich ein Jahr lang leitete Ghorbanali Dorri-Najfabadi das Geheimdienstministerium. Er wird als Hauptverantwortlicher der sogenannten »Kettenmorde« gesehen. In der zweiten Hälfte der

Neunzigerjahre wurden mehr als 80 iranische Schriftsteller, Übersetzer, politische Aktivisten, aber auch Intellektuelle ohne Rang und Namen verschleppt oder ermordet. Diese Serie fand ihren Höhepunkt bei einem Blutbad, das die Täter im Haus von Dariush Forouhar, dem Generalsekretär der »Iranischen Nationalen Befreiungsbewegung«, und seiner Ehefrau Parvaneh Eskandari anrichteten.

Nachdem diese Serienmorde sogar dem Regime peinlich waren, wurden mehrere Mitarbeiter des Geheimdienstministers festgenommen. Der mutmaßliche Anführer der Killerbande, Said Emami, ein Sicherheitsmann des Ministeriums, nahm sich in der Haft das Leben. So war es einfacher, die Schuld zu delegieren und den Fall rasch zu den Akten zu legen.

Schon Reyshahri kooperierte als Sicherheitsminister eng mit seinem späteren Nachfolger Ali Younnesi. Dieser war ursprünglich Direktor des islamischen Revolutionsgerichts von Teheran und später Chef des »politisch-ideologischen Büros« der Revolutionsgarden gewesen. Unter Khatami stand er nun selbst dem Geheimdienstministerium vor und gehörte dem Obersten Nationalen Sicherheitsrat an. In seiner Amtszeit passierten keine vergleichbar spektakulären Gewalttaten; das Land – und die weltweiten Ermittlungsbehörden – musste erst die Exzesse seiner Vorgänger verarbeiten. Die Aufarbeitung der Verbrechen der iranischen Geheimdienste aus den Achtziger- und Neunzigerjahren ist bis heute nicht abgeschlossen. Younnesi trat nach seinem Ausscheiden sogar mit regimekritischen Stellungnahmen an die Öffentlichkeit.

Den Geheimdienstminister Gholam-Hussein Mohseni Ejei ernannte und feuerte bereits der aktuelle Präsident Mahmud Ahmadinejad. Ejei trat sein Amt im August 2005 an und wurde nach den heftigen Unruhen des Sommers 2009 entlassen. Er stammt aus Ejiyeh bei Isfahan. Dort wurde er 1956 geboren. Ejei studierte internationales Recht, einige Jahre auch im Ausland.

In der heiligen Stadt Ghom besuchte er die renommierte »Haqqani-Schule«, ein Elite-Institut des inneren Machtzirkels. Auf der Absolventenliste finden sich auffallend viele Namen, die später bei den Geheimdiensten auftauchen. Ajatollah Mohammed Taghi Mesbah Yazdi, der Gründer der Haghani-Schule, ist Ahmadinejads ideologischer Mentor, sein geistliches Vorbild. Im Lauf seiner Karriere arbeitete VEVAK-Chef Ejei auch für das Justizministerium, war Ankläger beim Spezialgericht des Klerus. Der konservative Hardliner steht Ali Khamenei nahe.

Über den Grund seiner Entlassung gibt es nur Spekulationen. Ein Gerücht besagt, dass sich Ahmadinejad und Ejei wegen der geplanten Ernennung eines nahen Verwandten des Präsidenten zum iranischen Vizepräsidenten zerstritten hatten. Ein anderer Erklärungsversuch kommt zu dem Schluss, dass Ejei in den Augen seines Präsidenten die diplomatischen Verwicklungen um die Inhaftierung mehrerer Ausländer während der Großdemonstrationen und die Straßenschlachten von 2009 nicht in den Griff bekommen habe. Bei derselben Aktion gegen das Sicherheitsministerium wurden 20 weitere hochrangige Staatsdiener entlassen oder vorzeitig in den Ruhestand geschickt. Es wirkt wie eine Realsatire, dass Ejei anschließend zum Chefankläger ernannt wurde und dieselben Demonstranten ihrer ungerechten Strafe zuführen musste.

Bei der Frage nach Ejeis Nachfolger tippten die meisten Iran-Beobachter auf den gelernten Nachrichtendienstler Majid Alavi. Er kennt sich in der Region aus, da er jeweils vier Jahre in Saudi-Arabien und im Sudan stationiert war und fließend arabisch spricht. Dann fiel Ahmadinejads Entscheidung. Alavi wurde ins zweite Glied gestellt. Der Sicherheitsminister der neuen Regierung hieß Heyder Moslehi, der langjährige Vertreter Khameneis bei der Basij-Miliz. Der offiziell wiedergewählte Präsident schafft die kürzest möglichen Dienstwege. Die Basij wurden den Pasdaran unterstellt. Ihr früherer Kommandeur, Hussein Taeb, befehligt seit Oktober 2009 den Geheimdienst der Revolutionswächter. Die Hauptorganisation der Pasdaran wiederum dominiert seit den letzten Wahlen personell das Geheimdienstministerium.

Ahmadinejads Personalkarussell dreht sich mit großer Geschwindigkeit. Der frühere Chef der Justiz, Hashemi Shahroudi, wird als neuer Abteilungsleiter gehandelt. Er soll die Kontakte mit »revolutionären Bewegungen«, wie Hamas oder Hisbollah, pflegen. Zwei enge Vertraute sollen Ahmadinejad bei der Kontrolle der Nachrichtendienste helfen: Majid Kamali, ein Veteran der VEVAK-Operationen in Nordafrika und jetzt zuständig für West-Teheran, sowie Ahmed Salek, der von den Pasdaran in Isfahan kommt.

Noch mehr neues Personal ist vonnöten, seit der wiedergewählte Präsident im Sommer 2009 führende Geheimdienstmitarbeiter entlassen hat, von deren Zuverlässigkeit er nicht mehr überzeugt war. Unter ihnen befanden sich die Verantwortlichen für die Terrorabwehr, die hauseigene Sicherheit und die Technik.

Die erste Voraussetzung für eine Geheimdienstkarriere, sagen Kenner der iranischen Regierung, ist absolute Rücksichtslosigkeit im Umgang mit der Opposition. Das darf bis zu Mord und Totschlag, Folter und Isolationshaft reichen.

Denn das Regime der Mullahs will um jeden Preis überleben. Die Leichen in den Kellern der VEVAK werden nach vorsichtiger Schätzung mit dem Zehnfachen der SAVAK-Opfer beziffert. An den brachialen Foltermethoden hat sich unter den frommen Herrschern nichts geändert. Wer den Sadisten des Regimes in die Hände fällt, hat ohnehin nur geringe Überlebenschancen. Die zu Tode Gequälten werden häufig anonym auf einem der vielen Friedhöfe des Landes verscharrt.

Das wichtigste Instrument, um die politische Existenz der radikalen Geistlichen zu sichern, ist eben das dicht geknüpfte Netz der iranischen Geheimdienste. Dazu gehören
– das Ministerium für Aufklärung und Sicherheit (VEVAK oder MOIS)(steht für »Ministry of Intelligence and Security«)
– der Nachrichtendienst der Revolutionsgarden (RGID), darin vor allem die paramilitärischen Quds-Einheiten
– der Militärische Nachrichtendienst.

Nachrichtendienstlich arbeiten außerdem
– das Zentrum für Strategische Studien (ZSS), ein Ableger des Außenministeriums, zuständig für die Abdeckung terroristischer und nachrichtendienstlicher Operationen
– der Nachrichtendienst des Präsidenten (*Nochost Wazieri*) zur Überwachung von Diplomaten, Politikern, Oppositionellen und Ausländern

- der Nachrichtendienst der »Law Enforcement Force« (LEF-ICD),
  eine schnelle Eingreiftruppe im Bereich der inneren Sicherheit
- ein sogenannter »Parallel-Nachrichtendienst-Apparat« (PIA), der
  zahlreiche Behörden und Organisationen der Islamischen Republik vernetzt, auch die Gefängnisse.

Die nachrichtendienstlichen Aktivitäten koordinieren
- der Nationale Sicherheitsrat (NSC), dem die islamischen und
  weltlichen Führer des Staates angehören
- der Nachrichtendienstliche Koordinationsrat (ICC), der aus den
  jeweiligen Leitern der Dienste besteht
- der Ausschuss für innere Sicherheit (SCC), der dem Innenminister untersteht
- das Joint Action Committee, das die Inlands-Aktionen von MOIS
  und RGID steuert
- das Direktorat für innere Sicherheit, zuständig für demonstrierende Bürger und zivile »Gefährder« aller Art.

Der mit Abstand wichtigste iranische Geheimdienst VEVAK oder
MOIS – von den Iranern euphemistisch als »Büro des Präsidenten«
verharmlost – besteht aus 16 Direktoraten, fünf unabhängigen Büros
und 27 zentralen Regionalverwaltungen, eine für jede Provinz.

In den Achtzigerjahren beschäftigte der VEVAK durchschnittlich
3200 Mitarbeiter. Heute wird sein Personal auf bis zu 30 000 Hauptamtliche geschätzt. Die Mehrzahl von ihnen arbeitet in der Zentrale
an der Pasdaran Avenue im Teheraner Ortsteil Darrous. Sie können
auf mehr als 100 000 dauerhafte Informanten zurückgreifen.

Die Auslandsabteilung wurde 2006 von Mohammed-Reza Iravani
(alias Amir-Hossein Taghavi) geleitet. Sie kümmert sich bevorzugt
um die Beobachtung und Bekämpfung der Opposition, vor allem
um die sektenähnlich organisierten, linksgerichteten Volksmudschahedin. Ihre Büros befinden sich entlang der iranisch-irakischen
Grenze.

Manchmal üben sich die Strategen beider Seiten auch in Geheimdienstspielen, wie sie die Fachwelt vor allem aus den aufregenden

Jahren des Kalten Krieges kennt. Beliebt war damals der Einsatz falscher Überläufer, die beim Gegner freundlich aufgenommen wurden, in Wirklichkeit aber im Feindeinsatz kamen.

Ein Musterbeispiel dafür ist der Fall des angeblichen Brigadegenerals Ahmed Beladi Behbahani. Am 24. Mai 2000 veröffentlichte der »Nationale Rat des Iranischen Widerstands« (NCR) eine Presseerklärung zur »Flucht« des hohen Offiziers in die Türkei. Behbahani, so hieß es darin, sei Präsident Rafsandschanis Verbindungsglied zum Geheimdienstministerium gewesen. Behbahani sei bestens informiert über iranische Terroristen und deren Aktivitäten bis zurück ins Jahr 1986. Auch der Anschlag von Lockerbie zähle dazu.

Es war nicht leicht, mit Ahmed Behbahani Kontakt aufzunehmen, da er sich in einem Flüchtlingslager an der türkisch-iranischen Grenze befand. Nur ein amerikanisches Fernsehmagazin – 60 Minutes von CBS – sandte ein hochkarätig besetztes Team, um ihn zu überprüfen. Mit dabei war der frühere CIA-Agent Robert Baer, ein ausgewiesener Kenner des Nahen und Mittleren Ostens. Die türkischen Behörden untersagten die Kontaktaufnahme, und doch gelang es den Amerikanern, mit Behbahani zu sprechen. Er konnte die vorbereiteten »Kontrollfragen« korrekt beantworten und vermittelte auch sonst den Eindruck eines in Ungnade gefallenen, verbitterten Flüchtlings.

Die CIA erklärte, sie habe noch nie von einem Brigadegeneral Behbahani gehört, worauf die iranische Regierung erwiderte, der Überläufer sei nicht General Ahmed Behbahani und man habe auch noch nie einen Mann dieses Namens beschäftigt. Am 8. Juni 2000 folgte ein Nachtrag aus Teheran. Bei dem Mann handle es sich um Shahram Beladi Behbahani, einem verurteilten Räuber. MOIS fügte noch hinzu, dass dieser Behbahani bis 1998 für die Volksmudschahedin gearbeitet habe, was von denen wiederum dementiert wurde.

Vernehmungsexperten von CIA und FBI reisten nach Ankara. Nach einigen Stunden des Gesprächs senkten die Amerikaner den Daumen. Sie hielten Behbahani endgültig für einen Betrüger, da er über die iranischen Geheimdienste zu wenig wusste. Trotzdem wollte man bis auf Weiteres glauben, dass der mysteriöse Flüchtling ein Bindeglied zwischen den Geheimdiensten und dem Büro des

Staatspräsidenten gewesen sei. Angeblich war er sogar ein weitläufiger Verwandter Rafsandschanis und dazu auch der Organisator von iranischen Anschlägen in Europa. Die Profis wurden immer aufgeregter. Sie wollten an die Ankunft des bestinformierten Insiders aller Zeiten glauben.

Hatte CBS am 4. Juni enthusiastisch über den Iraner berichtet (»ein Zar des iranischen Staatsterrorismus«), begannen die Journalisten zwei Wochen später den vorsichtigen Rückzug. Der Sender erklärte, aus hohen Regierungskreisen habe man erfahren, dass es sich um einen ehemaligen Agenten handle, aber nicht um einen General. Noch einmal meldete sich das offizielle Teheran. Behbahani sei ein entflohener Sträfling, der als Kriegsgefangener im Irak von den Volksmudschahedin angeworben worden sei. Nun streue er Desinformationen.

Alireza Nourizadeh, ein prominenter Politikwissenschaftler und Literat, der in London das »Zentrum für arabische und iranische Studien« betreibt, versicherte dem Autor in einem persönlichen Gespräch, er habe den mysteriösen Behbahani getroffen und entlarvt. »Ein Märchenerzähler!« Auf alle Fälle verschwand der »Informant« so schnell, wie er gekommen war – zurück zum VEVAK, zu den Volksmudschahedin, ins Gefängnis? Auf alle Fälle in die Grauzone.

Die Abteilung für fremde Geheimdienste und Befreiungsbewegungen beschafft ausländische Informationen und bedient sich dabei häufig der Dienste nicht-iranischer Terroristen (wie Hisbollah) und Agenten. Auch dieses Direktorat hat starkes Interesse an den Volksmudschahedin, deren Zentrale sich in einem Vorort von Paris befindet.

Unter der Regie iranischer Dienste und mit logistischer Unterstützung der Pasdaran wird nicht nur Libanons Hisbollah permanent aufgerüstet. Im Nordosten des Iran sollen sie sogar eine Kommandozentrale unterhalten. In Ägypten festgenommene Hisbollah-Kämpfer haben dazu ausgesagt. Im Pentagon hat man schon lange erkannt, dass Teheran die sogenannte Mahdi-Armee des irakischen Geistlichen Muqtada al-Sadr bewaffnet hat. Wenn es gegen die Amerikaner geht, unterstützt der Iran sogar die afghanischen

Taliban. Größere Waffenfunde im Westen des Landes lassen darauf schließen.

In Internetforen der Glaubenskrieger werden immer wieder strategische Allianzen der Iraner diskutiert, die vor wenigen Jahren noch als völlig undenkbar galten – mit der konservativen und nur mäßig gewalttätigen internationalen Moslembruderschaft und mit Osama bin Ladens Al-Qaida. Unter strenger Geheimhaltung paktieren sie miteinander, die Tarnorganisation »Weltforum für die Nähe der islamischen Denkschulen« (WFPIST) unter Ajatollah Mohammed-Ali Tashkiri und die sunnitischen Extremisten. Al-Qaida-Vertreter sollen immer wieder unbehelligt durch den Iran gereist sein oder sich dorthin zurückgezogen haben. So sollen beispielsweise engere Familienangehörige Osama bin Ladens in den Außenbezirken Teherans ansässig sein. In Kriegszeiten schwinden auch gemeinhin ernste ideologische Differenzen.

Seit dem Bürgerkrieg der Jahre 1992 bis 1995 dient Bosnien-Herzegowina als europäischer Brückenkopf für eine unheilvolle Allianz von Geheimdiensten und Jihadis. Im April 2009 erklärte der regionale Chef der Terrorismusabwehr in Banja Luka: »Wir haben Informationen über 300 iranische Geheimagenten, die nach Bosnien-Herzegowina gekommen sind. Wir kennen ihre Firmen, die sie für Finanztransaktionen nutzen. Wir haben keine Information, dass sie unser Land wieder verlassen haben.«

Zu Beginn des Krieges beschränkten sich sunnitische Organisationen, zum Beispiel reiche saudische Stiftungen, auf humanitäre Hilfe für die bosnischen Muslime. Nach einer Weile brachten sie auch Waffen und Munition ins Land. Die Iraner stiegen sofort sehr aggressiv ein. Sie lieferten bevorzugt Kriegsgerät. So konnten die »7.-Muslim-Brigade« und auch eine »El-Mudschahedin-Brigade« entstehen. Beide wurden dem 3. Korps der bosnischen Muslim-Armee unterstellt. Präsident Alija Izetbegović bei einer Ansprache vor den frommen Internationalisten: »Ihr seid die Speerspitze des Islam.«

VEVAK-Agenten nisteten sich bei den bosnischen Sicherheitsbehörden und bei muslimischen Gremien ein. Sie warben einflussreiche Lokalpolitiker und setzten sie auf ihre Gehaltsliste. In einem ausführlichen Geheimdienstbericht zum VEVAK-Engagement in Bosnien-Herzegowina wird von der Einbürgerung zahlreicher Iraner berichtet. Auch iranische Revolutionswächter fanden neue Aufgaben in den jungen Streitkräften des Landes.

Die Iraner luden im Gegenzug zahlreiche Bosnier zu religiösen Schulungen und zur Waffenausbildung ein. In Sarajevo eröffneten die VEVAK-Agenten und ihre lokalen Partner Tarnfirmen aller Art, deren wichtigste Aufgabe nicht Export-Import, sondern die konspirative Arbeit gegen westliche Interessen war. So überstanden sie auch das 1995 geschlossene Friedensabkommen von Dayton. Manche Jihadis gingen in ihre Länder zurück, viele blieben. Radikale Islamisten nutzen den instabilen Staat bis heute als Basis und Drehscheibe, als Transitpunkt auf der Route nach Mitteleuropa. Die Schattenarmeen der islamischen Welt sind dabei, allen voran die Iraner.

Die Sicherheitsabteilung existiert unter der Legende, für die eigene Sicherheit zuständig zu sein. In Wirklichkeit kümmert sie sich um die Organisation und Durchführung von Anschlägen im Ausland. Dabei arbeitet sie eng mit den beiden anderen Abteilungen zusammen. Said Emami stand ihr jahrelang vor. Nach seinem dubiosen »Selbstmord« 1999 übernahm Hashemi Alavi die Leitung. Bei einer Konferenz im selben Jahr erklärte er die Arbeit seiner Einheit. Er sprach von fünf Referaten und von Angriffen seiner Leute gegen die Volksmudschahedin, deren bewaffnete Kräfte damals noch unbehelligt aus dem Irak heraus operierten.

Die Inlandsabteilung wurde 2006 von Mullah Mohammed Shafii geleitet. Er kümmert sich um die Staatssicherheit im weitesten Sinne, lässt jeden beobachten (oder auch festnehmen), der den Mullahs kritisch gegenübersteht. Dieses Direktorat soll soziale Unruhen zum frühestmöglichen Zeitpunkt erkennen.

Weitere MOIS-Abteilungen sind mit Spionageabwehr, technischen Angelegenheiten (zum Beispiel dem Stören von Oppositionssendern), Ausbildung, dem Klerus (subversive Tendenzen bei den Mullahs), Planung, Logistik und Parlamentsangelegenheiten, strategischen Studien, Verwaltung und Finanzen, Informationssicherheit, innerer Revision, Kultur und Wirtschaft befasst. Einige MOIS-Referate wurden dezentral ausgelagert. Sie konzentrieren sich ganz gezielt auf Nachbarländer. Die sogenannte Khorassan-Abteilung ist beispielsweise auf Afghanistan und Zentralasien spezialisiert, während die Khusistan-Abteilung den Irak bearbeitet.

Die MOIS-Filiale in Fars und Murmozgan (Südiran) befasst sich mit Saudi-Arabien, den Emiraten, Katar und Bahrain. Am 5. Oktober 2009 trat ein Überläufer des VEVAK im Fernsehsender Al-Arabiya auf und sprach über iranische Geheimdienstoperationen in den Golfstaaten. Er behauptete, der Mullahstaat habe dort 40 000 Spione im Einsatz, die in Zellen zu je fünf Mann agieren würden. Sie alle arbeiteten streng voneinander abgeschirmt.

Der iranische Geheimdienst betreibt weltweit etwa hundert Firmen, deren erkennbare Tätigkeit als Legende für die eigentlichen Aufgaben dient. Sie handeln mit Lebensmitteln, betreiben Export und Import von »Waren aller Art«: Sie verkaufen Reisen und Devisen, beschaffen parallel Informationen, betreuen reisende Agenten. Die meisten dieser Unternehmen befinden sich in Mitteleuropa, manche aber auch in Syrien und im Jemen, im Sudan und in Simbabwe.

Die Mehrzahl der verdeckten MOIS-Filialen im deutschsprachigen Raum ist den Behörden bekannt. Sie werden beobachtet, in der Bundesrepublik zumeist von Verfassungsschutz und Zollkriminalamt. Die Finanzermittler interessieren sich vor allem für Embargowaren, die ihren Weg in die Islamische Republik finden sollen, möglicherweise für das umstrittene Atomprogramm.

Der Geheimapparat der Mullahs expandiert weiter. Ende November 2009 wurde aus Oppositionskreisen bekannt, dass der Dienst der Revolutionsgarden zwei neue Kommandostellen zum »Kampf gegen psychologische Operationen des Feindes« geschaffen hat. Sie sollen sich besonders auf die Verfolgung der Reformbewegung und der protestierenden Studenten konzentrieren. Das geht so weit, dass sie die weltweiten Aktivitäten exiliranischer Blogger bei Diensten wie »Facebook«, »Twitter« und »YouTube« beobachten. Deren Verwandte im Iran werden festgenommen und unter Druck gesetzt, sie selbst bei der Einreise mit ihren eigenen Texten konfrontiert und massiv bedroht. Droh-Mails gingen an iranische Exilanten, die sich im Internet zum Regime und zu den Protesten geäußert hatten. Der Student Hamid aus Los Angeles erhielt die in Farsi geschriebene Nachricht:»Hör auf, Lügen zu verbreiten. Wir kennen deine Adresse. Pass auf, wir kriegen dich.« Er ist kein Ausnahmefall. Dazu passt auch die Information, dass sich die iranischen Dienste mit hochentwickelter westlicher Technologie eingedeckt haben, die es ihnen ermöglicht, das Internet zu beeinflussen. Sie können die Übertragungsgeschwindigkeit erheblich verlangsamen, Zugänge für die 23 Millionen User des Landes sperren, Nutzerdaten herausfinden und selbst Desinformation verbreiten. »Deep packet inspection« heißt die neue, sehr konkrete Drohung der Hightech-Überwacher. Siemens und Nokia ermöglichten es den iranischen Behörden.

An der Gesinnungsschnüffelei gegen Emigranten hat sich seit SAVAK-Zeiten nichts geändert. Im Oktober 2009 wurde der stellvertretende Leiter des Hamburger Verfassungsschutzes, Manfred Murck, vom Fernsehmagazin *Panorama* so zitiert:»Wir wissen, dass der iranische Dienst bei Demonstrationen Leute mitlaufen lässt.« Sie würden ihre Landsleute filmen, um sie »gezielt ausfindig zu machen«. Die Folge seien Drohanrufe und Repressalien gegen Iraner in Deutschland wie auch gegen ihre Verwandten in der Heimat. Bei Heimreisen gehe der VEVAK »massiv gegen Menschen vor«. Mit Hilfe der geheimdienstlichen Erkenntnisse – so *Panorama* – übe die iranische Botschaft in Berlin auch Druck auf das Auswärtige Amt aus,»die unabhängige Meinungsäußerung von in Deutschland lebenden Iranern einzuschränken«.

Manchmal entdecken die Aufpasser Zusammenhänge, die sie auch mit viel Fantasie nie für möglich gehalten hätten. Ein solcher Fall rankt sich um den Kärntner Gerd-René Polli. 2002 war er vom Auslandsgeheimdienst des österreichischen Bundesheeres an die Spitze des Wiener Bundesamts für Verfassungsschutz und Terrorismusbekämpfung (BVT) versetzt worden. Bis 2007 soll er jedoch alle politischen Sympathien verspielt haben.

Die *Süddeutsche Zeitung* berichtet:»Die Liste der Vorwürfe war lang … Hauptvorwurf waren aber undurchsichtige Kontakte zum iranischen Geheimdienst. In seine Amtszeit fielen umstrittene Lieferungen von Handfeuerwaffen nach Iran, von denen einige später in Händen irakischer Terroristen auftauchten. Nach einem Besuch in Teheran ließ sich Polli alle Daten von Asylanten und Exilanten aus dem Mullah-Staat kommen. Der ungeheuerliche Verdacht, diese brisanten Informationen seien in der iranischen Botschaft gelandet, wurde nie geklärt.« Der *Spiegel* will erfahren haben, dass »ein geheimes Lagebild des BND, das routinemäßig an die österreichischen Behörden weitergeleitet worden war, offenbar dem iranischen Geheimdienst zugespielt worden« sei.

Polli hatte es eilig, seine hohe Position in Wien aufzugeben. Er heuerte bei einer privaten Sicherheitsfirma an und wechselte schließlich als Sicherheitsbeauftragter zum Riesen Siemens. Der Münchner Konzern trennte sich von ihm nach einem Jahr, im Herbst 2009. Da lief gegen Polli bereits seit Längerem ein Ermittlungsverfahren der Karlsruher Bundesanwaltschaft wegen des Verdachts der geheimdienstlichen Agententätigkeit. Die entscheidenden Impulse für die Ermittlungen sollen aus den USA und England gekommen sein.

Alle iranischen Dienste haben gemeinsam, dass sie sowohl im Inland als auch im Ausland operieren. Ihre erste Aufgabe ist die Sicherung der Diktatur des Klerus. Sie müssen sämtliche erkannten Oppositionellen beobachten, unterwandern und bekämpfen. Auch der Export der islamischen Revolution zählt zu den Pflichten der Dienste. Dieser Bereich stagniert allerdings, da sich Khomeinis Ideologie in der islamischen Welt nicht wirklich durchsetzen konnte. Bei der Auslandsarbeit konzentrieren sich die iranischen Dienste vorwiegend auf die Nachbarländer, mit zusätzlichen Schwerpunkten in Syrien und dem Libanon. Seit die Beschaffung von unter Embargo stehenden Gütern lebensnotwendig geworden ist, geraten Industriestaaten zunehmend ins Fadenkreuz der Teheraner Späher.

Eine neue, streng geheime Spionageabwehr-Behörde gewinnt immer mehr an Bedeutung. Sie heißt »Oghab 2« und wurde im Dezember 2005 zum Schutz der nuklearen Einrichtungen des Iran geschaffen. Der erste Direktor war General Reza Gholam Mohrabi. Seit Mitte April 2007 steht Ahmad Wahidi, berüchtigter Exkommandeur der Revolutionsgarden, an ihrer Spitze. Sein Stellvertreter,

General Akbar Dianatr Far, kommt ebenfalls aus dem Geheimdienst der Pasdaran. Zur Führungsriege zählt auch der ehemalige General des polizeilichen Staatsschutzes Ali Naqdi. Westliche Geheimdienste gehen von derzeit 10 000 Mitarbeitern aus.

Der Bundesnachrichtendienst (BND) stellt in einer vertraulichen Analyse der iranischen Geheimdienste fest:»Aufgrund der weitgehenden Auftragsidentität kommt es zu erheblichen Aufgaben- und Kompetenzüberschneidungen bei den Diensten. Dies ist ein wesentlicher Grund dafür, dass das Verhältnis der Geheimdienste zueinander von einem Klima des Misstrauens und der Rivalität bestimmt ist.«

Bei der Benotung der Performance kommen die iranischen Dienste bei den zeitweiligen Partnern in München-Pullach allerdings erstaunlich gut weg:»Sowohl die hauptamtlichen Mitarbeiter der iranischen Geheimdienste als auch ihre nachrichtendienstlichen Verbindungen sind gut ausgebildet; sie arbeiten im Allgemeinen sehr professionell und effizient. Bei ihren Auslandseinsätzen können sie sich auf eine hervorragend funktionierende nachrichtendienstliche Infrastruktur stützen.«

Das hat ihnen jedoch bei ihren spektakulärsten Taten nicht geholfen, da die Sicherheitsbehörden des Westens rasch gelernt haben, mit den iranischen Geheimdiensten und ihrer Methodik umzugehen. Spätestens seit dem Mykonos-Urteil funktioniert die Abschreckung. Eine Entwarnung ist damit jedoch nicht verbunden.

Zu den bekannteren Spezialitäten der iranischen Dienste gehören Geiselnahmen. Das begann 1980 mit den in Teheran stationierten amerikanischen Diplomaten und hielt an bis in die frühen Neunzigerjahre bei den rund 100 Entführungen von Ausländern im Libanon. Stets liefen die Fäden im Iran zusammen.

Im Laufe der Jahre wurden immer wieder unschuldige Fremde verschleppt, wenn sie der Islamischen Republik zu nahe kamen. Die Sicherheitsbehörden waren dabei nicht gerade zimperlich. Sie kidnappten harmlose Bergwanderer, Angler im Persischen Golf und westliche Handlungsreisende, den *Newsweek*-Reporter Maziar Bahari, der im November 2009 nach 118 Tagen Internierung ausgewiesen wurde, und auch einen deutschen Bauunternehmer, der seine neue Heimat im Iran gefunden hatte. Meistens wurden Vorwürfe konstruiert, um eine Geschäftsbasis für den Austausch der Gefangenen gegen eigene Agenten oder Killer zu schaffen, die im Westen rechtsstaatlich abgeurteilt worden waren.

Das ging sogar so weit, dass die iranischen Revolutionswächter im März 2007 britische Marinesoldaten an der Wassergrenze zum Irak einkreisten und 15 von ihnen verschleppten. Nach zweiwöchigem diplomatischen Tauziehen kamen die Briten wieder frei. Die Iraner ließen keinen Zweifel daran, dass sie im Gegenzug die Entlassung von sechs angeblichen Diplomaten, die im Irak festgehalten wurden, erwarteten.

Tragisch endete im Sommer 2003 die Entführung der kanadischen Fotojournalistin Zahra Kazemi. Die gebürtige Iranerin wurde in das berüchtigte Teheraner Evin-Gefängnis gebracht und dort schwer gefoltert. Ein Untersuchungsbericht listete mehrere Vergewaltigungen, ausgerissene Fingernägel, gebrochene Finger, ein gebrochenes Nasenbein und ein geplatztes Trommelfell auf. Mit schweren Schädelverletzungen lag die 54-Jährige zwei Wochen im Koma, bevor die lebensverlängernden Maßnahmen beendet wurden. Die kanadischen Behörden erhoben schwere Vorwürfe gegen iranische Geheimdienstmitarbeiter und den Generalstaatsanwalt, der die Vernehmung der Fotografin geleitet hatte. Die iranische Seite bezeichnete Kazemis Tod als »Zufall« und inszenierte die übliche Justiz-Farce.

Vergleichsweise glimpflich endete die Begegnung der amerikanischen Politikwissenschaftlerin iranischer Abstammung Haleh Esfandiari mit der Staatssicherheit. Die prominente Direktorin des Nahost-Programms am »Woodrow Wilson International Center for Scholars« in Washington reiste im Dezember 2006 in ihre alte Heimat, die sie zur Zeit der Revolution verlassen, aber seither immer wieder besucht hatte. Haleh Esfandiari wollte lediglich ihre 93-jährige kranke Mutter sehen.

Für den 30. Dezember hatte sie ihren Rückflug in die USA gebucht. Sie kam nicht bis zum Flughafen, da sie unterwegs von drei maskierten und bewaffneten Männern überfallen wurde. Zielbewusst griffen die Täter nach der Tasche mit dem amerikanischen und dem iranischen Pass. Ohne Ausweis durfte sie die Islamische

Republik nicht mehr verlassen. Die international angesehene Expertin für Frauenfragen und Nahost-Politik beantragte einen neuen Pass. Sie wurde wechselweise in die Zentrale des Geheimdienstes in der Khaje-Abdollah-Ansari-Straße und in die MOIS-Filiale an der Afrikastraße vorgeladen. VEVAK-Agenten verhörten sie bis Mitte Februar, insgesamt etwa 50 Stunden. Im Wesentlichen ging es um die Arbeit des Wilson Centers. Gern hätten die Agenten eine Verbindung der Antragstellerin zur CIA konstruiert.

Am 8. Mai 2007 wurde Haleh Esfandiari im MOIS festgenommen und in das Evin-Gefängnis gebracht. Ein Sprecher der Justiz verkündete, dass gegen die 67-Jährige wegen »Sicherheitsverbrechen« ermittelt werde. Mit Propaganda gegen das System habe sie die nationale Sicherheit gefährdet und für Ausländer spioniert. Im Laufe des Sommers erreichten den Iran massive Proteste gegen die Inhaftierung der Wissenschaftlerin. Unter anderem meldeten sich Hillary Clinton, Barack Obama und Condoleezza Rice zu Wort. Nach 105 Tagen in Isolationshaft wurde die schmächtige Haleh Esfandiari, sichtlich noch schmaler geworden, am 23. August 2007 gegen eine Kaution von 333 000 Dollar freigelassen. Über Wien kehrte sie nach Washington zurück.

Man habe sie stets höflich und korrekt behandelt, sie niemals bedroht, versicherte Haleh Esfandiari dem Autor in einem Gespräch im Washingtoner Wilson Center. »Gelegentlich bemühten sie sich sogar, mir die Absichten der USA im Iran zu erklären. Da konnte ich heraushören, was sie ihrem Personal im Geheimdienstministerium mit auf den Weg geben. Eine interessante Erfahrung.« Ob das acht verlorene Monate aufwiegt? »Das wohl nicht«, antwortete sie sanft.

Aber nun müsse sie wieder in die Zukunft blicken, am Dialog zwischen den Nationen arbeiten. »Nur Dialog und Diplomatie führen zu Frieden und Stabilität.« Haleh Esfandiari scheint nicht nachtragend zu sein. Mit höflichen Worten und beinahe leiser Stimme berichtet sie über ihre tragischen Gefängniswochen wie andere vom Heimaturlaub. Da passt auch der Titel ihrer mittlerweile erschienenen Erinnerungen an dieses Grenzerlebnis: *My Prison, My Home*.

Haleh Esfandiari hat viel Glück gehabt.

Todesboten aus Teheran

»Die Sicherheitsbehörden fügen den Häftlingen die schlimmsten physischen und psychologischen Qualen zu, ohne dass sie für ihre Taten im Namen des Islam zur Verantwortung gezogen werden.«

Präsidentschaftskandidat Ajatollah Mehdi Karroubi

Auch streng geheime Todeskommandos arbeiten nach bürokratischen Vorgaben und gehen deshalb durch das Genehmigungsverfahren mindestens eines politischen Gremiums. Im Iran handelt es sich um das »Komitee für Spezialangelegenheiten« (*Komitey-e Omour-e Vizheh*), das unmittelbar nach Khomeinis Tod im Sommer 1989 geschaffen wurde. Es untersteht dem Nachfolger Khomeinis, Ajatollah Ali Khamenei, und arbeitet abseits von Regierung und Parlament. Der Kreis verfügt über außergewöhnliche Vollmachten. Seine Entscheidungen sind endgültig und müssen von keiner anderen Instanz bestätigt werden.

Anfang der Neunzigerjahre gehörten dem Komitee neben dem obersten geistlichen Führer die folgenden Männer an: Akbar Haschemi Rafsandschani, damals Staatspräsident, Ali Fallahian, der Geheimdienstminister, Mohammed Reyshahri, einer seiner Vorgänger, Ali Akbar Velayati, damals Außenminister, Mohsen Rezai, der Befehlshaber der Revolutionswächter, Reza Seifollahi, Chef der iranischen Polizei, und Ayatollah Khazali, ein Mitglied des mächtigen Führungsrats.

Von der Revolution bis zu seinem Tod traf Khomeini alle Entscheidungen über die Mordanschläge der iranischen Sicherheitsdienste selbst. Im Juli 1989 ging diese Befugnis auf Khamenei bzw. das neu gegründete Komitee über. Sobald hier ein Beschluss gefallen war, wurde ein Mitglied des Gremiums damit beauftragt, diese Planung in enger Abstimmung mit dem Ministerium des Ministers Fallahian umzusetzen.

Heute gehören der religiöse Führer Khamenei, Staatspräsident Ahmadinejad, der jeweilige Parlamentssprecher, der Geheimdienstminister und die Spitzen der Justiz dem Komitee an. Bei Bedarf können hochrangige Vertreter des Regimes und der Geistlichkeit hinzugezogen werden.

Genau betrachtet, waren die Experten des »Speziellen Operationsrats« (*Shoray-e Amaliat-e Vizheh*) aus dem MOIS die einzigen »Gutachter« vor Ort. Ihr Vorgesetzter bekam am Ende einen schriftlichen Befehl zur Ermordung eines missliebigen Kritikers oder aktiven Gegners: Mit islamischen Grüßen, gezeichnet Ali Fallahian.

Der erste erfolgreiche politische Mordanschlag (von 162) außerhalb des Iran geschah am 7. Dezember 1979. Der 34-jährige Shahriar Hafiq, ein Neffe des Schahs, wurde von einem Unbekannten in Paris niedergeschossen. Das erste Projektil traf ihn im Nacken. Der mit einem Motorradhelm maskierte Täter blieb stehen und schoss ihm in den Kopf. In Teheran erklärte Ajatollah Sadegh Khalkhali, ein führender Scharfmacher des Regimes: »Wenn wir sie nicht verhaften können, dann werden wir die Mitglieder der Pahlevi-Familie töten.« Hafiq sei liquidiert worden, weil er einen Putsch gegen die Islamische Republik vorbereitet habe, um den Schah wieder zurück und an die Macht zu bringen.

Ali Akbar Tabatabai, ein ehemaliger kaiserlicher Diplomat, der das Khomeini-Regime mehrfach öffentlich kritisiert hatte, wurde am 22. Juli 1980 an der Tür seines Hauses in Maryland erschossen. Der Täter war ein islamischer Konvertit namens David Belfield (alias Daud Salahudin), der vor der Revolution als Sicherheitsmann in der iranischen Botschaft gearbeitet hatte. Es gelang ihm, nach Teheran zu fliehen. Dort wurde er gefeiert und bekam politisches Asyl.

Einer der ersten Anschläge nach dem neuen Muster aus der Post-Khomeini-Ära wurde am 13. Juli 1989 in Wien verübt. Die Zielperson hieß Abdulrahman Ghassemlou und war Generalsekretär der »Demokratischen Partei Kurdistans – Iran« (DPK-I). Der 59-Jährige sah aus, wie man sich einen Kurdenführer vorstellt: buschiger Schnauzbart, dichte Augenbrauen, die Körpersprache einer sehr selbstbewussten Führungsperson. Ein Weltbürger, der sich auf dem glatten Parkett der internationalen Politik bestens bewegen konnte. Ghassemlou stammte aus Iranisch-Aserbaidschan und hatte in der ehemaligen Tschechoslowakei Volkswirtschaft studiert. Dabei war er zum Marxisten geworden.

Nach seiner Rückkehr in den Iran 1958 sperrte ihn Schah Reza Pahlevi für zwei Jahre ins Gefängnis, da er sich mittlerweile zu einem lautstarken Vertreter kurdischer Unabhängigkeit entwickelt hatte. Ghassemlou trat der Tudeh-Partei bei. Wieder in Freiheit, kehrte er in das ihm zur Heimat gewordene Prag zurück und engagierte sich für die tschechischen Reformkommunisten.

Der Politaktivist promovierte und schlug die Laufbahn eines Dozenten der Nationalökonomie ein. Als der »Prager Frühling« von Panzern des Warschauer Pakts niedergeschlagen wurde, wurde es für Ghassemlou Zeit, wieder einmal die Koffer zu packen. Der Kurde ließ sich im Irak nieder. Dort war er vor der SAVAK einigermaßen sicher und konnte damit beginnen, seine eigene Partei aufzubauen. Die Gastgeber stellten ihn sogar im Planungsministerium an. Sie erkannten seine Talente, wussten aber auch, dass sie ihn benutzen konnten.

Die Kurden waren damals schon Teil des Konflikts zwischen Bagdad und Teheran. Ghassemlou arbeitete erneut gegen den Schah. Erst 1976 verspürte er wieder den Drang zur Emigration – diesmal nach Paris. An der Sorbonne übernahm er einen Lehrstuhl für kurdische Sprache und Literatur.

Seit 1973 Generalsekretär der DPK-I, kehrte Ghassemlou 1979 in den Iran zurück, um die Chancen für eine friedliche Koexistenz der Kurden mit dem neuen Regime auszuloten. Rasch musste er erkennen, dass auch mit Khomeini keine kurdische Autonomie zu gewinnen war. Im Gegenteil: Die Pogrome gegen die über mehrere Staaten verstreut lebende Minderheit fingen damals erst richtig an. Ghassemlou und der religiöse Kurdenführer Scheich Izzedin Husseini appellierten an die Weltöffentlichkeit, die Ausrottung der iranischen Kurden zu verhindern. Ghassemlou, der sieben Sprachen fließend beherrschte, führte Geheimverhandlungen mit dem Irak und der Sowjetunion.

In Paris entstand ein »Nationaler Widerstandsrat«, dem zeitweise Irans Expräsident Bani Sadr und der Führer der linksislamischen Volksmudschahedin, Massud Rajavi, angehörten. Ghassemlou blieb in dieser Umgebung ein Außenseiter, und so ging er bald wieder eigene Wege. Gegenüber Teheran gab er sich noch immer verhandlungswillig. Das sollte ihm zum Verhängnis werden. Am 13. Juli 1989 wurde der Kurdenführer durch ein iranisches Killerkommando in einem Wiener Hinterzimmer ermordet.

Die Iraner liebten es, ihre Geheimdienstoperationen in Wien durchzuführen, weil sie sich dort relativ sicher fühlen konnten. Bereits 1987 hatten sie ihre europäische Terror-Schaltstelle von Paris nach Wien verlegt. Vorausgegangen waren Auseinandersetzungen mit den Franzosen wegen des terrorismusverdächtigen iranischen Diplomaten Wahid Gordschi und wegen einer Bombenwelle in Paris, die die Handschrift Teherans trug.

Im Sommer desselben Jahres stellten Khomeinis Killer ihre Fähigkeiten, sich den Wiener Gegebenheiten anzupassen, unter Beweis. Im Juli ermordeten sie den erst 28-jährigen Exilpolitiker Hamid Reza Chitgar. Der Elektronikingenieur war bei der kleinen iranischen »Partei der Arbeit« (*Hisb-i Kar-i Iran*) für Außenkontakte zuständig. Ein unbekannter Anrufer lockte ihn von Straßburg nach Wien. Die beiden Iraner verabredeten sich vor dem Hotel »Hilton«. Danach gab es kein Lebenszeichen mehr von Chitgar. Seine Leiche wurde zwei Monate später in einer Wiener Wohnung gefunden – eine Kugel im Hinterkopf.

Im Juli 1989 kam Abdulrahman Ghassemlou nach Wien, um die im Dezember 1988 sehr zögerlich begonnenen Gespräche mit der Teheraner Regierung fortzusetzen. Er meldete sich bei der Staatspolizei und wies auf das Risiko hin, dem sich seine Delegation aussetzte. Der Kurdenführer bat um Personenschutz. Das wurde von der Behörde abgelehnt. Iranisch-kurdische Gespräche, so hieß es in den Akten, würden keine österreichischen Interessen berühren.

Das erste Mal trafen sich die Iraner am frühen Abend des 13. Juli 1989 in einer Wohnung in der Linken Bahngasse 5 im dritten Wiener Bezirk. Es war der letzte Tag der 40-tägigen Trauerzeit für Ajatollah Khomeini. Zusammen mit Ghassemlou erschienen sein Stellvertreter Abdullah Ghaderi und der irakische Kurde Fadil Rasoul. Er hatte die beiden Parteien zusammengebracht. Rasoul war Politikwissenschaftler und stand der »Patriotischen Union Kurdistans« (PUK) nahe; in Beirut gab er eine Zeitschrift heraus. Er arbeitete für das österreichische Institut für internationale Politik in Laxenburg, hielt Vorlesungen in Kairo und Wien.

Die iranische Delegation wurde von Mohammed Jafari Saharudi (gelegentlicher Deckname Oberst Rahimi Tari) geführt. Saharudi war damals stellvertretender Kommandeur des 15. Korps der Revolutionswächter, stationiert im Ramadan-Hauptquartier von Kermanschah. Sein direkter Vorgesetzter hieß Mohammed-Bagher Solghadr und leitete den Nachrichtendienst der Pasdaran. Seit 1986 kümmerte sich Saharudi um das Problem der iranischen Kurden sowie um illegale Waffenbeschaffung. Er reiste mit einem iranischen Diplomatenpass.

Der zweite Mann war Amir-Mansur Borsorgian. Er gehörte dem iranischen Auslandsdienst an. Die iranische Botschaft in Wien bezeichnete ihn später verharmlosend als »Sicherheitsbeamten«. Mit dabei war auch der stellvertretende Leiter für auswärtige Beziehungen der Pasdaran, Hadi Mostafavi. Auch er wurde später als Angehöriger des VEVAK identifiziert. Und es soll noch einen vierten Mann gegeben haben.

Bis heute konnte die Information des früheren iranischen Präsidenten Abolhassan Bani Sadr nicht bestätigt werden, dass sein späterer Nachfolger Mahmud Ahmadinejad zum Wiener Kommando gehört habe. Der Verdacht wurde aber auch nicht ausgeräumt. Der Sicherheitssprecher der Grünen im österreichischen Parlament, Peter Pilz, hat sich akribisch mit den Politmorden von der Linken Bahngasse beschäftigt. Im Juni 2009 erklärte er bei einer Pressekonferenz in Wien, es habe damals zwei Teams gegeben – ein sogenanntes Verhandlungsteam und ein Exekutionsteam. Ahmadinejad habe die Aufgabe gehabt, die Waffen zu verwalten, und er sei Mitglied des Exekutionsteams gewesen.

Über den Ablauf des Attentats gibt es verschiedene Aussagen. Saharudi berichtete später der Wiener Staatspolizei, gegen 19.30 Uhr sei ein fremder Mann mit einer hellen Kappe in die Wohnung gekommen und habe sofort geschossen. Die erste Kugel habe ihn, Saharudi, in den Mund getroffen. Er sei zusammengesackt und habe danach nur noch Schüsse und persische Wortfetzen gehört. In diesen Minuten wurde Kurdenführer Ghassemlou von acht Projektilen niedergestreckt. Als die Polizei eintraf, saß er zusammengesunken in einem Sessel. Sein Vertrauter Ghaderi lag mit mehreren Kopfschüssen mitten im Zimmer. Rasoul hatte sich anscheinend gewehrt. Er war stehend von tödlichen Kugeln getroffen worden. Saharudi schleppte sich in den Vorraum. Dort, so sagte er aus, habe er gesehen, wie Mostafavi und Borsorgian gerade die Wohnung verließen. Saharudi taumelte blutend auf die Straße. Dort bot sich den rasch eintreffenden Polizeibeamten ein seltsames Bild. Bosorgian kniete neben dem verletzten Landsmann und nahm einen Umschlag entgegen, in dem sich 9000 Dollar befanden.

Seine Erklärung: Er sei soeben von einem nahegelegenen Imbiss zurückgekommen und habe nicht gewusst, was in der Wohnung vorgefallen sei. Vor dem Haus habe er Saharudi, dessen Leibwächter er sei, blutend vorgefunden.

Rekonstruktion Nummer zwei: Am 26. Juli, 13 Tage nach dem Anschlag, fand ein gerichtlicher Augenscheintermin mit einem Schießexperten am Tatort statt. Der Sachverständige wies aufgrund der Lage der Patronenhülsen nach, dass die tödlichen Schüsse nicht unbedingt von der Tür aus abgefeuert wurden, sondern eventuell aus der Ecke, in der Saharudi während der Verhandlungen saß.

In der Mordnacht wurde Saharudi in das Wiener Franz-Joseph-Spital eingeliefert, Bosorgian zum Büro der Staatspolizei am Schottenring gebracht. Stunden später fand man in einer Mülltonne am Naschmarkt zwei Pistolen mit Schalldämpfern sowie den Kaufvertrag und die Fahrzeugpapiere für das Fluchtfahrzeug – ein rotes Motorrad. Der Verkäufer erkannte später Saharudi als seinen Kunden. Trotzdem erlaubten die Österreicher dem vorgeblichen Diplomaten, am 22. Juli mit der Iran Air nach Hause zu fliegen. Radio Teheran meldete pathetisch die »Heimkehr des Kämpfers«.

Vom dritten Mann, Mostafavi, fehlte nach dem 13. Juli jede Spur. Mit Mühe fand die Staatspolizei den mutmaßlichen vierten Mann, ließ ihn aber dann auch nach Teheran fliegen. Bosorgian tauchte in der iranischen Botschaft ab. Er kam erst wieder zum Vorschein, als ihm die österreichischen Behörden freies Geleit zusicherten.

Schon nach wenigen Tagen wurden die iranischen Diplomaten ungeduldig. Der Botschafter der Islamischen Republik suchte das Außenministerium auf und sprach ganz beiläufig auch über die Sicherheit der österreichischen Botschaft und der Österreicher an sich im Iran. Die Österreicher nannten das undiplomatisch »Erpressung«. Trotzdem dauerte es bis Ende November, bis Haftbefehle für die Hauptverdächtigen ausgestellt wurden. Zu diesem Zeitpunkt waren sie sowieso nicht mehr greifbar.

Das führte bereits 1990 zu politischen Verwerfungen. Helene Ghassemlou, die Witwe des toten Kurdenführers: »Ich beschuldige die iranische Regierung, das Verbrechen geplant und durchgeführt zu haben. Und ich beschuldige die österreichische Regierung, die Aufklärung verhindert zu haben.« Der Grünen-Abgeordnete Peter Pilz, der 1997 ein Buch über die Affäre schreiben sollte, schloss sich der Trauernden an: »Vom ersten Moment an wurde die Fahndung nach den Mördern von oben blockiert.«

Und nicht nur das. Die Polizei verstieß gegen alle Grundregeln der Ermittlungsarbeit. Saharudi und Bosorgian wurden nicht erkennungsdienstlich behandelt, obwohl dies möglich gewesen wäre. Niemand kümmerte sich also um Fotos und Fingerabdrücke. Erst nach zwölf Stunden erfolgten Schusshandprüfungen – zu spät für ein vernünftiges Ergebnis.

Das ließ Peter Pilz im September 1997 von einem »Rechtsstaat mit Vorbehalt« sprechen. Der Vorgang war für ihn geklärt: »Ein iranisches Killerkommando hat die drei Kurden im Auftrag der iranischen Staatsführung in eine Falle gelockt und ermordet.« – Erkenntnis Nummer zwei: »Terroristische Regime wie das in Teheran brauchen Regierungen wie die in Wien, um überleben zu können.«

Das nächste Opfer eines iranischen Hit-Teams war nicht weniger prominent. Diesmal traf es die Volksmudschahedin (MKO), die ihre Rolle als Opposition gegen die Mullahs bevorzugt militärisch definierten. Das Opfer hieß Kazem Rajavi. 1957 hatte er den Iran verlassen, um in Frankreich zu studieren. Elf Jahre später zogen er und seine französische Ehefrau in die Schweiz. Im Laufe seiner Lernjahre erwarb Rajavi sechs Doktortitel, unter anderem in Rechtswissenschaften, Politik und Soziologie. Zehn Lehrjahre verbrachte er an der Universität Genf.

Zu Hause im Iran war 1965 von ehemaligen Aktivisten der iranischen Freiheitsbewegung die linksislamische Widerstandsbewegung *Mudschahedin Khalq* (MKO) gegründet worden. 1970 startete sie ihren Terrorfeldzug gegen das repressive Schah-Regime und gegen die Repräsentanten der USA im Land. Hohe US-Verbindungsoffiziere und Computerexperten wurden »hingerichtet«, ein Synonym für Attentate auf offener Straße.

Nachdem es der SAVAK 1971 gelungen war, in die Führungsstrukturen der Volksmudschahedin einzudringen, wurden ihre Mitglieder reihenweise festgenommen, darunter auch Massud, der jüngere Bruder von Kazem Rajavi. Sofort organisierte der Bruder in Europa Demonstrationen gegen das iranische Regime. Er setzte sich vehement für die Umwandlung des Todesurteils gegen Massud Rajavi in eine lebenslange Haftstrafe ein. Das sollte ihm gelingen. Der Hochschullehrer entwickelte sich zu einem führenden Kritiker der Menschenrechtsverstöße unter der Monarchie.

Nach dem Machtwechsel in Teheran zeigte sich Khomeini erkenntlich. Kazem Rajavi wurde zum ersten iranischen Botschafter bei den Vereinten Nationen in Genf nominiert. Als der Freigeist erkannte, dass das neue Regime kaum weniger diktatorisch war als das des »Königs der Könige«, trat er von einem Tag zum anderen von seinem Amt zurück. Nun stand er vollends auf der anderen Seite, vertrat die iranische Opposition bei den Menschenrechtsgremien der UN in Genf. Er brachte neun Resolutionen gegen das Mullah-Regime auf den Weg. Zahlreiche Morddrohungen erreichten ihn.

Am 24. April 1990 wurde Kazem Rajavi auf dem Heimweg in den Genfer Vorort Copet von vier jungen Männern in zwei Autos verfolgt. Einer von ihnen feuerte aus einer Uzi-Maschinenpistole. Rajavi wurde von sechs Kugeln getroffen. Die umfangreichen Ermittlungen der Schweizer Polizei konzentrierten sich auf 13 Iraner, von denen die meisten mit einem direkten Iran-Air-Flug in Genf eingetroffen waren. Sie hatten Diplomatenpässe und Flugscheine mit fortlaufenden Seriennummern benutzt.

Besonders fielen die beiden Berufsdiplomaten Yadollah Samadi und Mohammed Said Rezvani auf. Sie verließen die Schweiz am Tag des Rajavi-Mordes. Chefermittler Roland Châtelain erkannte rasch die »direkte Beteiligung von einem oder mehreren offiziellen iranischen Geheimdiensten«. Im April 1990 berichtete die lokale Zeitung *La Suisse*, dass der Rajavi-Anschlag von Irans Präsidenten Rafsandschani bestellt worden sei.

Die Schweiz schrieb die mutmaßlichen Täter zur Fahndung aus. Im November 1992 wurden zwei von ihnen – Ahmad Taheri und Mohsen Sharif Esfahani – in Paris festgenommen. Im Februar 1993 entschied der oberste Gerichtshof über die Auslieferung der beiden mutmaßlichen Staatsterroristen an die Schweiz. Bevor es dazu kommen konnte, wurden sie auf Anweisung des besorgten Premierministers Edouard Balladur in eine Maschine nach Teheran gesetzt.

Die Franzosen erklärten diesen überraschenden Schritt ganz simpel mit ihren »nationalen Interessen«. Diese Aktion führte zu einer ernsten Entfremdung zwischen Bern und Paris. Auch die Regierungen in London und Washington forderten von den Franzosen eine seriöse Erklärung. Später sickerte durch, dass die iranische Regierung mit Terroranschlägen gegen französische Ziele gedroht hatte. Das normale Geschäftsgebaren.

Die Schweizer waren frustriert. Also starteten sie 16 Jahre nach der Tat einen neuen Anlauf. Am 20. März 2006 unterzeichnete der Untersuchungsrichter Jacques Antenen einen Haftbefehl gegen den früheren iranischen Geheimdienstminister Ali Fallahian, der mittlerweile als Sicherheitsberater für Ajatollah Ali Khamenei arbeitet. Diese Angelegenheit ist noch nicht erledigt.

Der Iran bedankte sich für die generöse französische Fluchthilfe des Jahres 1990 auf die bekannte Weise. Das Geheimdienstministerium schickte seine tödlichen Boten nach Paris. Ihr Ziel war der letzte Premierminister unter Schah Reza Pahlevi, der damals 66-jährige Shapour Bakhtiar.

Der liberale Bakhtiar hatte sich im Laufe seines politischen Lebens auch gegen den Schah gestellt und war von der SAVAK verfolgt worden. Als er in der Wendezeit für 36 Tage die Regierungsgeschäfte betreute, galt er als Kompromisskandidat, den jede Seite akzeptieren konnte. Im April 1979 war auch seine Zeit abgelaufen. Der eloquente Großbürger Bakhtiar reiste zum zweiten Mal ins Pariser Exil.

Aus der französischen Metropole leitete Bakhtiar die »Nationalbewegung des iranischen Widerstands«. In der Folge überlebte er mehrere Attentate. 1980 wurden bei einer solchen Aktion ein Polizeibeamter und eine Nachbarin getötet. Am 7. August 1991 gelang es schließlich einem dreiköpfigen Hit-Team aus Teheran, den Exilpolitiker und seinen Sekretär mit einem einfachen Brotmesser zu ermorden. Die Täter schlugen ihn zuerst bewußtlos, um ihn anschließend mit großer Gewalt in Stücke zu schneiden. Sein Sekretär wurde gleichfalls mit 13 Messerstichen getötet. Bakhtiar, der von einem großen Polizeiaufgebot geschützt wurde, hatte seine Mörder selbst ins Haus gelassen.

Zwei der Täter entwischten in den Iran. Der dritte Mann, Ali Vakili Rad, wurde von den Schweizern festgenommen und an Frankreich ausgeliefert. Er und ein mutmaßlicher weiterer Komplize, Zeyal Sarhadi, ein Großneffe Rafsandschanis, standen Ende 1994 stellvertretend für das Mullah-Regime vor Gericht. Vakili Rad wurde zu lebenslanger Haft verurteilt, Sarhadi freigesprochen. Die französische Justiz verurteilte wegen des Mordes an Bakhtiar weitere sechs Iraner.

Das nächste Mal schlugen Teherans Geheimdienste in Berlin zu. Es sollte die spektakulärste und zugleich folgenreichste Operation der schein-heiligen Krieger werden. Wieder ging es gegen die »Demokratische Partei Kurdistans – Iran«, kurz DPK-I. Nach dem tragischen Tod des Generalsekretärs Ghassemlou hatte man Sadegh Scharafkandi zum Nachfolger ernannt. Er setzte die Politik seines Vorgängers kontinuierlich fort. Im Zivilberuf Universitätslehrer, hatte er in seinem Pariser Exil als Chemiker promoviert.

Scharafkandi, vom Typ her ein freundlicher älterer Herr, dem man jederzeit öffentliche Ämter hätte anvertrauen können, setzte sehr stark auf Außenwirkung. Bei weltweiten Auftritten forderte er von den Mullahs »Demokratisierung und Verwirklichung föderaler Strukturen im Iran« sowie eine »Autonomie für kurdische Territorien mit Schwerpunkt in Verwaltung, Wirtschaftsplanung und Bildung«. Also absolut legitime und zivile Anliegen.

Im Sommer 1991 traf ein schriftlicher Befehl der iranischen Führung zur neuen Operation gegen die DPK-I beim »Komitee für Spezialangelegenheiten« ein. Der Minister für die Geheimdienste, Ali Fallahian, stand im religiösen Rang eines Hodschatalislam, also eine Stufe unter den Ajatollahs. Er war ein Mann voller Tatendrang und ohne Gewissen. Fallahian setzte Mohammed Hadi Hadavi Moghaddam in Bewegung, einen VEVAK-Agenten, der sich mit den Führern der Oppositionskurden bestens auskannte. Agent Moghaddam reiste unter der Legende, Direktor der iranischen Scheinfirma Samsam Kala zu sein. So konnte er sich meistens ungestört innerhalb der iranischen Exilgemeinde bewegen.

Nach den detaillierten Aussagen eines Überläufers aus den Reihen des VEVAK flog Moghaddam im Frühsommer 1992 nach Deutschland. Er war der erste Bote des bevorstehenden Unheils. Moghaddam sammelte alle Neuigkeiten über die kurdische Volksgruppe. Dazu schrieb er sofort nach seiner Rückkehr einen Bericht und Empfehlungen für den Präsidenten.

Im Juni 1992 reisten zwei weitere iranische Agenten nach Deutschland. Es handelte sich um Asghar Arshad und Ali Kamali. Sie mussten die Erfolgsaussichten eines Anschlags erkunden.

Fallahians Maschinerie lief inzwischen auf Hochtouren. Der Minister bestimmte Abdul-Rahman Banihashemi, einen genauen Kenner der Exilantenszene, dazu, die Operation zu leiten. Sie sollte den Codenamen *Faryad Bozorg Alavi* bekommen, sinngemäß: »Das Verlangen des Führers der Schiiten«. Banihashemi hatte bereits Jahre vorher ein Hit-Team geführt, das Oberst Ahmad Talebi von der alten kaiserlichen Luftwaffe am 10. August 1987 in Genf ermordete. Im Libanon war er für den VEVAK tätig gewesen, hatte bei Partnern der Hisbollah eine militärische Ausbildung erhalten. Auf der Arbeitsebene, also beim Komitee und beim Minister, wurde nun entschieden, dass der nächste Schlag gegen die Opposition auf alle Fälle in Deutschland stattfinden sollte.

Nun benötigte man, nach den üblichen Grundregeln des Einsatzes, einen lokalen Koordinator. Die Wahl fiel auf Kazem Darabi. Er kam aus den Reihen der Pasdaran und lebte bereits seit 1980 in der Bundesrepublik. Die Teheraner Strategen des VEVAK hielten ihn

für eine optimale Wahl, da er zuverlässig war und bei früheren Ge-
waltaktionen gegen die iranische Opposition interne Verdienste erworben hatte. Darabi gehörte dem Vorstand der »Union Islamischer
Studentenvereinigungen in Europa« (UISA) an, eine gute Legende.
In westlichen Ermittlungsakten wird immer wieder betont, dass es
sich bei der UISA um eine Tarnorganisation des iranischen VEVAK
handelt.

Der inoffizielle Statthalter des Dienstes rekrutierte vier libanesische Komplizen: Youssef Amin, Abbas Rhayel, Mohammed Atris
und Atallah Ayat. Sie trafen in letzter Minute, aber doch rechtzeitig
in Berlin ein. Auch ihr Kommandoführer war im Zeitplan. Abdul-
Rahman Banihashemi, Deckname »Sharif«, landete um den 7. September in Berlin-Tegel.

Sadegh Scharafkandi, Deckname Dr. Said, erreichte Berlin, aus
Kopenhagen kommend, am späten Abend des 14. September. Seine
engsten Mitarbeiter warteten schon auf ihn: DPK-I-Europakoordi-
nator Fattah Abdoli, der Deutschlandvertreter Homayoun Ardalan
und der Dolmetscher Nurullah Dehkordi. Sie waren gerade damit
beschäftigt, eine Art Gipfeltreffen iranischer Oppositioneller zu organisieren. In Berlin besuchte Scharafkandi ganz offiziell eine Ta-
gung der Sozialistischen Internationale, der Dachorganisation aller
Sozialdemokraten.

Kazem Darabi war der richtige Mann für den Job, ein fanatischer
Islamisten-Funktionär und zugleich der »Schläfer« eines Geheimdienstes, dem nicht die Beobachtung der Feinde das erste Anliegen
war, sondern deren physische Vernichtung. Darabi, eher klein von
Gestalt, aber sehr dynamisch, ordnete den Aufträgen aus Teheran
alles unter. Auch sein ganz privates Leben mit einer libanesischen
Ehefrau und drei Kindern, eines davon behindert.

In der Haft und vor Gericht erzählte er nur wenig über seine eigene Kindheit, über seine Familie im Iran und ihre vielen Veräste-
lungen. Vieles lässt sich jedoch rekonstruieren. Kazem Darabi wurde
am 22. März 1959 als Sohn eines Kaufmanns geboren, einen Tag nach
dem iranischen Neujahr. Das Land befand sich im Umbruch; die Öl-
produktion löste einen beträchtlichen Aufschwung aus. Der Schah
ordnete eine Landreform an, die aber eher den bereits Besitzenden

zugute kam. Das Regime ging gegen seine religiösen Kritiker vor, zwang Khomeini 1964 ins türkische Exil.

Da war Kazem Darabi fünf Jahre alt. Bald sollte auch er die üblichen Verschwörungstheorien und politischen Fantasien kennen, mit denen alle Iraner aufwachsen. Und er sollte sie verinnerlichen. Seine erste Lebensphase spielte sich in Kazeroun ab, am alten Karawanenweg von Schiras zum Persischen Golf, inmitten einer faszinierenden Landschaft. Damals lebten in Kazeroun noch 25 000 Menschen. Heute erinnert die Stadt rein strukturell an manche niedergehende ostdeutsche Kommune.

Darabi wusste, dass er dort nie eine Chance zur Selbstverwirklichung haben würde. Also zog es ihn nach Teheran, in eine andere, für ihn beinahe westliche Welt. Es war bereits die Zeit der Revolution. Nach dem mysteriösen Tod von Khomeinis Sohn Mustafa explodierte das riesige Land. Jede Demonstration löste ein neues Blutbad aus, die Repression durch die SAVAK wurde von immer härteren Gegenreaktionen der islamischen Opposition beantwortet. Das alte Persien brannte lichterloh.

Mit diesen Eindrücken im Hintergrund legte Darabi seine Schulprüfungen ab. Von Juni 1978 bis September 1979 arbeitete er für eine Baufirma. 1978 stand im Zeichen von immer heftigeren Straßenkämpfen, von Gewalt und Zerstörung. In einem Kino in Abadan verbrannten 370 Menschen. Die Revolution erfasste jeden Bereich des Lebens – und vertrieb den Schah im Januar 1979. Khomeini kehrte als triumphaler Sieger zurück.

Das neue klerikale Regime beschloss den Export des Revolutionsmodells. Es war die Stunde unzähliger Darabis. Von heiligem Zorn erfüllt, zu allem bereit und doch kühl kalkulierend, zogen sie in den Westen. Die Mullahs wussten, dass sie nur überleben konnten, wenn ihre glühendsten Anhänger eine solide Ausbildung bekamen. Im Iran lag das Bildungssystem auf Jahre hinaus in Trümmern. Kazem Darabi durfte sich Deutschland aussuchen. Das System setzte auf ihn.

Seine Karriere ist das Lehrbuchbeispiel eines Staatsterroristen, der die Zeit bis zum wichtigsten Einsatz seines Lebens als nachrichtendienstliche Verbindungsperson hinter sich bringt.

Er wusste es, und er wollte absolut erfolgreich sein. Im Frühjahr 1980 kam er aus dem anarchischen Teheran in die Frontstadt Berlin. Der kleine, bäuerlich wirkende Iraner erfüllte formal alle Voraussetzungen.

Er legte ein Führungszeugnis aus seiner Heimat mit penibler Übersetzung vor, eine Anmeldebescheinigung für den obligatorischen Deutschkurs, und zog in ein Studentenwohnheim, das Turmhaus in der Linkstraße. Darabi beantragte die Anerkennung seines iranischen Schulabschlusses und ein sechsmonatiges Berufspraktikum. Gleichzeitig bemühte er sich um seine Zulassung am Kolleg für ausländische Studienbewerber der Universität Hagen. Der nunmehr 22-Jährige siedelte nach dem Berliner Praktikum nach Dortmund und Hagen über. Er wollte Bauingenieur werden, obwohl es ihm an der deutschen Hochschulreife fehlte.

Im Frühjahr 1982 erreichte ihn wieder die Revolution, der seine Seele gehörte. Vielleicht war es auch profaner, nur ein längst erteilter Auftrag des Geheimdienstes. Am 24. April versammelten sich iranische Studenten aus der ganzen Bundesrepublik im Bereich der Mainzer Universität. Sie feierten den dritten Jahrestag von Khomeinis Machtergreifung. Dabei kam es zu schweren Ausschreitungen.

Etwa 100 mit Schlagstöcken und Messern bewaffnete, dem Halbgott der Schiiten treu ergebene Studenten griffen ein Wohnheim an, in dem Khomeini-Gegner lebten. Das System der »Jubelperser« lebte unter neuen Vorzeichen wieder auf. An diesem Tag gab es viele Verletzte, auch auf Seiten der Polizei. Die Folge: 85 fanatische Islamisten bekamen im Juni 1982 ihre Ausweisungsverfügung zugestellt; Kazem Darabi eingeschlossen.

Das Oberverwaltungsgericht Koblenz wies alle Beschwerden gegen die Abschiebungsbeschlüsse zurück. Die Regierung in Teheran verweigerte jedoch die Rücknahme der Täter und forderte pro forma ein Strafverfahren gegen sie. Am Ende wollte sie dann alles zu einem Propagandaerfolg hochstilisieren. Das Auswärtige Amt ordnete sich, wie üblich, dem Wunsch der Iraner unter.

Der fragwürdige Deal sah vor, dass einige der Gewalttäter formell in ihre Heimat zurückreisen, aber dann alsbald wieder nach Deutschland kommen sollten. Die Mehrheit der Studenten würde bleiben dürfen. Später folgten Anklagen, auch gegen Darabi. Er wurde am 12. Dezember 1982 zu acht Monaten Freiheitsstrafe verurteilt. Die Haft musste er aber nicht antreten, da die Strafe zur Bewährung ausgesetzt worden war. Ein fauler Kompromiss, wie er damals im Verhältnis zu Teheran an der Tagesordnung war. Der Rechtsstaat als Spielwiese der Politik.

Die brutalen Schläger wurden im Oktober 1982 aus der Abschiebehaft entlassen. Die örtlich in den meisten Fällen nicht zuständige Ausländerbehörde Mainz erteilte eine zwölfmonatige Duldung. Nach geltenden Vorschriften hätten es nur sechs Monate sein dürfen.

Mit dem Duldungsbescheid in der Tasche war Darabi gerettet. Er durfte wieder studieren. Der Einpeitscher und vier seiner Freunde wechselten nach Berlin. Eine Woche bevor die begrenzte Aufenthaltserlaubnis ablief, sprach der Vizekonsul des iranischen Generalkonsulats beim Berliner Senat vor. Darabis Duldung wurde bis Februar 1984 verlängert. Das wiederholte sich in den folgenden Jahren. In Darabis Berliner Ausländerakte findet sich ein entlarvender Satz: »Die Behörde in Mainz verschleppte wohl absichtlich das Widerspruchsverfahren gegen die Ausweisungsverfügung.«

Kazem Darabi war ein Mann der Prioritäten, und er wollte Zeit gewinnen. Er studierte nur zum Schein, interessierte sich aber in Wirklichkeit vorrangig für islamistische Propaganda und für Aktionen in der Grauzone. Seine Endlosausbildung blieb immer Nebensache. Er ließ sich nur gelegentlich im Hörsaal sehen und schaffte deshalb auch keine Prüfungen. Also wurde er kurzerhand zum 30. September 1987 exmatrikuliert. Der iranische Geheimdienstmann witterte spontan Gefahr für seine Legende. Er zog vor Gericht – und gewann gegen die Uni. Zum Sommersemester 1988 durfte er wieder antreten. Im Sommer 1989 befand er sich schon im zwölften Fachsemester.

Inzwischen war der clevere Stratege in den Vorstand des »Vereins Islamischer Studenten in Berlin-West« (VIS) eingezogen. Den Großteil seiner Zeit widmete er jedoch der Umsetzung von Aufträgen des VEVAK und der Koordination mit der Hisbollah-Zelle an der Spree. Der ehemalige Revolutionswächter sammelte jede Information, die er über die iranische Opposition in Deutschland bekommen konnte.

Sein erster Agentenführer war der als Diplomat getarnte VEVAK-Resident an der iranischen Botschaft in Bonn, Hassan Djavadi. Im Oktober 1989 wurde Djavadi von seinem Kollegen Morteza Gholami abgelöst. Die deutschen Behörden kannten ihn und sieben weitere hauptamtliche Mitarbeiter des VEVAK, die allesamt unter der Tarnung der Botschaft liefen.

In der Anklageschrift der Bundesanwaltschaft gegen Darabi wurde später vermerkt, dass der ewige Student enge Kontakte zum iranischen Generalkonsulat in Berlin unterhielt. Sein Berliner Führungsoffizier war 1991 Konsul Amani Farani. Für ihn bespitzelte Darabi kurdische Studenten. Ihm standen zwei enge Freunde zur Seite, die gleichfalls für den iranischen Geheimdienst arbeiteten: Sabed Ghilani, noch ein Veteran der Mainzer Krawalle, und Bahram Brendijan.

Der bullige Darabi hatte alle Hände voll zu tun. Er engagierte sich in der berüchtigten Imam-Jafar-Sadegh-Moschee in Berlin-Wedding, einem Hort der Fundamentalisten. Unwidersprochen wurde er deshalb vor Gericht als »Chef der Hisbollah in Berlin« bezeichnet. Darabi drehte die Rädchen im Berliner »Islamischen Einheitszentrum«, einer schiitischen Einrichtung, die auch von den iranischen Geheimdiensten genutzt wurde. So fiel es nicht weiter auf, wie sehr er die Verbindungen zwischen libanesischen Glaubensbrüdern und den Iranern koordinierte. Das Berliner Generalkonsulat unterstützte ihn eifrig, wo immer es notwendig war – auch gegenüber dem Senat.

Der vielseitig einsetzbare Darabi wurde gut beraten, denn im Oktober 1989 nahm er seinen Einspruch gegen die Ausweisungsverfügung von Mainz zurück. Damit war diese Anordnung rechtskräftig. Gleichzeitig entfiel die Sperre für die Erteilung einer neuen Aufenthaltserlaubnis. Kazem Darabi beantragte sie. Im Januar 1990 erhielt er eine weitere, einjährige Aufenthaltsgenehmigung. Grundlage dafür war die Weisung des rot-grünen Senats zur »Neuregelung der aufenthaltsrechtlichen Situation von ehemaligen Asylantragstellern und von Ausländern ohne Rückkehrmöglichkeit«. Über Nacht war Darabi zu einem »Ausländer ohne Rückkehrmöglichkeit« geworden. Ein cleveres Spiel mit absurden Verwaltungsbestimmungen.

Die Aufenthaltserlaubnis für Darabi lief im Januar 1991 ab. Nun gab es jedoch ein neues Ausländergesetz. In der beim Innensenator geführten Akte Darabi hieß es: »Nach dessen Bestimmungen (des neuen Gesetzes; d. Verf.) wurde die Aufenthaltserlaubnis dieser Art (aus humanitären Gründen) in eine Aufenthaltsbefugnis kraft Gesetzes umgewandelt. Entsprechend erhielt Darabi im Januar 1991 eine Aufenthaltsbefugnis, gültig bis Januar 1993.«

Das wurde mit bürokratischem Gleichmut geduldet. Dabei stand Darabi bei den Sicherheitsbehörden längst im grellen Scheinwerferlicht. 1991 wurde er von der CIA als Schlüsselfigur der Berliner Hisbollah-Iran-Connection erkannt, vom britischen MI6 in einer Aktennotiz als »höchst gefährlich« bezeichnet. Der bundesdeutsche Verfassungsschutz und der Bundesnachrichtendienst wussten es. Sie drängten ihre Berliner Kollegen wiederholt, Darabis Telefon zu überwachen. Manchmal klappte das auch. Nachdem neue Erkenntnisse vorlagen, wurde der Iraner vom polizeilichen Staatsschutz vorgeladen und höflich um »politische Zurückhaltung« gebeten. Die Islamisten werden darüber herzlich gelacht haben.

Darabi lebte wie ein Biedermann, und dabei war er ein gefährlicher Brandstifter. Da blieb nicht viel Zeit für Privates. Deshalb sind die diesbezüglichen Daten besonders dünn. 1985 heiratete er beim iranischen Generalkonsul in Hamburg. Seine Frau Khadige Ayad gebar zwei Töchter und einen Sohn, bevor der Vater zu lebenslänglicher Haft verurteilt wurde.

Eine zusätzliche Tarnung lieferte das Lebensmittelgeschäft in der Weserstraße 3–4 in Berlin-Neukölln. Darabi kaufte es 1988 zum Preis von 85 000 Mark. Mitte 1989 brannte es plötzlich aus, und ein Jahr später stieg sein Schwager Adnan Ayad ein. Dann verkaufte er den Laden, und Darabi wurde im Gegenzug Teilhaber in Ayads Bügelei. Er kassierte dabei ein beachtliches Monatsgehalt von 7000 Mark. In der Folge importierte er Kleidung aus dem Iran.

1992 repräsentierte er den Iran bei der Landwirtschaftsausstellung »Grüne Woche«. Darabi trat immer wieder im Namen der iranischen Botschaft auf. Er suchte ein Villengrundstück für ein neues Dienstgebäude, und er sollte ein weiteres Grundstück für den Neubau einer Moschee finden. Mit reichlich Handgeld organisierte er große Propagandaveranstaltungen. Dabei kam es regelmäßig zu gewaltsamen Auseinandersetzungen mit andersdenkenden Landsleuten.

Kazem Darabi war, neben dem Kommandoführer Banihashemi, der wichtigste Mann beim Anschlag auf die Kurden-Delegation. In seinem Urteil folgerte das Berliner Kammergericht später, er habe die Tat »personell und logistisch« so weit vorbereitet, dass sie »mit Unterstützung weiterer Kräfte aus dem Iran mit größter Aussicht auf Erfolg und mit möglichst geringem Risiko der Entdeckung ausgeführt werden konnte«.

Der Countdown zu »Mykonos« begann mit der Ankunft der Killer. Auch diese Operation lief wie nach Lehrbuch. Das Hit-Team vermied jeden Kontakt mit offiziellen Iranern. Trotzdem wussten die Residenten in Deutschland stets Bescheid, und über sie das »Komitee für Spezialangelegenheiten« im VEVAK-Hauptquartier in Teheran. Das Bindeglied hieß Darabi. Er blieb der einzige Ansprechpartner des Killertrupps.

Das erste gemeinsame Meeting fand in Darabis Wohnung in der Detmolder Straße statt. Der Organisator brachte das Team anschließend in die Bleibe eines iranischen Studenten, der sich gerade auf Heimaturlaub befand. Nun saßen sie am Senftenberger Ring und warteten auf ihren Einsatz.

Am 16. September 1992 wurden die Waffen in der Wohnung abgegeben. Niemand sprach darüber, wie sie nach Deutschland gekommen waren. Bei den späteren Ermittlungen ließen sie sich jedenfalls in den Iran zurückverfolgen. Ein Anonymus rief an und gab Ort und Zeit des DPK-I-Treffens durch. Am Abend rückte die komplette Mannschaft aus, um sich das Restaurant »Mykonos« aus der Nähe anzusehen.

Der nächste Tag sollte in die Geschichtsbücher eingehen. Um 19.30 Uhr erreichten die Exilpolitiker das »Mykonos«. Als die geladenen Gäste nicht kamen, stellte man im Gespräch mit dem iranischen Wirt Aziz Ghaffari fest, dass dieser den nächsten Abend als Termin des Essens weitergegeben hatte. War das Absicht gewesen, um die Zahl der Opfer zu verringern? Bis heute ist nicht klar, wer die Mörder informiert hat. Der Wirt zählt zu den Hauptverdächtigen.

Kronzeuge Abolghassem Mesbahi, ein Überläufer des VEVAK, sagte später aus: »Ghaffari und Ardalan haben für uns gearbeitet.«

Hektisch telefonierten die Anwesenden mit den nicht erschienenen Gästen und versuchten, sie zu dem Restaurant in Wilmersdorf zu lotsen. Sie waren nur bei einigen der in Berlin lebenden Oppositionellen erfolgreich. Die anderen waren schon verplant oder ganz einfach nicht erreichbar. Es herrschte ein ziemliches Durcheinander. Zwei weitere Freunde stießen zufällig dazu. Sie wussten zwar nichts von dem Abendessen, blieben jedoch, als sie sahen, wer da versammelt war. Am Ende bestand die Runde nur aus acht Männern.

Der Abend verlief politisch ernsthaft und freundschaftlich locker, wie es unter persischen Intellektuellen üblich ist. Zwei Stunden lang sprach man über die aktuelle Lage in der fernen Heimat, vor allem über die Situation der Verfolgten. Die DPK-I-Funktionäre erwiesen ihrem Generalsekretär die traditionellen Ehren.

Um 22.50 Uhr passierte es. Parvis Dastmalchi, ein damaliges Mitglied des Exekutivkomitees, erinnerte sich später: »Zwei Männer kamen herein. Der erste blieb an der Tür stehen. Der zweite war mit einem Tuch maskiert und stürmte zu unserem Tisch im Hinterzimmer. Er schrie in der Sprache Farsi: ›Ihr Hundesöhne‹, und richtete blitzschnell eine Maschinenpistole auf uns, die er unter einem Tuch verborgen hatte. Dann gab er 25 bis 30 Schüsse ab. Ich warf mich unter den Tisch und bin wahrscheinlich nur deshalb davongekommen.«

Neben Dastmalchi lag Scharafkandi, die eigentliche Zielperson. »Er blutete sehr stark. Nachdem das Maschinenpistolenfeuer vorbei war, ging der zweite Killer noch einmal auf Scharafkandi zu und schoss ihm mit einer Pistole aus nächster Nähe dreimal in den Kopf. Die Mörder wollten ganz sicher gehen, dass er stirbt.« Es muss eine unwirkliche Szene gewesen sein, da etwas Wesentliches fehlte – das laute Geräusch von Schüssen. Die Waffen waren mit Schalldämpfern versehen.

Der Chef der wichtigsten Kurdenpartei des Iran wurde von insgesamt zwölf Projektilen in Kopf und Hals, in Darm, Lunge, Leber und Nieren getroffen. Er hatte keine Überlebenschance. Homayoun Ardalan trafen drei Schüsse aus der Maschinenpistole in die Brust.

Der zweite Täter gab danach noch einen tödlichen Schuss auf ihn ab. Fattah Abdoli wurde von vier Projektilen getötet, darunter ein gezielter Schuss ins Herz. Nurullah Dehkordi überlebte zunächst sieben Einschüsse, verblutete jedoch später im Berliner Klinikum Steglitz. Der Wirt bekam – eher zufällig – zwei Kugeln ab. Sie durchschlugen sein rechtes Bein und zerstörten eine Niere. Das befreit ihn keineswegs von dem schwerwiegenden Verdacht, der Informant des iranischen Geheimdienstes gewesen zu sein. Die Hit-Teams haben bereits mehrfach auf eigene Leute geschossen, zum Beispiel beim Mord an DPK-I-Generalsekretär Ghassemlou in Wien. Im Zweifelsfall bringt es den Nutzen, dass ein möglicher Zeuge ausgeschaltet wird. Im späteren Gerichtsurteil ist zu lesen, dass Ghaffari »offenbar geschont werden« sollte.

Die arg- und ahnungslosen Opfer des »Mykonos«-Anschlags hatten keine Chance, sich zu wehren. Scharafkandi und sein Team wurden gezielt hingerichtet. Die anderen Gäste überlebten. Bevor sie sich vom ersten Schreck erholt hatten, waren die Killer bereits verschwunden. Niemand folgte ihnen, und niemand hatte sie gekannt.

Eine Berliner Zeitung zitierte den Leichenwagenfahrer Karl-Heinz Kuritsch, der zur Tatzeit gerade mit seinem Dackel am Restaurant »Mykonos« vorbeispazierte: »Aus dem Lokal waren fürchterliche Schreie zu hören. Kurz danach kamen auch schon zwei Männer aus der Gaststätte gerannt. Sie sahen südländisch aus, hatten weiße Hemden, einer trug darüber eine Weste. Sie stiegen in einen silberfarbenen Mercedes. Er wurde von einem weißen Golf begleitet. Beide Autos sahen sehr neu und teuer aus. Sie rasten über die Nachodstraße in Richtung Bundesallee.«

Das Hinterzimmer des »Mykonos« war zum Schlachtfeld geworden. Verkrümmte Leichen neben umgestürzten Stühlen, verstreute Essensreste und überall Blut, Dutzende von Patronenhülsen. In der normalerweise stillen Prager Straße trafen nacheinander 13 Polizeistreifen ein. Ihr Blaulicht warf gespenstische Schatten auf die umliegenden Wohnhäuser. Die Experten der Spurensicherung trugen ihre Alukoffer ins Haus.

Am Freitagmorgen übernahm der Generalbundesanwalt in Karlsruhe, zuständig für Terroranschläge und die Tätigkeit ausländischer

Geheimdienste auf deutschem Boden, den Fall. Alexander von Stahl beauftragte das Bundeskriminalamt (BKA) mit den Ermittlungen. Das war eine Premiere im wiedervereinigten Berlin. Erstmals durfte das BKA mit voller Kraft in der Stadt ermitteln.

Die Erfolge kamen schnell. Fünf Tage nach der Tat wurde auf dem Gelände einer Audi-Niederlassung in Berlin-Wilmersdorf eine Sporttasche gefunden. Darin befanden sich eine Strickmütze, ein Schal und ein Lederhandschuh sowie die beiden Tatwaffen. Am Magazin der 1972 an die iranischen Streitkräfte gelieferten Pistole wurden Spuren eines abgewiesenen libanesischen Asylbewerbers namens Abbas Rhayal gefunden. Der Schütze mit der Maschinenpistole, so stellte sich später heraus, war Banihashemi alias »Sharif« gewesen. Er hatte Berlin unmittelbar nach der Tat verlassen und war in den Iran zurückgekehrt.

Ein Informant des Bundesnachrichtendienstes brachte die Ermittler auf die richtige Spur, was den Rest der Mannschaft betraf. Die Hisbollah-Kämpfer Youssef Amin und Abbas Rhayel wurden in einem Asylantenheim im westfälischen Rheine festgenommen, der ehemalige libanesische Milizionär Mohammed Atris und der frühere PLO-Aktivist Atallah Ayad unmittelbar danach in Berlin.

Kazem Darabi, der sich in den Tagen vor dem Anschlag in Hamburg aufgehalten hatte – er glaubte lange an die Beweiskraft seines künstlichen Alibis –, flog ungehindert nach Teheran. Dort berichtete er seinen Auftraggebern vom iranischen Geheimdienst und besuchte am 1. Oktober eine Hochzeit. Am 4. Oktober kehrte er wieder nach Berlin zurück. Da war seine Hauptrolle aber längst bekannt. Auch ihn erwartete die Untersuchungshaft.

Nach 246 Verhandlungstagen in 42 Monaten endete am 10. April 1997 der weltweit beachtete »Mykonos«-Prozess. Er hatte bereits Rechtsgeschichte geschrieben. Der Erste Strafsenat des Kammergerichts verurteilte Kazem Darabi und Abbas Rhayel zu lebenslanger Haft, Youssef Amin zu elf Jahren, Mohammed Atris zu fünf Jahren und drei Monaten. Atallah Ayad, der nur an der Planung der Tat beteiligt war, kam frei. Die Mindesthaftdauer für Darabi und Rhayel wurde auf 23 Jahre festgelegt.

Die iranische Führung stand am Pranger und war eindeutig als

Auftraggeber der Berliner Kurdenmorde benannt, das Geheimdienstministerium und dessen Chef Ali Fallahian namentlich in die Verantwortung genommen. Gegen den Minister erließ der Ermittlungsrichter am Bundesgerichtshof einen heute noch aktuellen Haftbefehl. Fallahian, so heißt es in dem Dokument, sei mutmaßlich der für »Mykonos« und andere internationale Morde an Oppositionellen »unmittelbar Verantwortliche«: »Er hat sich aus eigener Willkür zum Herrn über Leben und Tod anderer gemacht.«

Nichts anderes geht aus dem Manuskript einer Fernsehansprache hervor, die der Minister am 30. August 1992 gehalten hatte:

»Wir verfügen über eine Sicherheitsabteilung, deren Operationen sich gegen konterrevolutionäre Kleingruppen richten ... Uns ist es gelungen, die zentralen Organisationen dieser Kleingruppen zu infiltrieren und die meisten ihrer Mitglieder zu verhaften. Insgesamt gesehen gibt es derzeit in unserem Land keine aktiven Kleingruppen mehr. Sie wurden zur Flucht aus dem Land gezwungen. Wir haben unsere Operationen fortgesetzt. Wir verfolgen sie jetzt und beobachten sie ständig außerhalb des Landes. Wir haben ihre zentralen Organisationen infiltriert und sind über ihre Aktivitäten informiert ... Uns ist es gelungen, vielen dieser Kleingruppen außerhalb des Landes oder an den Grenzen Schläge zu versetzen. Wie Ihnen bekannt ist, handelt es sich bei einer der aktiven Kleingruppen um die Kurdische Demokratische Partei ... Wir konnten ihren Mitgliedern im vergangenen Jahr entscheidende Schläge versetzen. Den Haupt- und Nebenorganisationen wurden schwere Schläge versetzt und ihre Aktivitäten gingen zurück.«

Die Dankbarkeit des Iran gegenüber Kazem Darabi kannte keine Grenzen. Immer wieder forderte Teheran seine Freilassung. Im Dezember 2007 war es schließlich so weit. Ein halbes Jahr nach der Rückkehr der im Iran willkürlich festgehaltenen deutschen Geisel Donald Klein – der Urlauber hatte völlig harmlos im Persischen Golf geangelt – wurde Darabi abgeschoben.

Die Bundesanwaltschaft erklärte, nach mehr als 15 Jahren Haft könne von einer weiteren Vollstreckung abgesehen werden, wenn der Verurteilte in die Obhut einer ausländischen Regierung käme. Praktischerweise wurde auch Darabis Komplize Abbas Rhayel in den Libanon geschickt. Die deutsche Politik war wieder einmal eingeknickt.

Geheimdienstminister Ali Fallahian wurde nach dem »Mykonos«-Desaster keineswegs abberufen. Für die geistliche Führung des Landes galt er als erfolgreich. Was bedeuteten schon Irritationen im Verhältnis zur deutschen Regierung? Das würde sich bestimmt wieder beheben lassen. In diesem Kontext sind drei Ereignisse zu sehen:

17. März 1992, Buenos Aires: Exakt um 14.42 Uhr steuerte ein Selbstmordattentäter seinen Pickup in die Straßenfront der israelischen Botschaft, an der Ecke Arroyo und Suipacha gelegen. Die Sprengstoffladung detonierte und zerstörte die diplomatische Vertretung, eine katholische Kirche und eine nahe gelegene Schule. 29 Menschen starben, einige Israelis, die meisten jedoch Argentinier, viele von ihnen Kinder. Die Rettungskräfte zählten 242 Verletzte. Das war bis heute weltweit der verheerendste Angriff auf eine israelische Botschaft.

6. Oktober 1993, Bonn: Um 11.30 Uhr landete der Terror-Drahtzieher Ali Fallahian samt 15-köpfiger Delegation mit Iran-Air-Flug 721 in Frankfurt am Main. Es war ein Besuch bei Freunden. Mit einem BGS-Hubschrauber wurde er zum Gästehaus der Bundesregierung auf dem Petersberg gebracht. Das Abendessen nahm er im Bundeskanzleramt ein. Am 7. Oktober 1993 besuchte Fallahian unter anderem das Bundesamt für Verfassungsschutz in Köln (und den Kölner Dom), erneut das Kanzleramt und schließlich die iranische Botschaft. Abends flogen die iranischen Geheimdienstler weiter nach München, zu ihren Kollegen vom Bundesnachrichtendienst.

BND-Präsident Konrad Porzner, ein aufrechter Sozialdemokrat, zog es am nächsten Morgen vor, seine Grippe auszukurieren. Sein Stellvertreter Paul Münstermann wurde abgeordnet, die unerwünschten Besucher zu empfangen. Das soll Fallahian äußerst ungnädig aufgenommen haben. Der Hintermann des iranischen Staatsterrorismus versuchte während dieses Arbeitsaufenthalts, den Deutschen – sein Gastgeber hieß Bernd Schmidbauer und war Staatsminister im Kanzleramt, Koordinator der Geheimdienste – das bevorstehende Gerichtsverfahren in Sachen »Mykonos« auszureden. Es konnte nicht gelingen.

Nur 48 Stunden später lieferte der gekränkte Minister einen erneuten Leistungsnachweis. Drei schwerbewaffnete Zivilisten entführten den Doyen der deutschen Wirtschaftsgemeinde in Teheran, MAN-Manager Gerhard Bachmann. Ihm wurde vorgeworfen, für Fallahians Kollegen in Pullach zu spionieren und iranische Militärs bestochen zu haben. Ein weiteres deutsches Faustpfand war damals Helmut Szimkus, dem CIA-Auftragsarbeit zur Last gelegt wurde. Bachmann kam am 4. November 1993 nach einer Intervention des deutschen Außenministers Klaus Kinkel wieder frei. Deutschland warnte die Iraner, eine weitere Geisel – den Vertreter einer Großbank – festzuhalten. Noch reichten die »Tauschobjekte« nicht für Darabis Rückführung.

Die Bundesanwaltschaft sandte Fallahian eine Vorladung zur Zeugenvernehmung nach Teheran hinterher. Sie war während seines Deutschland-Aufenthalts längst vorbereitet gewesen. Er hatte jedoch die Immunität des Regierungsgastes genossen. Noch war er erst als Zeuge vorgesehen.

18. Juli 1994, Buenos Aires: Morgens um 9.53 Uhr detonierte eine 300-Kilo-Autobombe, diesmal in der Einfahrt zum jüdischen Gemeindezentrum AMIA. Diese Abkürzung steht für *Asociación Mutual Israelita Argentina*. Das siebenstöckige Bürogebäude sackte innerhalb von Sekunden in sich zusammen. Unter den Trümmern fanden sich die Leichen von 87 Menschen. 300 Verletzte wurden geborgen. Das AMIA-Haus war eine zentrale Adresse im Leben der etwa 200 000 argentinischen Juden. Hier saßen wichtige Organisationen, die Sozialversicherung, ein Tagungszentrum.

Was haben die beiden Anschläge gemeinsam? Mehr als ein Jahrzehnt lang wurden in Buenos Aires Spuren verfolgt, um die schwersten Terroroperationen in der Geschichte des Landes aufzuklären. Massive Amtshilfe kam aus Washington und Jerusalem. Bald schienen die Beweise jenseits vernünftigen Zweifels zu sein. Das Attentat auf die Botschaft und das aufs AMIA-Zentrum trugen dieselbe Handschrift.

Die Staatsanwälte waren absolut sicher, dass die Drahtzieher hinter beiden Anschlägen im Iran zu finden waren. Als einen der Organisatoren erkannten sie den MOIS-Residenten in Buenos Aires, Mohsen Rabani. Er soll auch das Tatfahrzeug gekauft haben. Mehrfach stellten sie internationale Haftbefehle aus, im Oktober 2006 beispielsweise gegen Irans Expräsidenten Haschemi Rafsandschani. Staatsanwalt Alberto Nismann wollte auch den früheren Außenminister Ali Akbar Velayati, den Exgeheimdienstminister Ali Fallahian, den ehemaligen Kommandeur der Pasdaran, Mohsen Rezai, und einen der meistgesuchten Terroristen der Welt, Imad Mugniyah, holen lassen. Eine erstaunliche Zusammenstellung.

Im September 2009 gewann einer der Haftbefehle überraschende Aktualität. Der unter dubiosen Umständen wiedergewählte Präsident Ahmadinejad ernannte seinen alten Kampfgefährten Ahmad Vahidi zum neuen Verteidigungsminister. Vahidi brachte den richtigen »Stallgeruch« ins neue, »militarisierte« Kabinett. Er war Kommandeur der »Jerusalem-Brigaden« und damit einer der Planer des AMIA-Anschlags gewesen. Die internationalen Proteste gegen Vahidis Bestätigung tat Ahmadinejad als »zionistische Verschwörung« ab. Damit war für ihn das Thema erledigt.

Für die Sonderermittler gab es an Vahidis Schuld schon seit 2006 keine Zweifel. Bei einer Pressekonferenz in Buenos Aires erklärten sie, dass die iranische Regierung des Jahres 1994 für den Anschlag auf AMIA verantwortlich gewesen sei. Das Attentat sei in Teheran geplant und dann in die bewährten Hände der Hisbollah gelegt worden. Das Motiv sei ein Racheakt gegen Argentinien gewesen, weil Präsident Carlos Menem auf Druck der USA einen 30-Millionen-Dollar-Vertrag für die Lieferung von Atomtechnologie habe platzen lassen. Aus dem iranischen Außenministerium kam auch damals das stereotype Dementi: »Das ist nichts anderes als ein Komplott der Zionisten und der Nordamerikaner.« Die diplomatischen Beziehungen zwischen beiden Staaten näherten sich dem Gefrierpunkt.

Immer wieder folgten neue, aufsehenerregende Thesen: Für den Anschlag auf die israelische Botschaft soll eine Organisation namens »Islamischer Jihad«, vermutlich eine der vielen Tarnbezeichnungen der Hisbollah, die Verantwortung übernommen haben. Es sei eine Vergeltung für die Ermordung des Hisbollah-Führers Abbas al-Mussawi gewesen, sagte ein einflussreicher Führer der Schiiten. Bekanntlich hatten israelische Hubschrauber Monate vorher im Südlibanon den Konvoi des Hisbollah-Führers angegriffen, ihn und fünf Kinder getötet.

Im Laufe der aufwendigen Ermittlungen wurden nicht nur zwölf Iraner beschuldigt, in die Anschläge aktiv verwickelt gewesen zu sein. Der Staatsanwalt stellte auch 20 angeblich korrupte Polizisten an den Pranger. Sie sollen den Ausländern geholfen haben. Sogar Carlos Menem kam ins Gerede. Seine Familie ist bekanntlich syrischer Abstammung und hat zahlreiche Nahost-Kontakte. Zu guter Letzt wurde der Ermittlungsrichter abgesetzt und wegen schwerer Rechtsbeugung angeklagt.

Monatelang dauerte die Debatte über den mutmaßlichen Attentäter Ibrahim Hussein Berro, ein Libanese und Hisbollah-Aktivist. Doch ihn konnte keiner mehr befragen. Zwei Monate nach dem AMIA-Anschlag war er angeblich beim Feuergefecht mit einer israelischen Patrouille im Südlibanon ums Leben gekommen. So nahm er sein Wissen mit ins Grab. Auch seine beiden in den USA lebenden Brüder konnten da nicht helfen. Eine Ungereimtheit reihte sich an die andere, und am Ende wurden die verdächtigen Argentinier im September 2004 kurzerhand freigesprochen.

Seither gelten die gescheiterten Verfahren um die beiden Attentate als Bankrotterklärung der argentinischen Justiz. Plötzlich, im Juni 2009, ein Hoffnungsschimmer: Ein neuer Ermittlungsrichter unterzeichnete einen Haftbefehl gegen den Kolumbianer Samuel Salman El Reda. Er soll die lokale Hisbollah-Zelle koordiniert haben. Aber auch er ist nicht auffindbar. Angeblich lebt er heute mit seiner Familie gut geschützt im Libanon.

Das hatte er mit Imad Mugniyah gemeinsam, dem einer der politisch Gewichtigen Haftbefehle galt. Der frühere Operationschef der Hisbollah, Zuarbeiter der iranischen Revolutionsgarden und des Teheraner Geheimdienstes, war ein höchst aktives Phantom und ohne Zweifel einer der gefährlichsten Terroristen. Kaum jemand hatte so viele Menschenleben auf dem Gewissen. Deshalb setzte ihn das FBI auf die Liste der Meistgesuchten. Die Amerikaner lobten für ihn ein Kopfgeld in Höhe von 25 Millionen Dollar aus.

Das aber hatte nichts mit Argentinien zu tun, sondern mit Mugniyahs Vorleben. Geboren 1962, heuerte er bereits in seiner Jugend bei Arafats Leibwächtertruppe Force 17 an. Nach dem Abzug der PLO wandte er sich der neu gegründeten Hisbollah zu. In den Siebziger- und Achtzigerjahren soll er an den wichtigsten Bombenanschlägen gegen amerikanische und französische Truppen, Flugzeuge und Botschaften beteiligt gewesen sein. Sein Name tauchte immer wieder im Zusammenhang mit den spektakulären Entführungen von Ausländern im Libanon auf.

Imad Mugniyah war keine öffentliche Figur. Nur zwei oder drei Fotos existierten von ihm, und diese stammten aus jungen Jahren. Der »Mastermind des schiitischen Terrorismus« (Bruno Schirra) entkam immer wieder seinen Verfolgern, schien jede Falle zu ahnen. Wenn es besonders brenzlig wurde, tauchte er im Iran ab. Die iranische Regierung schützte und nutzte ihn. Das ging sogar so weit, dass er 2006 zur offiziellen Delegation von Präsident Ahmadinejad beim Staatsbesuch in Damaskus zählte. Dort starb er auch. Das Musterbeispiel eines Todesboten aus Teheran wurde am 12. Februar 2008 von einer Bombe getötet, als er sein Auto starten wollte. Syrien und Iran beschuldigen den Mossad der Täterschaft. Israel schweigt.

Der Gottesstaat vernichtet seine Kritiker

Ein anderer Tatort, dasselbe Bild. Der iranische Geheimdienst hatte seine Handschrift in dem Haus an der schmalen Südteheraner Hedayat-Straße hinterlassen. Dariush Forouhar, der Generalsekretär der »Iranischen Nationalen Befreiungsbewegung«, saß am Schreibtisch in seinem Büro, den Mund weit offen, ein Arm gebrochen. Er war gefesselt. Unbekannte Eindringlinge hatten ihn mit elf Messerstichen in den Oberkörper getötet. Die Leiche seiner Ehefrau Parvaneh Eskandari Forouhar wurde im ersten Stock gefunden. Die Täter hatten 24-mal auf sie eingestochen. Die beiden Körper waren teilweise zerstückelt worden. Ein Anblick, den die Freunde, die sie am Nachmittag des nächsten Tages entdeckten, nicht ertragen konnten.

Der 70-jährige Dariush Forouhar, politischer Gefangener bereits unter dem Schah-Regime und erster Arbeitsminister der Islamischen Republik, sowie seine zehn Jahre jüngere Frau, eine Lehrerin und politische Aktivistin, waren am Abend des 22. November 1998 von vermutlich elf Männern überfallen worden. Unter dem Vorwand der Polizeifahndung nach einem gestohlenen Auto hatten sich zwei von ihnen gegen 22.30 Uhr Einlass in das rund um die Uhr von der Staatssicherheit bewachte Haus verschafft. Sie öffneten anschließend die Tür für ihre Komplizen. Das alte Ehepaar konnte ihnen keinen Widerstand entgegensetzen. Der Überfall war Teil einer langen Serie von politischen Morden, für die das Regime eine »gewalttätige Struktur zur Unterdrückung und Vernichtung Andersdenkender« (so Tochter Parastou Forouhar) geschaffen hatte.

Wie sind Dariush und Parvaneh Forouhar einzuordnen? Warum hat ihr Tod das Land und seinen Staatssicherheitsdienst nachhaltig verändert?

Dariush Forouhar war sein Leben lang ein Rebell gewesen. Schon mit 16 Jahren hatte er sich konsequent der Politik verschrieben. Er wusste stets, was er wollte, und damit war sein Weg vorprogrammiert. Aus Isfahan kommend, schrieb er sich 1948 an der Universität Teheran für das Jurastudium ein. Der Reformer Mossadegh zog ihn an, und natürlich die »Nationale Front«. Bereits 1950 wählten ihn die Teheraner Studenten zu ihrem Sprecher. Nach einer öffentlichen Rede zur Privatisierung der Ölindustrie wurde er zum ersten Mal festgenommen.

Zuerst unterstützte Forouhar die »Pan-Iranismus-Partei«, später gründete er seine eigene politische Bewegung – die »Iranische Volkspartei«. Als die demokratische Regierung Mossadegh im August 1953 durch einen von der CIA organisierten Putsch gestürzt wurde, stand der junge Aufrührer im Zentrum des Geschehens. Er wurde schwer verletzt und musste vom Krankenbett in den Untergrund flüchten. Nach dem ersten Flugblatt stand Forouhars Name auf allen Fahndungslisten. Auf seine Ergreifung wurde eine Belohnung ausgesetzt. So dauerte es nicht lange, bis ihn die Polizei wieder fasste.

Zwei Jahre Militärhaft später verbannte ihn das Pahlevi-Regime auf eine Insel im Persischen Golf. Forouhar war aber nicht zu stoppen. Heimlich kehrte er in die Hauptstadt zurück und übernahm den Vorsitz der »Nationalen Widerstandsbewegung«. Die nächste Gefängniszelle wartete bereits auf ihn. Gleich nach seiner Entlassung 1956 setzte er seine politische Arbeit fort.

In den nächsten Jahren wechselten sich Gefängnis und Freiheit ab. 1960 entstand die »Zweite Nationale Front« – mit Forouhar im Zentralrat. Das reichte für eine neue Inhaftierung. Etwa zur selben Zeit trat Parvaneh in sein Leben. 1939 in Teheran geboren, studierte sie Sozialwissenschaften und Pädagogik. Auch sie engagierte sich in einer studentischen Vereinigung. Dort traf sie Dariush. 1961 heirateten die beiden. Es folgten Jahre des politischen Widerstands gegen die Feudalherrschaft, Jahre im Untergrund und immer wieder im Gefängnis.

Erst Anfang der Siebzigerjahre lief das Leben der Forouhars in eher geordneten Bahnen. Dariush Forouhar arbeitete nun als Jurist. Als das Schah-Regime unter immer stärkeren Druck geriet, reagierte es auch zunehmend heftiger. Forouhar wurde bei einer Veranstaltung zusammengeschlagen. Eine Bombe verwüstete seine Wohnung. Ehefrau Parvaneh gab inzwischen das verbotene Oppositionsblatt »Nationale Front« heraus. Im Januar 1979 flüchtete der Schah, und Khomeini kehrte zurück. Forouhar übernahm das Amt des Arbeitsministers.

Er begann sofort mit den Sozialreformen, die er jahrelang gepredigt hatte. Eine öffentliche Kreditkasse für Arbeiter, staatliche Arbeitslosenversicherung, gleicher Urlaubsanspruch für Arbeiter und Angestellte, 30 Prozent höhere Mindestlöhne. Forouhar scheiterte jedoch mit dem Vorhaben, den kurdischen Konflikt zu lösen, am Widerstand der Hardliner in der Regierung. Deshalb trat er 1980 zurück.

Das streitbare Ehepaar zog es vor, in die Oppositionsrolle zurückzukehren. Die Bilder glichen sich: Berufsverbot, Festnahmen, Verhöre, Untergrund. In der Islamischen Republik zählt die Forderung nach der Trennung von Religion und Staat zum größtmöglichen Maß an Blasphemie. Im Laufe der Jahre wurden die Forouhars immer mehr zu weltweit sichtbaren Köpfen der Reformbewegung. Irgendwann entschieden deshalb die Ajatollahs, dass sie das nicht mehr dulden konnten. Sie handelten in ihrer üblichen Weise.

Der Mord vom 21. November 1998 blieb beileibe kein Einzelfall. Am 2. Dezember 1998 verschwand der Schriftsteller Mohammed Mokhtari, nachdem er sein Haus am späten Nachmittag verlassen hatte, um Besorgungen zu machen. Sechs Tage später wurde seine Leiche gefunden und identifiziert. Am selben Tag ereilte den Autor und Übersetzer Mohammed Jafar Pouyandeh dasselbe Schicksal. Drei Tage danach wandte sich seine Frau mit einem Brief an den Staatspräsidenten Khatami. Innerhalb von 24 Stunden tauchte Pouyandehs Leiche im Südteheraner Vorort Shariar auf. Die beiden Literaten waren erwürgt worden.

50 ihrer Kollegen unterzeichneten einen Hilferuf an den Präsidenten. Sie listeten die zunehmenden Fälle getöteter Autoren auf: Ahmed Miralae, Ibrahim Zalzadeh, Sanei Manouchehr und seine Frau Firoozeh Kalantari, Ghafar Husseini, Ahmed Tafazoli. In diesen Zusammenhang ließ sich auch der Mord an Majid Sharif, einem Journalisten und Übersetzer, einordnen. Ihn hatte man drei Tage vor der Kommandoaktion im Haus der Forouhars tot am Straßenrand gefunden. In seinem Totenschein stand als Diagnose »Herzversagen«.

Insgesamt sollte bei dieser blutigen Kampagne innerhalb von mehreren Jahren die Elite der iranischen Intellektuellen ums Leben kommen, rund 100 Schriftsteller und andere Systemkritiker. Der rote Faden zwischen den einzelnen Taten blieb nicht unbemerkt. In einem seltenen Moment der Einigkeit stellte sich die iranische Bevölkerung hinter die gefährdeten Autoren. Rasch kursierte die These, die Mörder würden staatskritische Elemente der von Khatami ausgelösten Tauwetterperiode systematisch jagen. Es sei ein massiver Anschlag auf die neue »kulturelle und politische Öffnung«. Weltweite Proteste brachten das Regime in Verlegenheit.

Die Mullah-Hardliner, allen voran der geistige Führer Ali Khamenei, konterten mit der Behauptung, die Verantwortlichen seien im Ausland zu finden. Die Volksmudschahedin, zum Beispiel, würden eine »Atmosphäre der Unsicherheit und der Instabilität« schaffen wollen. Dieses Mal hatte das klerikale Regime überzogen. Begründungen wie »Herzinfarkt« zählten nicht mehr. Die Liste der infrage kommenden Opfer wurde immer länger. Wer es sich leisten konnte, begab sich auf eine längere Auslandsreise. Die Angst ging um, und gleichzeitig wuchs der Druck auf die Regierung.

Nun beschlossen die Geistlichen, vier der ihren zu opfern. Am 4. Januar 1999 meldete sich die Pressestelle des Geheimdienst-Ministeriums MOIS zu Wort. Das eigene Personal, so hieß es, habe diese kriminellen Aktivitäten unter dem Druck von verdeckt arbeitenden Agenten begangen. Schon die seltsam kryptischen Formulierungen zeigten, wie schwer es dem Regime fiel, die Schuld an den sogenannten »Kettenmorden« zuzugeben. Es war die Rede von »chronischer Konspiration« und »fehlgeleiteten Elementen«. Mit diesem Prädikat wurden versehen: Said Emami, der stellvertretende Minister, sowie seine Mitarbeiter Mehrdad Alikhani, Mustafa Kazemi und Khosro Basati.

Plötzlich gab es mehr »Geständnisse«, als überhaupt vonnöten waren. Ein Ali Rowshani verkündete, Mokhtari und Pouyandeh erwürgt zu haben. Er schob die Schuld jedoch auf den früheren Sicherheitschef des MOIS, Mustafa Kazemi, und auf Mehrdad Alikhani. Zwei andere Tatverdächtige bezeichneten sich als die Mörder des Ehepaares Forouhar. Auch sie beschuldigten Kazemi und Alikhani, ihnen den Auftrag erteilt zu haben. Kazemi beeilte sich auffällig, die Gesamtschuld auf sich zu laden. Alikhani sprach dagegen von »kollektiven Entscheidungen«. Das System hatte Killer losgeschickt, und nun überboten sie einander mit Erklärungen über ihre eigene Wichtigkeit und die ihrer jeweiligen Tat.

Originalzitat aus den Ermittlungsakten: »Am Samstagnachmittag befahl mir mein direkter Vorgesetzter zusammen mit einigen ›Brüdern‹, zur Durchführung der Aufgabe aufzubrechen. Dabei sagte er, dass der Befehl vom Abteilungsleiter, Bruder Rasoul, ergangen sei und dass dieser den Befehl von Herrn Haji Mousavi, dem stellvertretenden Leiter des Sicherheitsamtes, und dieser wiederum den Befehl vom amtierenden Minister erhalten habe« (so der Angeklagte Abolfazl Moslemi).

Die Künstlerin Parastou Forouhar erklärte in einer Gedenkrede: »Das zunächst gegebene Versprechen zur Aufklärung seitens der Machthaber im Iran diente aber mehr der Besänftigung der Protestwelle und entpuppte sich im Laufe der Zeit als eine politische

Hinhaltestrategie. Bereits zu Beginn wurden die Ermittlungen der Militärstaatsanwaltschaft übergeben. Dieser gesetzwidrige Vorgang ermöglichte es den Verantwortlichen, sämtliche Ermittlungen unter Ausschluss der Öffentlichkeit durchzuführen.«

In der iranischen Presse war zu lesen, dass Said Emami nicht nur die aktuellen Morde an den Schriftstellern und politischen Dissidenten organisiert hatte. Er soll auch für zahlreiche Attentate oder einschlägige Planungen seit der Revolution verantwortlich gewesen sein. Konkrete Beispiele wurden genannt, viele sicherlich nur auf Spekulationen beruhend: der »Mykonos«-Anschlag in Berlin, der Versuch, einen Bus mit 21 iranischen Journalisten auf dem Weg nach Armenien in eine Schlucht zu steuern, der überraschende Tod von Ahmed Khomeini, dem Sohn des Revolutionsführers, der Mord an dem Schriftsteller Ali Akbar Saidi Sirjani.

Said Emami war eine herausragende und doch typische Figur in der mit Dunkelmännern gesegneten Historie der islamischen Revolution des Iran. Geboren 1959 in Schiras als Daniyal Ghavami, wuchs er mit jüdischem Hintergrund auf. Vor Khomeinis Machtergreifung studierte er an der Oklahoma State University Luftfahrttechnik. Jeweils ein Jahr arbeitete er in der iranischen Interessenvertretung der pakistanischen Botschaft in Washington und in der UN-Botschaft der Iraner. Damals wurde er vom iranischen Geheimdienst angeworben. Der umtriebige junge Mann interessierte sich für weiterreichende Geheimdienstarbeit, nachdem er in seine Heimat zurückgekehrt war.

Emami, der sich später als Agent auch Shamshiri, Said Eslami und Mojtaba Ghavami nannte, scheiterte im ersten Anlauf. 1984, mit der Gründung des neuen Sicherheitsministeriums, bewarb er sich für eine Planstelle, wurde jedoch vom mächtigen Generaldirektor Said Hajjarian abgelehnt.

Nach dem Ausscheiden Hajjarians nahm man es mit dem Einstellungsverfahren nicht mehr so genau. Emami war nun auch dabei und brachte es nach kurzer Zeit – unter Fallahian – sogar zum stellvertretenden Minister. Er war für die Sicherheit des Dienstes zuständig. Der neue Chef nach Fallahian hieß Ghorban Ali Dorri-Najafabadi.

Er ließ Said Emami gewähren. Nur die Erfolgsmeldungen zählten, die an Khamenei oder ausgewählte Regierungsmitglieder gesandt wurden.

Ein halbes Jahr nach der Verhaftung des Serienmörders Said Emami gaben die iranischen Behörden erst seine Verhaftung und dann seinen Selbstmord bekannt. Er soll sich mit einem Mittel zur Haarentfernung vergiftet haben. Die iranische Opposition geht davon aus, dass Emami sterben musste, weil seine Geständnisse der Führung des Landes hätten schaden können. Damit wurde auch die Akte geschlossen. Die Öffentlichkeit erfuhr keine Einzelheiten aus den Verfahren gegen mögliche Mittäter, durfte keine Bilder vom toten Said Emami sehen. Er wurde anonym begraben. Als die Anwältin der Opfer Erklärungen abgab, wurde auch sie verhaftet und erst gegen umgerechnet 50 000 Dollar Kaution wieder freigelassen.

Am 23. Dezember 2000 fand der lange erwartete Prozess gegen die »Kettenmörder« ohne Öffentlichkeit statt. Er endete mit Todesurteilen gegen Mustafa Kazemi und Mehrdad Alikhani. Sie waren beschuldigt worden, die Morde am Ehepaar Forouhar, an Mokhtari und Pouyandeh organisiert zu haben. Im Januar 2003 wurde das Strafmaß jedoch durch den Obersten Gerichtshof auf lebenslänglich reduziert.

Bei der Verhandlung des Jahres 2000 waren zwei weitere Agenten als aktive Mörder zu jeweils zehn Jahren Haft verurteilt worden. Sieben weitere Täter mussten zwischen zweieinhalb und zehn Jahren einsitzen. Mehr als 20 Verdächtige kamen wieder frei.

Das war kein Sieg für einen wie immer gearteten – nicht existenten – iranischen »Rechtsstaat«, sondern eine nach 100 Morden an der intellektuellen Elite des Landes längst fällige Korrektur des Regierungskurses. Das ergibt sich aus Erkenntnissen, die vor allem von den investigativen Journalisten Akbar Ganji und Emadeddin Baghi gewonnen wurden. In einer sensationellen Artikelserie versuchten sie. die Staatsaffäre möglichst detailliert darzustellen. Sie kamen zu dem Schluss, dass die Hit-Teams des Geheimdienstes vom damaligen Minister Ali Fallahian losgeschickt worden waren. Er habe persönlich den Tod von 80 Intellektuellen angeordnet. Führende Geistliche sollen ihn dabei unterstützt haben, unter anderem mit religiösen Weisungen, sogenannten Fatwas. Es fiel der Name von Ajatollah Mohammed Taqi Mesbah-Yazdi, einem ausgesprochenen Hardliner und spirituellen Mentor des fanatischen Ahmadinejad. Menschenrechtler brachten auch den späteren Innenminister Mustafa Pour Mohammadi und den Fallahian-Nachfolger Hussein Mohseni Ezei in die Nähe der »Kettenmörder«. Der in Frankreich lebende und gut informierte Expräsident Bani Sadr nannte darüber hinaus den Namen Ahmed Jannati, Sekretär des Wächterrats.

Eine parlamentarische Untersuchungskommission versuchte zeitweise, die Hintergründe der »Kettenmorde« aufzuklären. Das scheiterte daran, dass das Gremium auf Personen stieß, »die nicht vorgeladen werden können«. So umschrieb es der Vorsitzende des Ausschusses geheimnisvoll.

Der iranische Geheimdienst war stets schlagkräftig, wenn es um Auslandsoperationen ging, und allmächtig im Inneren. Und doch zeigten die Serienmorde an den Intellektuellen erstmals seine Grenzen auf. Die Agenten waren zu weit gegangen, hatten bei der Eliminierung Andersdenkender jegliches Maß verloren.

So sah es auch einer der Gründer des Mullah-Geheimdienstes VEVAK, Said Hajjarian. Der Aktivist der ersten Stunde – er gehörte zu den Besetzern der Teheraner US-Botschaft – hatte die Behörde Ende der Achtzigerjahre verlassen. Der wichtigste Grund dafür dürfte sein Zerwürfnis mit Fallahian gewesen sein. Exvizeminister Hajjarian gründete das »Zentrum für strategische Forschung« und wurde 1997 vom neuen Präsidenten Khatami als Sicherheitsberater verpflichtet.

Der Geheimdienst-Insider entwickelte sich in der Folge immer mehr zum Regimekritiker. Er forderte demokratische und rechtsstaatliche Reformen. Ab 1999 gehörte Hajjarian dem Teheraner Stadtrat an und gab die Zeitung *Sobh-e Emrooz* heraus. Auf ihren Seiten erschienen die Artikel von Ganji und Baghi. Beide Autoren wurden später wegen ihrer Arbeit zu langen Haftstrafen verurteilt.

Mit seinem Blatt hatte auch Hajjarian die Brücken zur islamistischen Vergangenheit abgebrochen und war im iranischen Unrechtssystem zum Freiwild geworden. Die Rache an ihm ließ nicht lange auf sich warten. Am 12. März 2000 geschah es in der Paradiesstraße:

Zwei junge Männer näherten sich Hajjarian mit einem Motorrad. Sie bremsten mit quietschenden Reifen und schossen ihm ins Gesicht. Der Reformer überlebte schwer verletzt. Nach 14 Tagen im Koma vermochte er nur seine Augen zu bewegen. Er war gelähmt. Es sollte Jahre dauern, bis der ehemalige Vize des Geheimdienstministers wieder richtig sprechen und im Rollstuhl am politischen Leben teilnehmen konnte.

Der Sommer 2009 brachte einen weltweit gesuchten Terroristen als Verteidigungsminister in die Regierung des Iran – und Said Hajjarian, die Ikone der Reformbewegung, ins Gefängnis. Der Schwerbehinderte wurde drei Tage nach der Präsidentenwahl vom 14. Juni verhaftet. Im August folgte der im In- und Ausland stark beachtete Schauprozess gegen 140 Demonstranten. Jeder wusste, dass es eine Farce war, als ein sechsseitiges »Geständnis« verlesen wurde, in dem Hajjarian sein abweichendes Gedankengut von fast zwei Jahrzehnten widerrief und seinen Austritt aus der oppositionellen Mosharek-Partei erklärte – ein Musterbeispiel für die bewährte Mischung von Folter und Gehirnwäsche.

Der Ankläger forderte die Todesstrafe gegen den Hilf- und Wehrlosen. Das ging sogar dem religiösen Führer, Ajatollah Ali Khamenei, zu weit. Er äußerte Zweifel an der Rechtmäßigkeit der Vorwürfe und wurde deshalb von Ahmadinejad aggressiv kritisiert. Ein unerhörter Vorgang, der die innere Brüchigkeit des nach außen eisenharten Regimes zeigte.

Hodschatalislam Ali Fallahian, der mutmaßliche Anführer der »Kettenmorde«, war nun Khameneis Berater für Fragen der Geheimdienste, von Terrorismus und Sicherheit. Ab 1993 zeichnete er unter anderem für Teheraner Konferenzen der fundamentalistischen Bewegungen verantwortlich. Als Gastgeber von Hisbollah und Hamas, PFLP-GC und tschetschenischen Separatisten konnte sich Fallahian unschwer in die Geisteswelt von Terroristen einfühlen. Nachdem der Journalist Akbar Ganji in seiner Gerichtsverhandlung vom Dezember 2000 Fallahians Namen erwähnt hatte, tauchte vorsorglich die Meldung auf, der Exminister sei unter Hausarrest gestellt worden. Ein frommer Wunsch; die Nachricht wurde nie bestätigt.

Shopping für Armaggedon

Die Zeitungsberichte vom 5. Oktober 2009 trugen beinahe identische Überschriften:»Iran kann die Atombombe bauen; Teheran hat das nötige Wissen, um Sprengkörper zu entwickeln«. Es war keine neue Information und auch keine wirkliche Überraschung, vielleicht nur eine Etappe auf dem Weg zur endgültigen Wahrheit über das Prestigeprojekt der Ajatollahs. Die spätestens seit dem frontalen Angriff der Iraker, am 22. September 1980, gedemütigte Nation der Perser will aufschließen, in die Herde der Alphatiere aufgenommen werden. Dafür ist dem eigentlich reichen Ölstaat jedes Mittel recht.

Bei den Iranern handelt es sich um absolute Profis, wenn es um die Beschaffung von Embargowaren und sensible Technik geht, praktizieren sie doch seit Jahrzehnten nichts anderes mit gleicher Intensität. Auch die Sehnsucht nach Atomtechnik ist kein Phänomen der letzten Jahre.

Der»König der Könige«, Mohammed Reza Pahlevi, begehrte sie schon zwei Jahrzehnte vor seinem Sturz. Ob er an zivile oder militärische Nutzung dachte, sei dahingestellt. Jeder weiß, dass sein Land die stärkste Macht am sogenannten Persischen Golf werden wollte und die schier maßlosen Waffenkäufe der konkurrierenden Saudis immer mit größtem Argwohn beobachtete.

1959 schickten die Amerikaner einen Forschungsreaktor als Geschenk des Weißen Hauses nach Teheran. Acht Jahre später ergänzten sie ihn noch durch ein zweites Exemplar. Nun ging das»Tehran Nuclear Research Center« (TNRC) in Betrieb. 1970 traten die Iraner dem Atomwaffensperrvertrag bei, einem Regulativ der Weltgemeinschaft. Das heißt nichts, ist doch die Kunst der Täuschung (des Feindes) ein Lebenselement der Schiiten. Henry Kissinger unterzeichnete für die USA das erste Memorandum zur Zusammenarbeit auf dem Gebiet der Nukleartechnologie. Washington verpflichtete sich, Gerätschaften im Wert von über sechs Milliarden US-Dollar zu schicken. Ein Abkommen nach dem anderen wurde ratifiziert. 1976, der Lieblingstyrann des Westens war noch an der Macht, boten die Amerikaner von sich aus eine Anlage zur Extraktion von Plutonium an. Sie wollten den kompletten Atomkreislauf übergeben und ihre

Experten dazu. Dann verließ Präsident Gerald Ford allerdings der Mut. Er zog sein Angebot zurück.

Mitten im Fluss wechselten die Iraner die Pferde. Nun kamen die deutschen und französischen Handelspartner an die Reihe. Iran stieg mit einem zehnprozentigen Anteil bei Eurodif ein, einem europäischen Unternehmen, das Urananreicherung betrieb. Das Schwellenland beteiligte sich mit einer Milliarde Dollar am Bau der Eurodif-Anreicherungsanlage, erhöhte den Einsatz sogar noch, als die Kosten stiegen. Damit hatte Teheran sein Vorkaufsrecht für zehn Prozent der späteren Produktion in der Tasche. Im Rahmen der Kooperation mit der Bundesrepublik und Frankreich erstanden die Iraner auch Anteile an einer Uranmine in Südwestafrika. Die deutsche Kraftwerk-Union AG begann damit, unweit der Stadt Buschir den ersten Reaktor hochzuziehen.

Die Atomträume des ambitionierten Entwicklungslandes platzten mit der islamischen Revolution. Neue Machthaber wurden nach oben gespült, die der Moderne und ihrer Technologie mit abgrundtiefem Misstrauen gegenüberstanden. Die wichtigsten Männer des Landes dachten eher an die penible Einhaltung der Gebetszeiten als an Urananreicherung. Großajatollah Ruhollah Khomeini deklarierte Atomenergie als »unislamisch«. Der erste Golfkrieg stoppte auch in Buschir die Bauarbeiten, denn das Projekt lag im Nahbereich irakischer Bombenabwürfe. Die ausländischen Fachkräfte verließen das Land, da ihnen das Risiko unkalkulierbar wurde.

Angesichts der traumatischen Erfahrungen durch den Iran-Irak-Krieg begann Teheran umzudenken. Ein neues Forschungszentrum entstand in der Nähe von Isfahan. Der Iran streckte seine nuklearen Fühler nach China, Pakistan und Russland aus. Das heutige Atomprogramm startete an vielen Standorten. Westliche Beobachter gehen von etwa 50 Einrichtungen aus. Es können auch mehr sein, da der Iran alles abschirmt, vor allem gegen die Inspektoren der Wiener UN-Atomenergiebehörde. Manche Bausteine der iranischen Atomindustrie befinden sich ohnehin unterirdisch und sind sogar für Spionagesatelliten nicht oder nur schwer zu erkennen.

Die iranische Führung betont bei jeder Gelegenheit, dass sie keinerlei Interesse an der Atombombe hat. Eine pure Schutzbehauptung, um nicht die drohenden Luftangriffe des Westens anzulocken, solange sie dem Vorhaben schaden können. Gleichzeitig entschlüpft es den Mullahs immer wieder, dass sie sich von Israels Atomwaffen bedroht fühlen. Darüber hinaus wollen sie wie die anderen Atommächte der Region behandelt werden. »Gleiches Recht für alle« wird in diesem Zusammenhang gebetsmühlenhaft vorgetragen.

Seit dem Jahr 2002 sickern immer neue Einzelheiten des Atomprojekts an die westlichen Geheimdienste durch und gelangen mit entsprechender Verzögerung an die Öffentlichkeit. Die Volksmudschahedin lieferten die ersten nachvollziehbaren Fakten. Seither, und vor allem seit der Wahl des radikalen Präsidenten Mahmud Ahmadinejad im August 2005, hat sich die Lage immer stärker zugespitzt. Die Gespräche der besorgten westlichen Mächte mit dem Iran verlaufen, wie immer, im Sand. Teheran führt Scheinverhandlungen, um Zeit zu gewinnen.

Gleichzeitig arbeiten seine Hightech-Beschaffer rund um die Uhr. Sie wissen, dass auch ihnen die Zeit davonläuft. Wie schon früher, bei den konventionellen Waffensystemen, wird für manches schwer zu beschaffende Gerät das Vielfache des Marktpreises bezahlt. Im weltweit operierenden Netz der diskreten Einkäufer spielen auch die iranischen Geheimdienste eine bedeutende Rolle. Ihre konspirativen Strukturen sind für westliche Dienste nur schwer zu enttarnen und unberechenbarer als bisherige offizielle Staatsfirmen vom Schlage der DIO (»Defense Industries Organization«).

Gelegentliche Erfolge der Ermittler tauchen häufig nur als Kurzmeldungen in den Zeitungen auf. Kommt es später zu einer Gerichtsverhandlung gegen die Lieferanten, bleibt immer noch vieles im Dunkeln, da die westlichen Aufklärer ihre Quellen schützen müssen. Dass es im iranischen »Labyrinth« höchst erfolgreiche und mutige V-Leute gibt, zeigen diese immer wieder kurz aufleuchtenden Erfolge.

In dieser Welt der verdeckten Beschaffer ist vieles bekannt und noch mehr geheim. Seit zwei Jahrzehnten kaufen die Iraner alles, was ihre Einkaufsliste ihnen vorschreibt. Spezialaluminium und -stahl, Vakuumpumpen, Zentrifugen, Grafit, GPS-Systeme für Rüstungszwecke, Software aller Art. Das Netz ist unmittelbar an die höchste Führungsebene des Iran angebunden. Direkte Besteller und Adressaten der gefährlichen Waren sind das Verteidigungsministerium, das Ministerium für Erziehung und Forschung, das Energieministerium. Auch die mächtigen religiösen Stiftungen, die in der Regel dem obersten Führer Khamenei direkt unterstellt sind, arbeiten auf das eine große Ziel hin. Sie verfügen dazu über Tarnfirmen und ein weltweites Netz von Büros.

Ihre Strukturen im Iran basieren häufig auf der »Mostafazan-va-Janzaban-Stiftung«, der »Nur-Stiftung«, der »Astana-Ghods-Rezavi-Stiftung« und dem »Heiligen Schrein von Imam Reza«. Die Spitze dieser milliardenschweren Organisationen bilden Männer wie Mohsen Rafiqdost, dem Gründer und früheren Kommandeur der Revolutionsgarden. Gern verstecken sich Pasdaran und Atomenergiebehörde hinter Universitätsadressen. Da gibt es beispielsweise die »Technische Universität Sharif« in Teheran. 1991 orderte »Sharif« bei der österreichischen Firma Tribacher Komponenten von Zentrifugen, bei Thyssen Ringmagneten, bei Leybold Vakuumpumpen. Die Liste der Produkte und ihrer möglichen Lieferanten ist lang.

Eine wichtige Anlaufstelle ist die Imam-Reza-Stiftung in Maschad, der Millionenstadt an der afghanischen Grenze. Maschad ist ein bedeutender Wallfahrtsort der Schiiten, dessen Imam-Reza-Schrein jedes Jahr von unzähligen Pilgern aus Zentralasien aufgesucht wird. An der Spitze dieser beinahe industriellen Vermarktung eines Heiligtums steht Ajatollah Abbas Vaez Tabasi, ein lebenslanger Weggefährte von Ajatollah Khamenei. Tabasis Sohn Nasser sitzt an der Drehscheibe Dubai. Seine Firma heißt »Al-Makasseb« und hat wohlgefüllte Konten, um Technologie zu kaufen. Hinter »Al-Makasseb« steht die größte Bank des Mullah-Staates, die Bank Melli. Darüber lassen sich verschwiegene Transfers abwickeln.

Der Mann, an dem kein wichtiger Deal vorbeigeht, soll nach Erkenntnissen westlicher Nachrichtendienste Said Mohammed Hosseinian heißen. Geschäftsadresse: Vozara Building, 6. Stock, Appartment Nr. 70, Intifadastraße, Teheran. Viele seiner Scheinfirmen – unter anderem Hobab International Company Ltd., Sapico, Joza Industrial, Ward International – operieren aus diesem Büro. Chefeinkäufer Hosseinian ist ein Phantom, weil es von ihm keine neueren Fotos gibt, und nur wenig ist über seinen Hintergrund bekannt.

Der *Stern* trug das Wenige zusammen und präsentierte es im Juli 2009 im Rahmen eines Artikels über das Beschaffungsnetz der Mullahs (»Der Iran kann in einem halben Jahr die Atombombe zünden«): »Hosseinian ist ... etwa Ende 50, verheiratet, hat zwei Töchter, trägt Rolex, Dreitagebart und sein graues Haar gescheitelt ... Mal gibt er sich als Ingenieur aus, mal als Hydrogeologe. Und Geschäftsleute, die sich mit dem Iraner eingelassen haben, kennen ihn als Autohändler, der Mercedes-Limousinen nach Teheran importiert.«

Der Technologietransfer in Richtung Teheran boomt. Beispiel Inklinometer: Hierbei handelt es sich um amerikanische Sensoren, die unter anderem Sprengsätze auslösen können. Der Iran steht ganz oben auf der Embargoliste für diese Elektronikteile. In einem aktuellen Fall bestellten die Kunden über einen malaysischen Importeur. Als Absender ließen sich die Iraner eine malaysische Ingenieurschule einfallen, als Empfänger eine Scheinfirma, der am Ende die Rechnung zugeschickt wurde. Die Ware musste eine lange Strecke zurücklegen. Sie lag anfangs in Linden, New Jersey, und wurde zwischendurch in den Emiraten geparkt.

Nach Dubai führten auch alle Wege der »Mayrow General Trading«. Mayrow war die Drehscheibe eines iranischen Beschaffungsnetzes, das etwa ein Jahrzehnt lang funktionierte. Daneben gab es noch drei andere Firmen, deren Manager dieselben Namen wie der der »Mayrow« trugen und die an der gleichen Geschäftsadresse zu finden waren. Nur auf dem Papier schienen sie sich nicht zu kennen. Die »Mayrow«-Gruppe bestellte Hunderte von geschützten Elektronikteilen aus Kalifornien und Georgia, Florida und New Jersey.

Sobald die Ware Dubai erreicht hatte, wurde sie auf verschiedene iranische Abnehmer verteilt, zumeist Hersteller von IEDs, tückischen Sprengfallen, die große Verluste bei amerikanischen Truppen im Irak verursachen. Die Firmenkette wurde aufgedeckt, weil die GIs nicht explodierte IEDs sichergestellt und zerlegt hatten. Darin fanden sich amerikanische Kleinteile. Als die Legende geplatzt war, tauchten die Iraner geschmeidig ab – und anderswo unter neuen Namen wieder auf.

Es ist ein ständiger Wettlauf, bis die US-Behörden am Ende den Gegner erkennen und mit einem Bannstrahl belegen. Im Oktober 2009 fanden sich auf der amerikanischen Embargoliste unter anderem die Atomenergiekommission AEOI des Iran (Dawood Agha-Jani), die Luftfahrtindustrieorganisation AIO (Moshen Hojati), die Shahid-Bakeri-Gruppe SBIG (Mehrdad Akhlaghi Ketabach) und die Shahid Hemmat Industriegruppe SHIG (Nasser Maleki) sowie die Bank Melli und die staatliche Reederei Islamic Republic of Iran Shipping Lines (IRISL). Laufend werden neue Namen in das Verzeichnis eingetragen. Die amerikanischen Behörden frieren in jedem Einzelfall die Konten der Akteure ein und wachen darüber, dass es keine weiteren Kontakte zwischen den Verdächtigen gibt.

Das ist leichter gesagt als getan. Zu verwinkelt wurden die Wege der Hightech-Händler angelegt. Ein typisches Beispiel von vielen: Der Deutsch-Iraner Mohsen Vanaki wurde im November 2007 festgenommen. Bei ihm hatte der Teheraner Partner »K. Co. Ltd.« Dual-Use-Produkte aus dem Nuklearbereich und Rüstungsgüter aus russischen, amerikanischen und europäischen Beständen bestellt. Unter Umgehung von Handelsbeschränkungen, mithilfe von Scheinfirmen und falschen End-User-Zertifikaten, sollte er sie bekommen. Nach einer halbjährigen Untersuchungshaft wurde Vanaki vor Gericht gestellt. Der Staatsanwalt warf ihm Verstöße gegen das deutsche Kriegswaffenkontrollgesetz und gegen Außenhandelsbestimmungen vor.

Dazu gehörte die Lieferung von zwei Hochgeschwindigkeitskameras zum Fotografieren von Atomtests. Vanaki bestellte sie beim Moskauer Hersteller. Dieser lieferte angeblich direkt in den Iran. Als Empfänger soll pro forma eine nahöstliche Universität angegeben worden sein. Von Vanaki heißt es, er habe seinen iranischen Kunden eine Provision von beinahe 31 000 Euro berechnet. Bei einer anderen Gelegenheit sollte Vanaki in Mannheim 100 Detektoren für radioaktive Quellen beschaffen. Das zog sich hin. Als der Zwischenhändler nach einem Jahr noch keine plausible Erklärung zur Verwendung der Ware abgeben konnte, wurde ihm die Technologie verweigert.

Dann ging es um 20 Nachtsichtgeräte. Vanaki kaufte sie in der Schweiz, erhielt jedoch auch dort keine Ausfuhrgenehmigung, weil die Eidgenossen mit dem Endverbraucherdokument unzufrieden waren. In zahlreichen anderen Fällen, zum Beispiel bei Vakuumpumpen, scheint der Händler erfolgreich gewesen zu sein. Genauere Einzelheiten schlummern in den Untiefen der Betriebsgeheimnisse. Wichtig war in Vanakis Fall die Frage, ob der Iran zum Zeitpunkt seiner Beschaffungsaktivitäten überhaupt ein militärisches Atomprogramm hatte. Die Verteidigung des Geschäftsmanns verwies auf die umstrittene Einschätzung der amerikanischen Geheimdienste (»National Intelligence Estimate«), dass Teheran im Herbst 2003 das Atomwaffenprogramm aufgegeben hat. Auf dieser Basis wurde er freigesprochen. Die Anklage stellte sich quer, forderte drei Jahre und vier Monate Gefängnis. Im September 2009 wurde erneut über Mohsen Vanaki verhandelt. Das Ergebnis: 22 Monate Haft, auf Bewährung ausgesetzt.

Andere haben es ebenfalls versucht und flogen auf. Hans-Josef H. aus dem Westerwald versorgte die Iraner in neun Lieferungen mit 16 Tonnen Edelgrafit, einem Grundstoff der Halbleiterproduktion, der aber auch für den Raketenbau benötigt wird. Dann verließ ihn das Glück. Seine Transporte wurden in der Türkei gestoppt. Die dortigen Behörden informierten ihre deutschen Kollegen. Hans-Josef H. wurde im Juni 2008 festgenommen und im Mai 2009 zu sechs Jahren Haft und 705 000 Euro Geldstrafe verurteilt.

Als besonders pikant erwies sich der Fall eines Kanadiers iranischer Abstammung, Ali Alaei. Der Export-Import-Kaufmann (Gharn S.A. Canada Inc.) arbeitete nicht nur für das Teheraner Technologienetz, sondern galt als die wichtigste Quelle des Bundesnachrichtendienstes im Iran. Der deutsche Zoll beobachtete immer angespannter, wie Alaei, BND-Deckname »Sindbad«, eine verbotene Lieferung nach der anderen aus seiner Gießener Niederlassung losschickte. Kompasse mit Dual-Use-Eigenschaften, Sensoren der Hightechfirma Honeywell und manches mehr.

Im Oktober 2008 klickten auch für Alaei die Handschellen. Der BND war tief getroffen, brach ihm doch ein Standbein der Iran-Aufklärung weg. Im Februar 2009 erhielt Alaei beim Berliner Kammergericht eine großzügige VIP-Behandlung. Er wurde nach den Bestimmungen des Außenwirtschaftsgesetzes zu drei Jahren Haft verurteilt und sofort nach Kanada abgeschoben. Seine heimliche Rückversicherung durch die Anbindung an den deutschen Dienst hatte funktioniert. Außerdem sollen sich »Freunde« aus den USA und Israel für Alaei verwandt haben. Eine echte Ausnahme.

Mittlerweile gibt es Dutzende von Fällen, die detailliert aufzeigen, wie trickreich die Iraner Embargoware einkaufen. Mit nachrichtendienstlichen Methoden und Strukturen gründen sie Scheinfirmen, täuschen ihre Geschäftspartner im Westen oder korrumpieren sie mit lukrativen Extrageldern. Die illegal beschaffte Ware geht dann mit falschen Papieren zu Transitstationen wie Dubai oder Malaysia. Am Ende landet die Ware beinahe problemlos in der Islamischen Republik.

Das Washingtoner »Institute for Science und International Security« (ISIS) hat im Mai 2009 zwei sehr anschauliche Fallbeispiele in einer Studie über verbotene Handelswege aufbereitet:

Die beiden eingebürgerten Amerikaner Hassan Said Keshari und Traian Bujduveanu – der eine war ursprünglich aus Iran und der andere aus Rumänien gekommen – haben 2006 und 2007 im Auftrag ihrer iranischen Kunden Ersatzteile für die westlichen Kampfflugzeuge der Luftwaffe und für Militärhubschrauber besorgt. Keshari nutzte dafür seine kalifornische Firma Kesh Air International Corporation, Bujduveanu seine in Florida registrierte Orion Aviation Corporation. Beide schickten Ersatzteile nach Dubai, wo sie einfach umgeladen wurden. Ausfuhrgenehmigungen hatten sie vorsichtshalber nicht beantragt. Die Händler wurden zu Haftstrafen verurteilt.

Zwischen August 2005 und Juli 2008 unterhielten zwei iranische Tarnfirmen, die Ariasa AG aus Teheran und die Onakish von der Golfinsel Kish, intensive Handelsbeziehungen zu der irischen Mac Aviation Group. Die irischen Partner besorgten ihnen Triebwerke für Hubschrauber und Flugzeuge sowie dringend benötigte Teile für das Atomprogramm. Sie lieferten die Waren über Malaysia und Dubai. Die Bezahlung durch die Iraner wurde mehrfach transferiert, damit am Ende der Ursprung nicht mehr feststellbar war. Der Manager von Ariasa hatte Pech, als er im März 2009 leichtsinnig in San Francisco zwischenlandete. Er wurde sofort festgenommen. Eine Woche später veröffentlichte die amerikanische Justiz eine Anklageschrift gegen die Verantwortlichen von Mac Aviation in Drumcliffe. Jeder von ihnen muss mit 20 bis 25 Jahren Haft rechnen.

Ein besonders extremer Fall wurde aus Australien bekannt. Bei diesem steht ein afghanisch-iranischer Emigrant im Mittelpunkt. Sein Name: Sarfraz Haider. Der eingebürgerte Australier lebte mit seiner Familie 20 Jahre lang in Sydney und Canberra; Ende der Neunzigerjahre nahm er die Witterung des großen Geldes auf. Er zog nach London und begann mit Waffen zu handeln. 2000 bezog er seinen letzten Wohnsitz in Zypern. Er gründete eine Firma namens SH Heritage Holdings.

Der 53-Jährige unterhielt beste Kontakte in die ehemalige Sowjetunion. Ermittlungen des ukrainischen Parlaments ergaben, dass er der Mittelsmann eines umfangreichen Deals zwischen dem VEVAK und ehemaligen Offizieren des Kiewer KGB beziehungsweise der Russenmafia war. Er organisierte den Transfer von gestohlenen Rüstungsgütern – 20 Raketen vom Typ Kh-55 und vier nukleare Sprengköpfe – in den Iran und nach China. Konkret sollen sechs der Raketen und zwei der 200-Kilotonnen-Sprengköpfe ins Reich der Mullahs gegangen sein. Die Iraner sollen dafür 63 Millionen Dollar bezahlt haben.

Nachforschungen ergaben, dass die ukrainischen Offiziere die Hilfe eines offiziellen Moskauer Exporteurs und der Kiewer Firma »Ukrspetseksport« – ein auf Waffen spezialisiertes Außenhandelsunternehmen – in Anspruch nahmen. Mit gefälschten Papieren erreichten die brisanten Kriegsgüter Zypern, wo ihnen Haider ein neues Etikett verpasste: Turbinenteile. So legten sie auch den Rest der Reise in den Iran zurück.

Bevor der Händler dazu befragt werden konnte, verunglückte er im Januar 2004 mit seinem Quad. Er fuhr gegen eine niedrige Mauer und war sofort tot. Sein Sohn Sam unternimmt seither alles, um das ihm bis zu dem dubiosen Unfalltod unbekannte zweite Leben des Vaters aufzuarbeiten.

Hatte die Allianz der iranischen Rüstungsschmieden und der Beschaffungsstrategen aus dem Staatsapparat zur Zeit des ersten Golfkriegs noch auf polyglotte Persönlichkeiten und offizielle Büros an den globalen Schnittstellen vertraut, ist nun ein Heer von kleinen, privaten Firmen eingesetzt, die mit allerlei Legenden arbeiten. Sie beschaffen die Embargowaren für das Nuklearprojekt und für den täglichen Gebrauch der Kriegswirtschaft auf hoch konspirative Weise.

Der 52 Jahre alte Mohsen A. ist ein weiteres typisches Beispiel. Mitte Oktober 2009 durchsuchten Zollfahnder die Wohnungen und Büros verdächtiger Exporteure in Thüringen und drei anderen Bundesländern. Mohsen A. wurde festgenommen, weil er 2007 und 2008 zwei Spezialöfen für das Trägerraketenprogramm in den Iran geschickt haben soll. Allein der Wert des ersten Sinterofens wurde von der Bundesanwaltschaft in Karlsruhe mit 1,4 Millionen Euro beziffert. Wenn es um solche Summen geht, nehmen die Schuldgefühle der westlichen Komplizen rasant ab.

Bis der Westen die immer perfekteren Einkaufstricks und alle Schmuggelwege des VEVAK und verwandter Behörden erkannt hat, wird es allemal zu spät sein. Viele kleine Rädchen der großen Shoppingmaschine werden dann in europäischen und amerikanischen Gefängnissen sitzen, auf ihre Strafprozesse warten oder bereits ihre Urteile kennen. Kollateralschäden auf dem Weg nach Armaggedon made in Iran.

Ein Leben am Abgrund: Abolghassem Mesbahi

Alte Agenten sterben nicht, behaupten die Zyniker des Gewerbes in der freien Interpretation eines historischen Zitats: Sie lösen sich einfach auf. Abolghassem Mesbahi, geboren 1957, eins achtundsechzig groß, braune Augen, gibt es immer noch. Dabei wünschten sich im Laufe der Jahre ziemlich viele Leute, dass er ganz einfach spurlos verschwunden wäre, als hätte er nie existiert. Überraschend ist, dass diese Haltung von vermeintlichen Freunden und eindeutigen Feinden gleichermaßen vertreten wird. Das spricht für Mesbahi. Er wird immer lästig bleiben. Oder noch klarer: Jeder will den Verrat des anderen, aber keiner will den Verräter alimentieren müssen.

Abolghassem Mesbahi ist zum Präzedenzfall geworden. Typischer und abschreckender geht es nicht mehr, wenn nur ein kleiner Teil davon stimmen sollte. Lückenlos wird sich seine Geschichte nie rekonstruieren lassen. Dafür spielt sie zu sehr in einer dunkelgrauen Zone und inmitten von Akteuren, die sich rund um die Uhr bedeckt halten. Der namhafteste und bislang wichtigste iranische Überläufer kommt aus einem gemäßigt religiösen Biotop. In seiner Familie gab es die ganze Spannbreite, von den Konservativen bis zu den Glaubensreformern. »Wir hatten keinen Alkohol im Haus, haben aber den Frauen die Hand gegeben.« Sein Vater war Bauunternehmer. Die meisten Krankenhäuser des Iran entstanden auf seinem Reißbrett.

Er schlitterte in das immerwährende Abenteuer seines Lebens, weil er zur richtigen Zeit an der richtigen Stelle war, weil er die Hauptdarsteller der persischen Tragödie kannte und mit einigen von ihnen sogar verwandt ist. Sein Schwager beispielsweise verwaltet heute das kulturelle und akademische Erbe des Revolutionsführers Khomeini. Wie sollte ein 21-Jähriger ohne diese Umstände zu leitenden Funktionen kommen, die es ihm immer wieder ermöglichten, dem Rad der Geschichte in die Speichen zu greifen?

Eigentlich wollte der junge Mann aus der gehobenen Mittelschicht Ingenieur werden. Das Technische lag ihm, aber ebenso das Politische. Der Weg zum Wissen war ihm auch in der Monarchie nicht versperrt. Der politische Trieb rief nach Veränderung. Das alte Regime hatte abgewirtschaftet, seine Legitimität verloren, war weltweit ins Gerede gekommen. Mesbahi wusste, dass sich etwas grundlegend ändern musste. Er war kein Islamist, strebte keine islamische Republik an, konnte in seiner Teheraner Nische die großen Linien erst einmal nicht erkennen. Die Basisorientierung kam bei den erregten Diskussionen der Studenten.

So wurde er Teil der Revolution und staunte jeden Tag darüber, wie eine eher bescheidene Hebelwirkung ein tonnenschweres Regime, das sich für die Verkörperung der Ewigkeit hielt, aus seiner Verankerung brechen und umstürzen konnte. Eine gewaltige Herausforderung für den Techniker wie auch den angehenden Politiker. Mesbahi gehörte zu den Stoßtrupps der Khomeini-Jünger, die das berüchtigte Teheraner Evin-Gefängnis eroberten. Damit hatte er sich bereits für höhere Aufgaben qualifiziert. »Sie sagten mir, der

Imam vergibt Jobs, und du wirst der Kommandeur der Jamshidieh-Kaserne.« Immerhin, er war dabei, als es gegen die Jamshidieh ging. »Wir nahmen die Militärs gefangen und sorgten dafür, dass sie uns nicht gefährlich wurden.« Das qualifizierte ihn noch nicht zum neuen Kommandeur, aber immerhin zum Chef der Sicherheit im weiträumigen Kasernen- und Gefängniskomplex.

Die persische Sprache ist sehr farbenfroh und üppig; deshalb sind Beschreibungen der Berufswelt für eine westliche Einordnung häufig schwer zu übersetzen. Während der Revolutionswirren der Jahre 1979/80 war Abolghassem Mesbahi zeitweise auch Chef der Sicherheit auf dem riesigen Märtyrerfriedhof Beheschte-Zahra am südlichen Stadtrand von Teheran. Zwischendurch setzten ihn die neuen frommen Herren als Richter ein. Personalnot macht erfinderisch.

Für eine neue Art geordneten Lebens steht der 12. November 1980. Abolghassem Mesbahi, der inzwischen seine Aufgabe beim Geheimdienst der Ajatollahs, zuerst SAVAMA und dann VEVAK, gefunden hatte, war in Paris angekommen. Sein erster Auslandsposten, der ihn prägen und für das Leben der Geheimen fit machen sollte.

Die »Normalität« der frühen Achtzigerjahre, das bedeutete ein Leben mit Legende und ein zweites – gleich daneben – unter Hochspannung. Im Rahmen seiner von Teheran unterstützten Legende studierte Mesbahi in Paris Ingenieurwesen und politische Wissenschaften. Das tat er nicht nur pro forma. Er blieb seinen Interessen treu. Die Zentrale schickte den Auftrag, Kontakte zur Opposition im Exil aufzubauen, zu den Anhängern des inzwischen verstorbenen Mohammed Resa Pahlevi. Zur Jobbeschreibung gehörte auch Propagandaarbeit für das neue Regime und echte nachrichtendienstliche Aufklärung.

Mesbahi war eigensinnig. Er wollte seine Legende nicht mit der Funktion eines Charge d'Affaires der iranischen Botschaft anreichern. Zu aufwendig und eher störend. Außerdem war er ja gerade erst 22 Jahre alt. Das Ministerium berief einen anderen Studenten zum Charge d'Affaires, einen gewissen Zamani. Mesbahi reichte es, in der Botschaft als Resident des Geheimdienstes – oder auch als Wirtschaftsattaché – präsent zu sein. Offiziell fungierte er als Assistent Zamanis. Bei einem weniger revolutionären Regime wäre er vielleicht als Chauffeur des Botschafters aufgetreten. Nun konzentrierte er sich erst einmal auf die Schaffung neuer Strukturen. Das alte Netz der SAVAK war nur noch bedingt zu gebrauchen. »Wir hatten die Order, Rajavi und Bani Sadr zu ermorden, die Köpfe der Opposition. Nachts sind wir in stillen Straßen herumgefahren und haben Allahu Akhbar gerufen. Ich bin froh, dass ich damals keinen töten oder verletzen musste. Mein Vater sagte zu mir: ›Mach keine Scherze mit Blut. Blut kannst du nie mehr gutmachen.‹«

Abolghassem Mesbahi wurde zu einem Geheimagenten, wie ihn die Romane beschreiben. Er kaufte sich eine Minox und höhlte ein Buch aus. Dann montierte er die Minox in das präparierte Werk. Die Spionagekamera brauchte er, um die Volksmudschahedin abzulichten. In jeder freien Minute las er Geheimdienstliteratur. Das brachte ihn auch auf die Idee, tote Briefkästen in Holzfiguren anzulegen.

»James Bond«, sagte der 50-jährige Mesbahi, »war unsere wichtigste Inspiration«. Während der ersten Monate und Jahre weitete er seinen Radius immer mehr aus, kontaktierte Angehörige der französischen »Action Directe« und der baskischen ETA. »Es kamen immer wieder Kommandos aus der Heimat, um Massud Rajavi zu töten. Er war für uns ein wichtigeres Ziel als Bani Sadr. Einmal bezahlten wir sogar 25 000 Dollar für Luftaufnahmen des Ortes, in dem er wohnte.«

Der iranische Dienst unterhielt Kontakte zu einem von Saddams Ministern, und dieser wiederum kannte Rajavi und seine sektenähnliche Partei ziemlich gut. Die Iraner bezahlten ihn. Geld war immer genügend vorhanden. Die Schlapphüte der Mullahs durften sich ungehindert bewegen, weil Europa noch nicht auf sie eingerichtet war. »Die europäischen Geheimdienste hatten keine Spionageabwehr, die mit uns umgehen konnte. Sie waren schwach. Nur einige wenige Leute kannten sich bei denen aus. Das nutzten wir, solange es möglich war.«

Das wichtigste Ereignis in Mesbahis zivilem Leben war die Hochzeit im Jahr 1981. Seine Frau stammt aus Kerman. Der Schwiegervater war ein Cousin des früheren Präsidenten Rafsandschani. Im Laufe der Jahre wurden vier gemeinsame Kinder geboren.

Mesbahi war in die Organisation der ersten Anschläge des iranischen Geheimdienstes gegen Oppositionelle im Westen eingebunden. Die Zielpersonen hießen Hadi Khorsandi und Khosrow Harandi und waren bekannte Figuren der Exilszene. Im Fall Khorsandi – er lebte in England – bekam Mesbahi das Geld für die Entlohnung der beauftragten Killer und ein Foto des Opfers aus der iranischen Botschaft in Wien. Die Anführer des Hit-Teams waren Araber und des Farsi nicht mächtig. Die Anweisungen zum bestellten Mord an Khorsandi lagen nur in Persisch vor.

Mesbahi persönlich übersetzte sie und holte am Telefon das Plazet des stellvertretenden MOIS-Ministers Mohammed Hashemi ein, die Operation zu starten – ein bestimmtes Codewort. Das war Standard bei den Attentaten des MOIS. Die letzte Rückfrage erfolgte immer über eine speziell eingerichtete Telefonnummer in Teheran, die danach wieder abgeschaltet wurde. So vermieden die Hintermänner einen irrtümlichen Mord oder gar eine Falle, sollte sich die Situation und Motivlage mittlerweile verändert haben.

»Wir haben vorsichtshalber immer zwei Teams bereitgestellt, um die Gefahr des Versagens klein zu halten. Die eine Gruppe war groß und sollte auffallen, die andere klein und auf den Job konzentriert. Vieles passierte damals mit enger Unterstützung der syrischen Geheimdienste. Sie kannten sich in Frankreich aus, und Damaskus war gut informiert. Eine sehr professionelle Verbindung.«

Mesbahi nimmt für sich in Anspruch, die beiden Taten durch anonyme Anrufe bei der Polizei verhindert zu haben. Er konnte und wollte sich mit solchen Aktionen nicht identifizieren.

Die Franzosen wussten in der Regel nur in Ansätzen, was die Iraner auf ihrem Territorium trieben. Dass der VEVAK in Paris nacheinander zwei Restaurants mit Tanz, Alkohol und gutem Essen betrieb, das konnten sie sich nicht vorstellen. Mesbahi amüsiert sich schon bei der Erinnerung: »Das eine hieß ›1001 Nacht‹, das andere ›Hafiz‹. Wir haben sogar Bauchtanz geboten. Die Volksmudschahedin waren begeistert und sind prompt in die Falle getappt. Auf diese Weise konnten wir viel erfahren.«

Irgendwann wurde den Franzosen klar, dass dieser umtriebige Mesbahi eine Schlüsselfunktion bei der ND-Arbeit haben musste.

Sie konnten nichts beweisen, setzten aber auf Prävention und wiesen den Agentenführer 1984 kurzerhand aus. Einen Monat später war er wieder zurück, diesmal in Hamburg und Brüssel. Der Diplomatenpass sicherte ihm Immunität. Von Belgien aus kontrollierte Mesbahi die Aktionen der SAVAMA in mehreren Ländern Westeuropas. Im Kölner Iran-Haus lernte er sogar den VEVAK-Mitarbeiter Kazem Darabi kennen, den späteren Organisator des »Mykonos«-Anschlags. Und irgendwann sah er den Wirt des »Mykonos« im Kreis von Quellen des VEVAK. Was für eine kleine Welt.

Als Sicherheitsminister Mohammed Reyshahri 1985 sein Amt übernahm und MOIS wie auch VEVAK formte, hatte sich Khomeinis Kurs endgültig durchgesetzt. Die klerikale Diktatur war nicht mehr auf Spezialisten aus den Reihen der SAVAK angewiesen. Das neue Personal zog überall ein. Mesbahi erreichte das verlockende Angebot, Vizeminister zu werden. Er lehnte wieder einmal ab, weil er neue und ungewöhnliche Aufgaben suchte. 1986 dominierte gerade wieder einmal der Politologe in ihm. James Bond schrumpfte in seiner Bedeutung, und Mesbahi bezog ein Büro im Teheraner Außenministerium. Er wurde Vize des Karrieristen Ali Larijani, der damals die Amerika-Abteilung leitete. Offiziell schied er im Februar 1986 aus dem iranischen Geheimdienst aus.

Ob dieses Mosaiksteinchen die weitere Entwicklung auslöste oder MOIS einen seiner besten Agenten nicht kampflos abgeben wollte, weiß keiner so genau. Nur Monate später rückte Mesbahi (Arbeitsname Reza Abdollahi) wieder aus. Der neue Dienstort hieß Genf. Das Ritual blieb dasselbe. Der untersetzte, längst in die Jahre gekommene »Student« schrieb sich an der Universität ein, stand aber in Wirklichkeit den VEVAK-Teams vor. Er pflegte viele wertvolle Kontakte, zum Beispiel zum späteren französischen Außenminister Roland Dumas (»Er kam manchmal in mein Haus in Genf«), aber auch zu den Kollegen von der CIA. Rein professionell waren sich die beiden Seiten nie wirklich fremd.

Es war die hohe Zeit der Geheimdiplomatie um die zumeist amerikanischen Geiseln, die der Iran im Libanon entführen ließ, um sie gewinnbringend zurückzugeben. Auch Mesbahi war ein Ansprechpartner des Westens.»Ich sagte allen: Vergesst den Libanon. Iran ist die richtige Adresse, was Geiseln betrifft.« Mesbahi traf Oliver North, den mit dem Geiselproblem befassten Sicherheitsberater aus dem Weißen Haus, in Genf. Er verhandelte auch mit den Deutschen. Ein Vertreter der Hoechst AG und ein Techniker von Siemens waren in Beirut von Schiiten verschleppt worden.

Stets dabei: Said Emami, der Vizeminister des MOIS und spätere »Haupttäter« der sogenannten Kettenmorde. Zeitweise dabei: Abdelkader Sahraoui, ein deutsch-algerischer Aktivist, der sich für Hoechst um die Freilassung der Geisel Rudolf Cordes bemühte. Mesbahi kannte ihn seit Pariser Tagen. Sahraoui sollte später noch eine wichtige Rolle spielen.

Mesbahi reiste nach Atlanta und konferierte mit dem von Khomeini gedemütigten Jimmy Carter. Er transportierte Briefe des Menschenrechtlers Carter zu Khomeini und Rafsandschani. Carter setzte sich darin für Häftlinge ein. Das ging den Radikalen im Mullah-Staat zu weit. Nun, stellten sie fest, habe sich Mesbahi unnötig aus dem Fenster gelehnt. Die Nähe zum Feind müsse geahndet werden. Sie ließen ihn kurzerhand verhaften und für 112 Tage in das berüchtigte Tawhid-Gefängnis von Teheran einweisen. Immerhin blieb ihm der VIP-Status. Der Vizeminister des MOIS kam persönlich, um Mesbahi, der so richtig in kein Schema passen wollte, zu vernehmen. Noch hatte er Verdienste vorzuweisen; die Revolution wollte ihn nicht sofort fressen.

Den Bannerträgern der reinen Lehre reichte es, Mesbahi einen ordentlichen Schrecken einzujagen. Sie transportierten ihn mit verbundenen Augen ins Gefängnis. Er musste Anstaltskleidung tragen, saß in einer Einzelzelle, die nie verdunkelt wurde. Die Wärter weckten ihn, sobald sie ihn schlafend erwischten.»Das Regime dachte, ich würde zu selbstständig agieren und damit außer Kontrolle geraten. Also führte es mir alle Grausamkeiten vor, zu denen es fähig war. Sie quälten meinen Geist und testeten meine Reaktionen. Da bekam ich die Auflage, zehn Tage lang zu schweigen. Wenn ich dagegen verstieß, wurde ich auf der Stelle bestraft.«

So lief es mehr als drei Monate. Die Folterknechte waren 24 Stunden am Tag präsent. Wenn der Häftling Mesbahi zu kollabieren drohte, bekam er Morphium gespritzt. Dann kauerte er vor seiner Teetasse und studierte schier endlos die braunen Ränder. Auf seiner Akte stand geschrieben: Hezardastan – besonders gefährlicher Dissident. Die Strafe wurde in einen einjährigen Hausarrest umgewandelt. Nach einer Weile bekam Mesbahi die Chance, an der Universität zu unterrichten. Davon konnte er nicht leben, also entschied er sich, Motoröl zu produzieren. Seine Firma Saroil erhielt die erste Lizenz für eine private Raffinerie in der Geschichte des Landes. Die ganze Familie musste in die Provinz umziehen.

An Mesbahis Ehe und Familie gingen die Ereignisse nicht spurlos vorüber. »Ich sah, wie meine Ehe langsam zerbrach. Der Prozess hatte mit meiner Rückkehr in den Iran begonnen. Meiner Frau schien es nichts auszumachen, als ich verhaftet wurde. Auch sie wurde damals verhört.«

Der ehemalige Agent wurde von seinen früheren Kollegen überwacht. Er kannte die Mechanismen, und deshalb gelang es ihm bald, freundschaftliche Kontakte zu den Schergen des Regimes aufzubauen. Die Aufpasser aus der Operationsabteilung hielten ihn auf dem Laufenden, was die Aktivitäten des VEVAK betraf. Er erfuhr vieles über die Handelsgeschäfte mit Geiseln und über die sogenannte Lastwagen-Politik. Das waren Sprengstofftransporter, die beispielsweise vor der US-Botschaft in Beirut in die Luft gejagt wurden.

Zu Mesbahis neuen Kontakten gehörte ein großer, kräftiger Mann mit einem runden Gesicht und sehr viel Bart. Sein Name war Abdulrahman Banihashemi. Er kam von den Sepah-Pasdaran, wie fast alle aus der Einsatzabteilung. Banihashemi hatte die Revolution, wie auch Mesbahi, als junger Erwachsener erlebt. Er war damals in Kurdistan als Abschnittskommandeur eingesetzt worden. Seither kannte er sich mit den Kurden aus.

Nachdem ihn der VEVAK angeworben hatte, musste er die Rolle des Geschäftsmanns einstudieren. Für eine Weile beschaffte er Embargowaren, die in der neu gegründeten Rüstungsindustrie Verwendung fanden. Jahre später sollte derselbe Banihashemi, wie bereits geschildert, unter dem Decknamen »Sharif« den riskanten Einsatz leiten, der intern nur als »deutsche Operation« bezeichnet wurde –

den Berliner »Mykonos«-Anschlag; iranischer Codename: *Faryad Bozorg Alavi* – das Verlangen des Führers der Schiiten ...

Mesbahi erschien überlebensgroß auf dem Radarschirm der Staatssicherheit, als er kritische Vorlesungen hielt. Zu seinen Lieblingsthemen zählten Islam und Imperialismus sowie die Außenbeziehungen der Islamischen Republik. Der Dozent forderte eine liberalere Regierungspolitik. Terrorismus, so stellte er beinahe tollkühn fest, sei unislamisch, die Politik des Regimes nicht vom Koran gedeckt.

Das Imperium der Mullahs schlug zurück. Mesbahis Firma wurde wegen angeblicher US-Kontakte geschlossen; Büroräume und Geschäftsanteile gingen an Tarnfirmen des VEVAK.

Im März 1996 bekam Mesbahi einen aufgeregten Hinweis aus dem Sicherheitsministerium MOIS: »Fallahian will deinen Kopf. Er hat dich auf die Liste der Hinrichtungen gesetzt. Sie werden dich durch einen Unfall mit einem Lkw töten, während der Neujahrsfeiertage.« Mesbahi wurde speziell davor gewarnt, am 23. März mit seinem Auto zu fahren. Am 21. März feiern die Iraner ihr Neujahr.

Er kannte das Spiel und wusste, wie ernst es um ihn stand. Mesbahi flüchtete am 18. April 1996 genau so, wie er es vorher immer wieder im Kopf durchgespielt hatte. Er begab sich auf den langen Weg nach Osten, durchquerte das iranische Belutschistan und brachte die Grenze zu Pakistan in lokaler Kleidung hinter sich. Von Quetta reiste er weiter nach Islamabad. Dort blieb er fünf Monate, änderte laufend seine Identität. Die Geheimdienst-Schulung sorgte für sein Überleben. Mesbahi erfuhr, dass ihn seine Landsleute suchten. Er duckte sich, so gut er konnte.

Trotzdem wurde der Aufenthalt in Pakistan immer riskanter, da der iranische Dienst dort bestens vertreten ist und auf viele Glaubensbrüder zurückgreifen kann. Mesbahi erinnerte sich an Abolhassan Bani Sadr, den im Pariser Exil lebenden Expräsidenten des Iran. Man kannte sich aus den frühen Achtzigerjahren. Mesbahi hatte ihm damals eine Aufforderung Khomeinis zur Rückkehr in den Iran übermittelt, Bani Sadr im Gegenzug die Entschuldigung des Alten verlangt. Beide waren dann lieber auf Distanz geblieben. Nun nahm Mesbahi kurzerhand Kontakt mit dem prominenten Exilanten auf. Bani Sadr soll daraufhin den französischen Auslandsdienst DGSE auf Mesbahi hingewiesen haben. Auf alle Fälle sandte er ihm einen gefälschten schwedischen Pass, mit dem er unschwer nach Europa fliegen konnte.

Bani Sadr verlangte als Gegenleistung eine Erklärung Mesbahis zur Vorlage beim bevorstehenden Berliner »Mykonos«-Prozess. Noch weigerte sich Mesbahi, weil er seine Zukunft nicht einschätzen konnte. Über Bukarest und Malmö reiste der flüchtige Mitwisser vieler Geheimnisse des iranischen Dienstes nach Belgien. Ein Abgesandter Bani Sadrs kam und legte ihm Fragen zum »Mykonos«-Komplex vor. Er antwortete, und Bani Sadr formulierte daraus eine brisante öffentliche Erklärung.

Mesbahi, inzwischen glatt rasiert, begab sich in die Obhut eines alten Freundes aus revolutionären Tagen, der sich damals überwiegend in Charleroi aufhielt – des deutsch-algerischen Aktivisten Abdelkader Sahraoui. Noch hoffte er, seine Frau und die vier Kinder mit sicheren Papieren aus dem Iran holen zu können. Das zerschlug sich aber, als Mesbahis Frau signalisierte, er möge besser zurückkehren. Sie werde ihm nicht ins Ausland folgen. Ab sofort ging es nur noch um sein eigenes Überleben. Abolghassem Mesbahi hatte keinen Grund mehr, die Ajatollahs zu schonen. Er übermittelte der Bundesanwaltschaft in Karlsruhe seine Bereitschaft, umfassend auszusagen. Der zuständige Oberstaatsanwalt Bruno Jost, ein Mann mit gezügelten Emotionen, konnte es kaum glauben.

Für einige Monate verschwand der unerwartete Kronzeuge von der Bildfläche. Er wurde an sicheren Orten untergebracht und rund um die Uhr von deutschen Personenschützern betreut. Die Bundesanwälte nahmen sich viel Zeit, mit ihm zu sprechen. Andere Behörden, wie das Bundeskriminalamt, checkten ihn nach allen Regeln der Kunst. Am Ende kam heraus, was das »Mykonos«-Urteil vom 10. April 1997 so formulierte: »Die Auskünfte Mesbahis sind zuverlässig und haben hohen Beweiswert.« »Zeuge C«, wie er mit seiner ersten neuen Tarnexistenz eingeordnet wurde, war in seinem nächsten Leben angekommen.

Er hätte wohl frühzeitig resigniert, wenn ihm die Vielzahl der Hürden, die auf einen Überläufer und Verräter warten, bekannt gewesen wären.

Zuerst kam aber die Erfolgsphase. Der nunmehr entwurzelte Mesbahi lieferte zahlreiche spannende Informationen über die iranischen Geheimdienste, deren Strukturen und Methoden. Er kannte viele kleine Details, die gerade im Zusammenhang mit dem Komplex »Mykonos« sehr glaubwürdig und nützlich waren. Mesbahi erzählte sehr authentisch, wie ihm Banihashemi in Teheran von »der Sache mit den Kurden in Deutschland« berichtet hatte. Das Hit-Team der Iraner sei mit Fotos der Opfer nach Berlin gereist, da sie die Zielpersonen nicht persönlich gekannt hätten. Anschließend seien sie über die Türkei in den Iran zurückgekehrt. Banihashemi habe vom MOIS als Prämie einen Mercedes 230 bekommen. Außerdem seien ihm lukrative Importgeschäfte vermittelt worden.

Das sei auch keineswegs sein erster Auslandseinsatz gewesen. Banihashemi habe bereits am 18. August 1987 einen Anschlag auf den desertierten iranischen Piloten Talebi verübt. Talebi war vom »Komitee für Spezialangelegenheiten« zum Tode verurteilt worden, nachdem er einen »Phantom«-Jet entführt hatte. Er lebte zur Zeit des Anschlags in Genf.

Das Teheraner Regime blieb nicht untätig. Es mühte sich, ein Dossier über Mesbahi anzufertigen, in dem dieser als entflohener Wirtschaftskrimineller dargestellt wurde. Der Kronzeuge habe nie in Verbindung mit dem Geheimdienst oder anderen staatlichen Stellen gestanden. Die meisten Behauptungen des Papiers waren frei erfunden. Das ließ sich auch durch Ermittlungen der deutschen Sicherheitsbehörden untermauern. Die Bundesanwaltschaft präsentierte sogar ein Foto, das Mesbahi 1993 als Mitglied der iranischen Delegation bei einem Besuch des georgischen Präsidenten Eduard Schewardnadse zeigte.

Nach fünf Verhandlungstagen am Berliner Kammergericht, in denen Mesbahi exklusiv aussagte, notierte der Senat: »Das Aussageverhalten Mesbahis gibt keinen Anlass, am Wahrheitsgehalt seiner Bekundungen zu zweifeln.« Die Richter sparten bei der Urteilsbegründung keineswegs mit an dieser Stelle ungewohntem Lob: Mesbahi sei ein »mit hoher Intelligenz ausgestatteter Zeuge«, der »über ein gutes Gedächtnis verfügt und auch aus nicht allgemein zugänglichen Quellen kenntnisreich und genau berichtete«.

Die eigentliche Überraschung folgte bei der Urteilsverkündung. Das Berliner Kammergericht setzte sich über den traditionellen Etikettenschwindel der deutschen Diplomatie hinweg und nannte die wahren Täter, nämlich die gesamte Staatsführung, allen voran Minister Ali Fallahian. Das offizielle Teheran reagierte sofort beleidigt, glaubte die »Feindschaft der Weltarroganz gegen ein unabhängiges islamisches Land« zu erkennen und stellte eine Krise im Verhältnis zu Berlin fest. Das gab sich aber wieder, weil die Kleriker wussten, dass alle Vorwürfe stimmten, und weil die große Politik nach anderen Regeln läuft.

Das dürfte dem »Zeugen C« das Leben gerettet haben. Bevor er für lange Zeit verschwand, bat Mesbahi um ein Gespräch mit einflussreichen Journalisten. Begleitet von einem Kommando der Sicherungsgruppe Bonn des BKA, bekleidet mit einer dicken, kugelsicheren Weste, besuchte er drei Hauptstadt-Redaktionen und versuchte einige seiner Vorwürfe gegen die iranische Führung zu relativieren. Es endete mit gestelzten Lobesworten für Khamenei. Nicht seine eigene Haut wollte Mesbahi retten. Er klammerte sich an einen letzten Strohhalm, seine Familie zurückzubekommen. Vergeblich. Die Nomenklatura der Mullahs hatte ihn verstoßen, und dabei blieb es. Da konnten auch keine noch so wichtigen Verwandten in Teheran helfen.

Als Mesbahi dies erkannte, geriet er in eine tiefe Krise. Er vereinsamte inmitten der Bodyguards, die ihn stets begleiteten. Im Gegensatz zu Salman Rushdie, der sich immer wieder öffentlich bewegte, blieb Mesbahi ohne Gesicht. Es kursierten sogar Gerüchte, er habe sich einer plastischen Operation unterzogen und sei nicht mehr wiederzuerkennen. Das war falsch, vielleicht sogar Teil eines Ablenkungsmanövers gegenüber möglichen islamistischen Menschenjägern.

In der ersten Phase des tiefen Falls war Mesbahi abgelenkt. Unmittelbar nach dem Berliner Prozess verbrachte er vier Wochen bei einem Computerkurs in Edinburgh. Er bekam eine leitende Stellung in der norddeutschen Windenergiebranche vermittelt. 18 Monate lang kümmerte sich der Ingenieur mit Erfolg um Windkraftwerke. 1999 folgte ein zwölfmonatiger Aufenthalt bei der Technologie-

Talentschmiede MIT in Boston. Dort verliebte er sich unglücklich in eine Amerikanerin. Sie erschrak nachhaltig, als er ihr seine wahre Identität offenbarte, und empfand ein Leben mit dem »Zeugen C« als unüberschaubares Risiko. Er kehrte wieder nach Deutschland zurück.

Auch ein mehrjähriger Trip durch die Welt der westlichen Geheimdienste und der Justizbehörden endete völlig unbefriedigend. Irgendwie wollten sie alle mit ihm reden, aber dann doch nur hören, was sich mit bestehenden Versionen flexibler Wahrheiten deckte. Mesbahi wurde von den argentinischen Strafverfolgern mehrfach zu den Anschlägen gegen die jüdischen Einrichtungen in Buenos Aires gehört, von Amerikanern und Engländern zum Anschlag von Lockerbie. Er sagte, der Sprengsatz sei in Frankfurt am Main durch einen Iran-Air-Angestellten in den Gepäckraum der PanAm 103 geschmuggelt worden. Kamyab habe der Mann geheißen, und Fallahian habe die Operation geleitet. Libyer seien als Handlanger mit dabei gewesen.

Im Prinzip wollten Amerikaner und Briten keine Lockerbie-Spuren in den Iran zur Kenntnis nehmen. Sie waren auf Libyen festgelegt. Die CIA war vielmehr an der Vermittlung aktiver iranischer Agenten interessiert, um diese umzudrehen und gegen das Teheraner Regime einzusetzen.

Als Jahre später vor dem internationalen Strafgericht in Den Haag gegen die mutmaßlichen libyschen Täter verhandelt wurde, wollte sich Mesbahi als Zeuge melden und seine Erkenntnisse weitergeben. Die Polizei, sagte er, habe ihn daran gehindert, mit dem Zug nach Den Haag zu fahren, vermutlich das Bundeskriminalamt.

Abolghassem Mesbahi befand sich von Frühjahr 1998 bis Herbst 2000 im Zeugenschutzprogramm. In seinem Pass stand Gilbert Werner, geboren am 20. Dezember 1958 in Heidenstein. Dann verzichtete er auf eigenen Wunsch auf die kantigen Männer mit den ausgebeulten Jacken. Er musste sowieso mit dem Handicap leben, keine wirkliche Staatsbürgerschaft mehr zu besitzen. Denn ein Fremdenpass erleichtert keineswegs das Reisen.

Eines Tages zog der vereinsamte Überläufer Bilanz. Er hatte seine Familie verloren und keinen Ersatz gefunden. Nur manchmal telefonierte er mit seiner Mutter und einer Tochter, die sich zu ihm bekannte. Den Deutschen schien er zunehmend lästig zu sein. Er störte bei der Reparatur des beschädigten bilateralen Verhältnisses. Die Iraner hatten den Deutschen zwar per Handschlag versprochen, sie würden Mesbahi leben lassen, aber doch blieb eine Prise Misstrauen hängen.»Mykonos«-Ankläger Bruno Jost stellte noch 2006 fest, iranische Kommandos seien jederzeit fähig, wieder gegen Exilanten zuzuschlagen.

Im Oktober 2000 gewannen Mesbahis Depressionen die Oberhand. Kurz nachdem er sich von den Leibwächtern getrennt hatte, wollte er mit einer spektakulären Tat auf seine Situation aufmerksam machen. Er bestellte Journalisten zum Bundesgerichtshof in Karlsruhe, um sich am dortigen Haupteingang selbst zu verbrennen. Die Polizei seines damaligen Wohnorts reagierte rasch und brachte ihn in die geschlossene Psychiatrie der Rheinischen Kliniken Düsseldorf. Mit falschen Daten wurde er in Zimmer 39 einquartiert, aber aus Angst vor einem Medienrummel rasch wieder entlassen.

Mesbahi klagte in seinem kleinen Freundeskreis, der Westen habe ihn mit großen Versprechungen zur Aussage gegen die Teheraner Führung überredet. Eines Tages werde er darüber auspacken. Über das BKA, die Bundesanwaltschaft, die internationalen Geheimdienste. Gleichzeitig plagte ihn die Angst, in den Iran zurückgeschickt zu werden.»Lieber möchte ich tot sein, als den Machthabern dort in die Hände zu fallen.«

Seine Krise erreichte einen neuen Höhepunkt, als der Iran 2001 eine psychologische Attacke startete und Mesbahis Kinder im Fernsehen zeigte. Im Klartext wurde ihm gesagt, er werde sie endgültig verlieren, wenn er seine Lügen nicht widerrufe. Es gab nichts zu dementieren.

Als er ganz unten angekommen war, verbrachte der einstige Gesprächspartner von Jimmy Carter drei Wintermonate auf der Straße. Er hatte kein Geld. Sein Stolz blockierte sämtliche Reflexe, die als Betteln hätten gedeutet werden können. Eines Nachts wurde er vor Hunger ohnmächtig und in die Kölner Notaufnahme eingeliefert. Die Caritas im Kölner Hauptbahnhof spendierte ihm einen Fahrschein. Für eine Weile kam er bei einem Freund unter. Nun war er bereit, die Sozialhilfe zu akzeptieren.

Wieder sind Jahre vergangen. Abolghassem Mesbahi, der heute völlig anders heißt, hat sich gefangen. Er verdankt es einer Frau, die er im Freundeskreis kennenlernte. Die beiden heirateten, bekamen Kinder. Sie leben in bescheidenen Verhältnissen, in freundlichen Farben eingerichtet, eine Gauguin-Lithographie an der Wand. Der ehemalige Agent fühlt sich aber unsicher und isoliert. Er kann sich keinen Unbekannten anvertrauen, spricht sehr selten mit Journalisten. Und dann müssen die Umstände stimmen. Darauf achtet er penibel.

»Alle meine beruflichen Bewerbungen sind gescheitert. Ich kann den Leuten keine Zeugnisse geben und mein Leben nicht aufschlüsseln. Mit vagen Angaben bekommt man keine Jobs, und wenn man noch so gut ist. Und ohne geordnete Verhältnisse bekommt man auch keine deutsche Staatsbürgerschaft. Das ist es nicht, was ich mir unter einem sogenannten normalen Leben vorgestellt habe. Ich fühle mich von diesem System nicht akzeptiert. Hier sind wir nicht zu Hause.«

Mesbahi würde gern auswandern, in die USA, wo er sich mehr Freiheit und mehr Interesse an seinem wichtigsten Thema vorstellen kann, der Islamischen Republik Iran. Tag und Nacht verfolgt er die Ereignisse in der fernen Heimat, hält immer noch Kontakt zu einem kleinen Kreis von alten Freunden und Vertrauten. Manchmal klingen seine Worte, als wäre er nie weg gewesen, als hätte er nie alle Brücken hinter sich abgebrochen und sich Millionen von Fanatikern zu Feinden gemacht. Doch das Auswandern kostet viel Geld und setzt ordentliche Papiere voraus. Ein Teufelskreis.

Der Mensch Mesbahi hat neuen Sinn in der Zweitfamilie gefunden. Wenn noch echte Aufgaben dazukämen, dann wäre er wieder der Alte. Dann könnte er noch viel schaffen, denn – siehe oben – alte Agenten sterben nicht.

Abolghassem Mesbahi ist kein Einzelfall: Brigadegeneral Ali-Reza Asghari war in den Achtigerjahren Kommandeur der iranischen Revolutionsgarden im Libanon. In den Neunzigerjahren galt er als höchster iranischer Geheimdienstvertreter im Zedernstaat. Seine wichtigste Aufgabe war die Koordination iranischer Interessen mit

denen der Islamistenorganisation Hisbollah. Später soll er sich beruf-
lich stärker auf den von Saddam Hussein befreiten Irak konzentriert
haben. Nahöstliche Insider behaupten, Asghari habe iranische Kommandounternehmen im Zweistromland geleitet.

Aufgrund dieser vielen Aufgaben, und da er sich bei den schwie-
rigsten Einsätzen bewährt hatte, durchlief Asghari eine Bilderbuch-
kariere. Er brachte es zum General der Revolutionsgarden, zum Vize-
verteidigungsminister des Iran. Der Offizier gehörte zum Kabinett
von Präsident Khatami. Als Nachfolger Ahmadinejad 2005 ins Amt
kam, wurde der moderate Asghari abgelöst. Bereits seit dem ersten
Golfkrieg verband die beiden ehemaligen Geheimdienstoffiziere
eine unüberwindliche Abneigung. Asghari blieb auch nach seinem
Ausscheiden aus dem inneren Machtzirkel Khatami als Berater erhalten. Da soll er, so die *Sunday Times*, bereits zwei Jahre für einen
westlichen Nachrichtendienst gearbeitet haben.

Ali-Reza Asghari verschwand am 7. Februar 2007 spurlos aus
einem Hotel in Istanbul. Seither gab es kein Lebenszeichen von ihm.
Sofort überschlugen sich die Spekulationen. War er zu den Israelis
übergelaufen oder zu den Amerikanern? Was kann Asghari verraten? Wie gut kennt er das iranische Atomprogramm? Kann der Westen mit Hilfe von Asghari die letzten Wissenslücken über Pasdaran,
Militär und Sicherheitsdienste schließen? Ist die Flucht von Ali-Reza
Asghari der Super-GAU für die Regierung Ahmadinejad? Wurde er
möglicherweise entführt? Wie konnten zehn seiner Familienange-
hörigen das Land verlassen, ohne aufzufallen?

Viele Fragen, wenige kompetente Antworten. Ernsthafte Beobachter der nahöstlichen Geheimdienstszene nehmen an, dass der hohe
Offizier seit Jahren für den Westen gearbeitet hat und dass er in den
Tagen vor seinem Verschwinden Grund hatte, an seine Enttarnung
durch die eigenen Leute des VEVAK zu glauben. Somit musste er
weg und befindet sich heute in den sicheren USA. Seine erste Begegnung mit den Experten der amerikanischen Dienste soll auf einer
NATO-Basis in Deutschland stattgefunden haben.

Dabei soll er Dokumente zum Atomprojekt und zu den Verbindungen des VEVAK sowie der Quds-Einheiten zu internationalen Terrororganisationen wie Hisbollah übergeben haben. Auch die Lebens-

geschichte des Ali-Reza Asghari wird eines Tages geschrieben werden. Historiker, Journalisten und Politiker werden die Bedeutung
seiner Aktion analysieren. Noch hat er die Chance, mehr Dankbarkeit und Gastfreundschaft zu erfahren als Abolghassem Mesbahi.

Syrien
Der perfekte Überwachungsstaat

Zum Bild – Hafis al-Assad (Mitte) trug den Beinamen »Löwe von Damaskus«. Er war die Schlüsselfigur des arabischen Nationalismus in den Siebziger- und Achtzigerjahren. Bis zu 15 maßgeschneiderte Geheimdienste beschützten ihn und sein radikales Regime, befolgten seine Befehle. Dazu gehörten auch Mordanschläge in Europa und die Kontrolle über den Nachbarstaat Libanon.

Die Sicherheitsdienste sind der Staat

Zu den wenigen Freunden des Iran, zumal auf arabischer Seite, zählt traditionell Syrien. Auch dieses Verhältnis wird manchmal über Gebühr strapaziert, zum Beispiel durch das regionale Großmachtgehabe des Seniorpartners Iran. Dann gibt es eben eine Sonderlieferung an Rohöl oder eine spontane Finanzhilfe aus den gut gefüllten Petrodollar-Kassen. Manchmal sieht es so aus, als würde sich der Iran bei den armen Brüdern Zuneigung kaufen. Es kommt ganz auf die Interpretation der politischen Vorgänge an.

Wenig spektakulär und ziemlich leise läuft die Zusammenarbeit zwischen den Geheimdiensten der beiden Staaten. Letzten Endes dominieren hier die professionellen Interessen, da es zwischen diesen Partnern keine »Liebesheirat« geben kann. Zu sehr funktionieren die iranischen Dienste nach religiösen Vorgaben, fungieren sie auch als Instrument der schiitischen Missionierung. Die syrischen Geheimdienste sind ein ziemlich brutales Instrument, das seit der Machtübernahme durch den Assad-Clan im Jahr 1970 für Ruhe im Inneren und für Autorität in der Außenwirkung sorgen soll. Dass dabei die sunnitischen Islamisten zu den Todfeinden zählen, entbehrt keineswegs der regionalen Logik. In einem System wie dem syrischen sind die Sicherheitsdienste das wichtigste Organ. Genau genommen *sind* sie der Staat.

Während des Zweiten Weltkriegs befand sich das heutige Syrien wechselweise in französischer und britischer Hand. Die ersten Geheimdienste wurden nach Pariser Muster geschaffen. Der Militärgeheimdienst beispielsweise hieß bis 1969 *Deuxième Bureau*, der zivile Arm *Sûreté Générale*. Nach der Unabhängigkeit 1946 folgte ein militärischer Umsturz dem anderen. Die Geheimdienste waren daran in vorderster Linie beteiligt.

Als Träger einer politischen Ideologie setzte sich im Laufe der Jahre die 1940 gegründete Baath-Partei durch. »Baath« bedeutet Erweckung, und das sollte die Bewegung des Lehrers Michel Aflaq für

die »arabische Nation« erreichen. Die Baath war eine zutiefst patriotische und antiimperialistische Kraft, sozialistisch und säkular. In
den Fünfzigerjahren etablierte sie sich vor allem in Syrien und im
Irak, schuf die verbindende Identität der herrschenden Klasse. Die
Baath-Partei kümmerte sich nicht um Konfessionen. Viel mehr zählten Bildung und Motivation.

1963 waren die Baathisten stark genug, in Damaskus die Macht zu
übernehmen. An ihrer Spitze standen nach wie vor die Militärs. Sie
setzten auf die vertrauten Strukturen. Seit dem Ende des Osmanischen
Reiches, vor neun Jahrzehnten, hatte Syrien nur Krieg und Militär-
herrschaft erlebt, niemals eine funktionierende Zivilgesellschaft. Ein
junger Offizier namens Hafis al-Assad wurde 1966 zum Verteidigungsminister ernannt. Seine Stunde war gekommen. Bald sollten er
und seine engsten Freunde Krieg nach innen und nach außen führen.
Extern ging es 1967 gegen Israel, intern gegen die politischen Gegner.
Assad siegte nur an einer Front. An der anderen verlor er 1970 die
Golanhöhen an Israel. Während des Bürgerkriegs der Palästinenser
gegen den Haschemitenthron im benachbarten Jordanien – den syrischen Streitkräften wurde von ihrer Regierung befohlen, die PLO zu
stützen –, putschte er gegen die Baath-Genossen und übernahm das
Land. Seitdem befindet es sich de facto in Familienbesitz.

Hafis al-Assad und sein Kreis unterschieden sich stets von der
Masse der Syrer. Sie kamen aus einer muslimischen Minderheit,
die nur sechs Prozent der Bevölkerung stellt – den Alawiten. Assad
setzte sich durch, indem er alles und jeden zerstörte, der sich ihm in
den Weg stellte. Er schuf den perfekten Überwachungsstaat, in dem
zeitweise beinahe ein Dutzend Geheim- und Sicherheitsdienste über
das Volk wachten und sich gegenseitig in Schach hielten. Andersdenkende werden in der Regel jahrzehntelang in völlig überfüllten
Gefängniszellen verwahrt, unter »humaneren« Umständen häufig
»nur« zu Tode gefoltert. Syrien wie der Irak waren stets sozialistische
Polizeistaaten par excellence. Bei der Sicherheitsarchitektur hätten
sich auch Lehrmeister wie Josef Stalin wiedererkannt und post mor-
tem bestätigt gefühlt.

Im Laufe der Siebzigerjahre entstanden bis zu 15 maßgeschneiderte Geheimdienste, ersonnen vom und eingeschworen auf den

Assad-Clan. Der Senior verstand es meisterhaft, auf der Klaviatur des Kalten Kriegs zu spielen. Er bezog Partei für den Ostblock und wurde bis zur großen Kehrtwende vom Kreml hofiert. Als die Grenzen des Nahen Ostens noch unüberwindlich und die Fronten klar erkennbar waren, standen die von Moskau hochgerüsteten Syrer und die Israelis als vorgeschobener Posten der USA einander im östlichen Mittelmeer grimmig gegenüber. Assad versuchte lange, seinen Staat zur Vormacht der arabischen Welt aufzubauen, eine Rolle, die Ägypten traditionell beansprucht.

Als die Sowjetunion zerbrach, schaffte der alte General eine elegante Kehrtwende. Er diente sich geschmeidig den Amerikanern an. Ein syrisches Kontingent rückte zusammen mit den Amerikanern in das vom Irak besetzte Kuwait ein. Der »Honeymoon« mit dem Westen wurde von Assads Sohn und Nachfolger Bashar, eine Verlegenheitslösung, schnell beendet. Syrien ist wieder an Russland herangerückt, zu den USA auf Distanz gegangen und gegenüber den Israelis feindselig wie eh und je. Und Syrien ist nach wie vor der engste Verbündete des Iran.

In den Siebziger- und Achtzigerjahren waren die syrischen Geheimdienste besonders aggressiv und angriffslustig. Das ist unter anderem auf eine immer aktivere militante Opposition der Moslembruderschaft zurückzuführen. Die Operationen der Damaszener Dienste richteten sich häufig gegen Exilpolitiker und fanden in Europa statt. Auch in der syrischen Außenpolitik spielten sie eine wichtige Rolle. Nicht das Außenministerium war für den Libanon zuständig, sondern der Geheimdienst. Eine Schattenarmee von 5000 Agenten soll auf dem Höhepunkt der Besatzung im Libanon stationiert gewesen sein.

1987 gab es den mächtigen Militärgeheimdienst *(Shu'bat al-Mukhabarat al-Askarija)* unter General Ali Duba, einer von Assads Weggefährten der ersten Stunde. Den kleineren Luftwaffengeheimdienst *(Idarat al-Mukhabarat al-Jawwya)* befehligte General Mohammed al-Khouli. Er war vor allem für Auslandseinsätze zuständig. Der Staatssicherheitsdienst *(Idarat al-Amn al-Amm)* unterstand dem Sunniten Fuad Absi und die »Verwaltung Politische Sicherheit« dem General Adnan Badr Hassan. Unter dem Befehl von Muhammad

Nassif (»Auswärtige Sicherheitsabteilung«) interessierten sich die syrischen Geheimen für »arabische Angelegenheiten, Flüchtlingsangelegenheiten, zionistische und jüdische Angelegenheiten«.

Der »Sicherheitsrat des Präsidenten« beaufsichtigt alle Sicherheitsdienste. Assad stellte an seine Spitze zumeist Luftwaffenoffiziere seines Vertrauens. Den ganz persönlichen Dienst des Präsidenten, die 10 000 Mann starke »Präsidentengarde«, wurde damals von Adnan Makhlouf, dem Cousin der First Lady, geführt. Auf dem Papier waren die militärischen Aufklärer stets dem Verteidigungsminister unterstellt, die Zivilen dem Innenministerium. In der Praxis berichteten aber alle Geheimdienste direkt dem Präsidenten. Wenn es ihm wichtig war, dann ließ Assad auch niedere Dienstgrade kommen, um sie gezielt nach Interna ihrer Einheiten zu befragen.

Die syrischen Geheimdienste folgten, in der Zeit vor wie auch unter Assad, einer klaren Vorgabe. Innerhalb des Landes behielten sie jeden im Auge, der als Abweichler galt. Sie reagierten unmittelbar und mit großer Härte. Jenseits der Grenzen jagten sie ihre Landsleute, die im Verdacht standen, der Opposition anzugehören. Bereits von 1947 ist ein entsprechender Fall überliefert. In Beirut wurden vier Männer eines syrischen Hit-Teams festgenommen, als sie einen Regimegegner ermorden wollten. Das löste eine diplomatische Krise zwischen den beiden Nachbarn aus. Mit großer Energie tragen die Syrer seit 1948 Informationen über Israel zusammen, unterstützten sie jahrzehntelang palästinensische Kommandos, die aus Basen im Südlibanon zu Einsätzen gegen die »Zionisten« ausrückten.

Im Jahr 2000 stand General Adnan Badr Hassan, ein Alawit aus Homs, immer noch an der Spitze des »Politischen Direktorats«. Seine Aufgaben waren klar umrissen: Überwachung der Andersdenkenden, aller in Syrien lebenden Ausländer und der Medien. Der zivile Staatssicherheitsdienst wurde von General Ali Houri geführt. Er trat dieses Amt im Juli 1998 an, nachdem sein Vorgänger Generalleutnant Bashir al-Najjar wegen Korruption entlassen und inhaftiert worden war. An diesem Beispiel lässt sich nachvollziehen, wie wichtig religiöse und familiäre Ausrichtung sind. Ende der Neunzigerjahre lief wieder einmal eine Säuberungswelle an. Sunniten wurden aus wichtigen Ämtern entfernt und gegen Alawiten ausgetauscht.

So war es auch beim »Politischen Direktorat«, das traditionell von einem Sunniten geführt worden war. Houris Stellvertreter war Muhammad Nassif, der dem mächtigen Alawiten-Clan Khayr Bek vorstand. Zu Nassifs Zuständigkeiten gehörten auch die iranischen Partnerdienste und die Schiitenmilizen im Südlibanon.

Die Inlandsabteilung des Staatssicherheitsdienstes wurde im Jahr 2000 von Bahjat Suleiman geleitet, einem wichtigen Berater des neuen Präsidenten Bashar Assad, der im Sommer seinem verstorbenen Vater gefolgt war. Die »Auswärtige Abteilung« war vorübergehend in die Hände von Generalmajor Ghazi Kanaan übergegangen, eine legendäre Figur des syrischen Militärs. Seit 1982 hatte der Alawit aus der Nähe von Latakia den syrischen Geheimdienst im Libanon befehligt. Er fungierte als eine Art Chefaufseher über den Zedernstaat. Nichts Bedeutendes konnte ohne Kanaans Mitwirkung geschehen. Seine Entscheidungen galten in der Regel als »letztes Wort«. Wer sich gegen ihn stellte, hatte im Bürgerkriegs-Libanon und auch danach keine Überlebenschance. Kanaan – Spitzname Abu Yoroub – war gefürchtet wie kein anderer. Zudem lagen seine finanziellen Verhältnisse weit über dem Gehaltsniveau eines syrischen Generals. Es hält sich hartnäckig das Gerücht, dass Kanaan von den Drogengeldern profitierte, die den Libanon überschwemmten.

Beim Militärgeheimdienst, der seinen Sitz im Verteidigungsministerium im Stadtzentrum von Damaskus hat, gab es zum Machtwechsel im Jahr 2000 auch eine bemerkenswerte Veränderung. Bashar Assad trennte sich von einer tragenden Säule des alten Regimes: General Ali Douba. Nach 25 Jahren als mächtigster Geheimdienstchef des Landes wurde Douba – angeblich wegen mehrerer Finanzskandale – mit Erreichen des 65. Lebensjahres gefeuert. Der neue Präsident wollte gleich zu Beginn seiner Amtszeit als Reformer erscheinen, und deshalb trennte er sich rigoros von Altlasten. Ali Douba lebt heute zeitweise in London und Paris, hat jedoch bisher nicht den Versuch unternommen, über seine Amtszeit öffentlich zu sprechen.

Ali Doubas Nachfolger wurde General Hassan Khalil, ein treuer Parteigänger von Bashar Assad. Khalil war bis dahin bei seltenen Verhandlungen zu Grenzfragen mit Israel in Erscheinung getreten und als Verbindungsmann der Syrer bei den irakischen Oppositionsgruppen in Damaskus. Der Alawit aus Latakia war kein Neuling in seinem Fach. Er hatte Ali Douba seit 1993 als Stellvertreter zugearbeitet. Khalils Vize war ein Aufsteiger der besonderen Art, General Assef Shaukat. Er hatte sich seinen raschen Marsch durch die Institutionen erheiratet. Als Ehemann von Hafis Assads einziger Tochter Bushra musste er adäqat untergebracht werden.

Der Militärgeheimdienst kümmerte sich weiterhin um alle Bereiche der syrischen Streitkräfte, um militärische und logistische Unterstützung für die Syrien-freundlichen Palästinenser-Fraktionen, die libanesischen und türkischen Verbündeten. Solange es syrische Truppen im Libanon gab, war der militärische Dienst für ihre Koordination verantwortlich. Darüber hinaus entsandte auch er gelegentlich Killer, um Oppositionelle im Ausland zu beseitigen.

Der geheimste aller syrischen Dienste war mit der Luftwaffe verknüpft. Den Namen hatte er bekommen, als der frühere Kommandeur der Luftwaffe, Hafis al-Assad, seinen Aufstieg in das Präsidentenamt organisierte und dazu einen eigenen Geheimdienst benötigte. Beinahe 30 Jahre lang führte Generalmajor Mohammed al-Khouli, ein Meister des Staatsterrorismus, diese Behörde. Khouli war Assad senior sehr verbunden gewesen. In seiner zweiten Funktion als Präsidentenberater stand ihm ein Büro in Assads Palast zu. Es lag direkt gegenüber den Amtszimmern des Präsidenten. Der Luftwaffengeheimdienst ging mit großer Brutalität gegen die islamische Opposition vor. Er kooperierte mit internationalen Terroristen wie Carlos oder Abu Nidal und bestellte Attentate aller Art.

Mit Bashar Assad kam auch ein neuer Chef des Luftwaffengeheimdienstes: General Ibrahim Hüiji. Der Alawit aus dem bedeutenden Haddadin-Stamm wurde gleichfalls im Juni 2000 in das Zentralkomitee der Baath-Partei aufgenommen. Ein typisches Beispiel, wie sehr Sicherheit und Politik in Syrien verzahnt ist.

Der Militärgeheimdienst kam in der Folgezeit nicht zur Ruhe, weil Assad-Schwager Assef Shaukat einen immer größeren Anteil an der Macht begehrte. Der Alawit aus der Küstenstadt Tartus war 1968 nach Damaskus gekommen. Er studierte Jura und Geschichte. Nach Jahren der Arbeitslosigkeit kam er bei der Armee unter. Shaukat setzte auf seine Abstammung als Alawit und auf seine Zugehörigkeit zur Staatspartei; seiner Offizierslaufbahn stand nichts im Wege. Dann traf er Assads Tochter, die gerade Pharmazie studierte. Ihr cholerischer Bruder Basel, der »Kronprinz«, stellte sich gegen Shaukat und ließ ihn viermal inhaftieren. Erst nach Basels Unfalltod im Januar 1994 kam das Paar zusammen. Sie heirateten gegen den Willen des Familienoberhaupts. Assad fügte sich aber nach einer Weile und nahm den Schwiegersohn in Ehren auf. Das war gleichzeitig mit einer Beförderung zum Generalmajor verbunden. Der militärische Rang ist wichtig in Syrien, auch wenn man ihn geschenkt bekommt.

Assef Shaukat folgte seinem Instinkt für Macht und Einfluss. Er verbündete sich mit dem neuen Präsidenten, seinem Schwager, der vorher als Augenarzt in London gearbeitet hatte. Bashar gewöhnte sich an Shaukat und räumte ihm viele Privilegien ein. Das steigerte sein Selbstbewusstsein, sodass er sich bald als mächtigster Mann Syriens sah, als legitimer Nachfolger des monumentalen Hafis Assad.

Im Oktober 2000 kam es im Hause Assad zu einer Familientragödie. Vorausgegangen war eine neue politische Kampagne des im französischen und spanischen Exil lebenden Rifaat Assad, eines Bruders des verstorbenen Präsidenten. Shaukat zog mit kräftigen Worten über ihn her. Das veranlasste Rifaats Neffen Maher, im Hauptberuf Kommandeur der 10 000 Mann starken »Republikanischen Garde«, für ihn Partei zu ergreifen. Ein Wort gab das andere. Maher sprach von einer Familienfehde, die ihn, Assef Shaukat, nicht betreffe. Shaukat insistierte, er sei ja auch ein Familienmitglied. Maher verneinte das und bedauerte, dass der tote Basel den Aufsteiger Shaukat nicht mehr in die Schranken weisen könne. Der Streit wurde immer heftiger. Schließlich zückte der impulsive Maher einen Revolver und schoss dem Schwager in den Bauch. Shaukat wurde rasch in ein Pariser Krankenhaus gebracht.

Nach seiner Rückkehr versöhnte Bashar Assad die beiden Gegner. Assef Shaukat wurde zügig zum Vizechef des Militärgeheimdienstes ernannt. In dieser Position galt er als Macher, während sein Chef Hassan Khalil eher repräsentative Pflichten erfüllte.

Bereits nach zwei Jahren kam es in der syrischen Nomenklatura zum ersten großen Eklat. Shaukat steckte mit hoher Wahrscheinlichkeit dahinter, als Bashar Assad die letzten Vertreter der »alten Garde« seines Vaters auswechselte. Sie standen ihm bei seinem neuen Kurs hin zu einer begrenzten politischen Liberalisierung im Weg. Generalstabschef Ali Aslan trat ab, aber auch der legendäre Verteidigungsminister Mustafa Tlass, ein Denkmal seiner selbst, der seit 1974 im Amt gewesen war. Zufällig oder nicht, auch der Chef des Luftwaffengeheimdienstes, General Ibrahim Hüiji, verabschiedete sich rasch in den Ruhestand. Er und Aslan akzeptierten das Gnadenbrot eines Beraterpostens bei Assad.

Auch in seinem eigenen Umfeld setzte Shaukat zum Kahlschlag an. Bereits 2001 hatte Generalmajor Ali Houri, ein Ismaili, seinen Abschied eingereicht und war durch einen weiteren Alawiten ersetzt worden, General Ali Hammoud. Monate später wurde der frühere Leiter des syrischen Militärgeheimdienstes in Westbeirut zum Innenminister hochgelobt und Generalmajor Hisham Bakhtiar, der bisherige Chef der Palästina-Abteilung der Staatssicherheit, zum neuen Direktor ernannt. Bakhtiar gilt westlichen Geheimdiensten als Strohmann Shaukats.

Mit großer Präzision nutzte dieser die nächstmögliche Chance zum weiteren Aufstieg. Im Februar 2005 saß Shaukat auf Bakhtiars Sessel. General Ghazi Kanaan wurde zum Innenminister berufen. Beide gelobten, der grenzenlosen Korruption im syrischen Staatsapparat Einhalt zu gebieten. Ein Lieblingsprojekt des jungen Präsidenten, das spontan an die Geschichte des unglücklichen Sisyphos erinnert.

Shaukat hatte bis dahin umsichtig an seiner Karriere gearbeitet, auch durch gezielte Auslandskontakte. Gerade zum deutschen Bundesnachrichtendienst wird ihm ein freundlicher, netter Draht unterstellt. Dafür spricht auch die zuvorkommende Behandlung, die Shaukat bereits im Juli 2002 während eines Besuchs im Berliner Kanzleramt erfuhr. Der damalige Geheimdienstkoordinator Ernst Uhrlau besprach mit Shaukat eine Neuauflage der engen Kooperation mit dem syrischen Partnerdienst »Silberfuchs« aus den Achtzigerjahren. Uhrlaus Umgebung warnte vor den Untiefen einer solchen Verbindung. Er jedoch blieb beratungsresistent. So meldete es der *Stern* in einem Bericht über die »Syrien-Connection«.

Der *Stern* zitierte aus dem Geheimprotokoll des Treffens. Wie bereits bei der legendären Visite des iranischen Geheimdienstministers Ali Fallahian bei Uhrlaus Vorgänger Schmidbauer kam es auch diesmal zu einem Geschacher um Täter und Opfer. Syrien forderte die Freilassung von zwei mutmaßlichen Agenten des Militärgeheimdienstes, die in Deutschland Oppositionsgruppen ausspähten und nun auf ihren Prozess warteten. Um ihr Anliegen zu verstärken, hatte sich Shaukats »Muchabarat« inzwischen den Kronzeugen gegen die beiden Spione gegriffen und als Tauschobjekt eingesperrt, ihn wie selbstverständlich auch gefoltert. Shaukats höfliche Erpressung auf höchster Ebene funktionierte. Die Deutschen knickten wieder einmal ein. Das Verfahren gegen die beiden syrischen Agenten wurde eingestellt. Zwei Wochen später kam die Staatsgeisel frei.

Die Jahre seit 2005 haben Syrien weder wirtschaftlich noch politisch vorangebracht, die Geheimdienste sogar in ernste Turbulenzen. Es begann am 14. Februar 2005, einem der vielen schicksalhaften Tage der libanesischen Geschichte. Unbekannte sprengten die Fahrzeugkolonne des früheren Premierministers Rafiq Hariri mitten in Beirut in die Luft. Hariri und 20 weitere Menschen starben. Jahrelang ermittelte eine UN-Kommission.

Als Hauptverdächtige galten ihr die syrischen Geheimdienste und natürlich die Regierung Assad. Mehrere Untersuchungsberichte listen zahlreiche Indizien auf, lassen jedoch den entscheidenden Beweis für die Täterschaft vermissen. Rätselhaft erscheint in diesem Zusammenhang der überraschende Tod des amtierenden Innenministers, Generalmajor Ghazi Kanaan. Am 12. Oktober 2005 wurde er in seinem Büro mit einem Kopfschuss aufgefunden. Spekulationen schossen ins Kraut, dass Kanaan Teil der Verschwörung gegen Hariri war und keiner wusste, ob die offizielle Unschuldsversion seiner Regierung weiter mittragen würde. Möglicherweise sollte auch nur suggeriert werden, ein Täter habe sich selbst gerichtet.

Seit dem Mord an Rafiq Hariri kamen weitere prominente libanesische Syrien-Gegner bei Attentaten in Beirut ums Leben. Einer der weltweit gefährlichsten Terroristen, Imad Mugniyeh, starb am 12. Februar 2008 an den Folgen einer Autobombe, die Unbekannte mitten in Damaskus in Mugniyehs Fahrzeug gezündet hatten. Die tödliche Präzision und diverse Indizien weisen auf eine Operation der israelischen Geheimdienste hin. Für Assef Shaukat, inzwischen 62, brachte der Tod des Organisators zahlreicher Anschläge und Entführungen einen überraschenden Karriereknick. Gerüchte sagen, Bashar Assad habe seinen Schwager entlassen und unter Hausarrest stellen müssen. Er sei im inneren Kreis der Macht nicht mehr zu halten gewesen. Assads Geheimdienstkoordinator Suleiman legte zudem einen Untersuchungsbericht vor, der Shaukat als Versager darstellte und ihn sogar als möglichen Verbündeten der Täter benannte.

Am 1. August 2008 wurde jener syrische General Mohamed Suleiman, Militärberater des Präsidenten, von einem Scharfschützen am Strand eines Ferienresorts an der Mittelmeerküste bei Tartus getötet. Der 49-jährige Suleiman war das wichtigste Bindeglied zwischen Militär und Regierung gewesen. Er verhandelte mit den Nordkoreanern und Hisbollah, wenn es um Waffenlieferungen ging. Auch er soll in das Attentat auf Hariri verwickelt gewesen sein. Für einen Moment muss Bashar Assad schmerzhaft gemerkt haben, dass ihn letztlich auch mehr als ein Dutzend seiner Geheimdienste nicht schützen können.

Im März 2009 berichtete der Pariser Informationsdienst *Intelligence Online*, Assef Shaukat sei »für einige Monate« in seine alte Funktion zurückgekehrt. Er habe allerdings seine Zuständigkeit für die ausländischen Partnerdienste abgeben müssen. Diese sei an den neuen Chef der Staatssicherheit, General Ali Mamluk, gegangen. Mamluk habe auch die Zuständigkeit für Gespräche mit Saudi-Arabien und den USA übernommen. Der zweite starke Mann neben Mamluk ist General Amin Sharabi, der die Spionageabwehr des Militärgeheimdienstes leitet. Syrien hat ihn zum Verbindungsmann für das UN-Libanon-Tribunal bestimmt. Er soll verlorene Sympathien zurückgewinnen. Der dritte Aufsteiger heißt Mohamed Mansoura und leitet die Abteilung für politische Sicherheit im Innenministerium. Er kam vom Militärgeheimdienst, wo er sich vor allem um die Kurden gekümmert hat.

Im Juli 2009 folgte die nächste Personalie aus Damaskus. Assef Shaukat übergab seine Funktion als Chef des Militärgeheimdienstes an seinen frisch ernannten Nachfolger Abdulfattah Qodfiet, der vom Luftwaffengeheimdienst kam. Als Trostpflaster darf sich Shaukat nun um Sicherheitsfragen beim Generalstab kümmern und auch wieder reisen. Er verabschiedete sich sofort nach Paris.

Eine neue Generation strebt nach Schlüsselpositionen im riesigen Geheimdienstbetrieb der syrischen Regierung. Sie kommen nicht mehr zwangsläufig aus den Reihen ultrakonservativer Militärs oder linientreuer Baathisten. General Maluk zum Beispiel lässt sich von dem ehemaligen kommunistischen Abgeordneten Samir al Taqi und seinem neuen »Al Sharq Center for International Relations« in Damaskus beraten. General Suleiman wurde durch Hafez Malhouf ersetzt, einen Cousin des Präsidenten. Auch der Verbindungsoffizier zu Hamas und Hisbollah ist frisch im Amt – Bassim Merhej.

Niemand zweifelt daran, dass es noch eine gewisse syrische Geheimdienstpräsenz im Libanon gibt. Aber auch da ändern sich die Strukturen. Die zivile Auslandsabteilung der Staatssicherheit löst die Kollegen vom militärischen Geheimdienst ab. Berüchtigte Offiziere, die viele ihrer libanesischen Opfer aus den Hauptquartieren in Anjar und Westbeirut sowie aus den Internierungszentren kannten, wurden über Nacht abgezogen und durch unbelastetes Personal ersetzt.

Schild und Schwert der Partei

Für Assads Serienkiller war die erste Option stets Gewalt. Nach der Machtübernahme vor vier Jahrzehnten jagten die Hit-Teams der syrischen Geheimdienste erst einmal alle prominenten Gegner im In- und Ausland. Die Serie begann mit Mohammed Umran. Der frühere Vorsitzende des Militärkomitees der Baath-Partei und Verteidigungsminister hatte jahrelang im Gefängnis gesessen. Nach seiner Entlassung ging er ins libanesische Exil. Er plante ein politisches Comeback. In Tripoli wurde er 1972 ermordet.

Kamal Dschumblatt, Chef des wichtigsten Drusen-Clans im Libanon, Führer der Allianz zwischen linken Palästinensern und der libanesischen Nationalbewegung, fiel den Syrern 1977 während einer

Autofahrt zum Opfer. Er hatte sich vehement gegen den Einmarsch syrischer »Friedenstruppen« zu Beginn des Bürgerkriegs ausgesprochen. Ein Gründungsmitglied der Baath-Partei und früherer Premierminister, Salah al-Din al-Bitar, hatte 1966 das Land verlassen. Er wurde mehr und mehr zur Gallionsfigur der syrischen Opposition, forderte Demokratie und warnte vor der unkontrollierbaren Macht der Alawiten. Al-Bitar wurde 1980 vor seinem Haus in Paris erschossen.

Riad Taha war einer der wichtigsten libanesischen Journalisten, Zeitungsverleger und Vorsitzender des Presseverbandes. Er war den Syrern unangenehm aufgefallen, weil er sie öffentlich bedrängt hatte, unbequeme libanesische Journalisten wieder auf freien Fuß zu setzen. Im Juli 1980 wurde er in Beirut ermordet. Das Assad-Regime war sehr empfindlich, was die Arbeit kritischer Journalisten betraf. Es reagierte sofort, und manchmal so heftig wie im Fall Salim al-Losy. Der Verleger der libanesischen Zeitung *Al-Hawadith* (»Ereignisse«) fühlte sich von den syrischen Besatzern unter Druck gesetzt. Also wich er mit seinem Blatt nach London aus. Nach einer Reihe von Assad-kritischen Artikeln wurde er bei einem Besuch im Libanon im März 1981 entführt. Die Täter quälten ihn und warfen die übel zugerichtete Leiche in einem Beiruter Vorort aus dem Auto.

1979 bis 1982 waren die Jahre schwerer militärischer Auseinandersetzungen zwischen dem autoritären sozialistischen Regime und der syrischen Moslembruderschaft. Der fromme Geheimbund hatte sich lange darauf vorbereitet. Der Schlagabtausch begann mit einem Kommandounternehmen der Mudschahedin im Juni 1979 gegen die Artillerieschule von Aleppo. Den Angeifern gelang es, 200 arglose Kadetten zu töten. Das Regime schlug genauso gnadenlos zurück, ließ Gefangene hinrichten und durchkämmte das Land nach den Parteigängern der verbotenen Moslembruderschaft. Immer wieder kam es in Homs und Hama zu Feuergefechten zwischen den Aufständischen und der Regierung. Schließlich, im Februar 1982, setzten die Islamisten alles auf eine Karte. In Hama stürmten sie die Wohnungen von 22 Offizieren der Geheimdienste und Funktionären der Baath-Partei. Sie metzelten sie familienweise nieder. Dann riefen die Aufständischen den »Heiligen Krieg« aus. Das Regime reagierte rasch und massiv. Reguläre Truppen und die Sondereinheiten des Präsidentenbruders Rifaat Assad umstellten die Stadt, die Luftwaffe bombardierte Stellungen der Moslembrüder. Nach mehrwöchigen schweren Kämpfen – und 30 000 Toten auf beiden Seiten – hatte Hafis Assad den Konflikt unter Ausschluss der Weltöffentlichkeit geregelt. Die Islamisten sollten sich von dieser Niederlage nie mehr erholen.

Ihre wichtigsten Repräsentanten lebten seit Langem in Europa. Genf, München und Aachen waren wichtige Stützpunkte der syrischen Moslembrüder. In der Regel betrieben sie das lokale Islamische Zentrum und rekrutierten Nachwuchs bei Freitagsgebeten und anderen Versammlungen. Das war auch beim syrischen Muchabarat bekannt. Zahlreiche Agenten wurden auf die Exilanten angesetzt. Sie sollten restlos alles in Erfahrung bringen, damit auf der obersten Ebene Entscheidungen über aktive Gegenmaßnahmen getroffen werden konnten. Schon im Dezember 1981 hatte Assad in einer Rundfunkansprache erklärt, seine Geheimdienste müssten »diese Bande aufspüren und ausmerzen«.

Sein Wunsch ging am 17. März 1981 in Erfüllung – und traf die falsche Person. Im gemeinhin unspektakulären Aachen lebte Issam al-Attar, einer der Köpfe der syrischen Moslembrüder. Der angesehene Theologe – und leibliche Bruder des syrischen Kulturministers – leitete das weithin bekannte Islamische Zentrum. An jenem Tag standen morgens um 8.30 Uhr drei junge Männer, zwei von ihnen mit Kindergesichtern, vor der Wohnungstür von Issam al-Attar. Er war nicht zu Hause. Seine 38-jährige Frau Banan al-Tantawy öffnete. Das Trio schoss sofort. Die Frau wurde fünfmal getroffen. Sie hatte keine Überlebenschance. Mit Hilfe der syrischen Botschaft in Bonn entkamen die Täter nach Damaskus.

Im September 1981 wurde der französische Botschafter in Beirut, Louis DeLaMar, von unbekannten Tätern erschossen. Die französischen Geheimdienste fanden heraus, dass es sich um eine Vergeltungsaktion ihrer syrischen Kollegen handelte. DeLaMar hatte nämlich ein Treffen zwischen Jassir Arafat und seinem Außenminister organisiert, ohne die Syrer dazu einzuladen. Im Januar 1982 explodierte eine Bombe im Islamischen Zentrum München. Direktor

Ali Greischa beschuldigte bei einer Pressekonferenz den syrischen Muchabarat der Tat.

Die Stuttgarter Kriminalpolizei nahm am 1. März 1982 drei verdächtige Syrer fest. In ihrem Hotelzimmer fanden sich zwei Pistolen, zwei Kilo Sprengstoff, Sprengkapseln, elektrische Zünder, weitere technische Utensilien und mehrere gefälschte Pässe. Es passte alles zu der These, dass die beiden Syrer auf der Jagd nach gegnerischen Moslembrüdern waren. Sie kamen in Untersuchungshaft. Zwei Wochen später erhielt die deutsche Botschaft in Beirut ein Erpresserschreiben. Die in Stuttgart einsitzenden »Kameraden« müssten sofort freigelassen werden. »Wenn nicht, sehen wir uns zu unserem Bedauern gezwungen, Maßnahmen zu ergreifen, die die deutschen Behörden überall einer großen Gefahr aussetzen.« Natürlich geschehe das »ohne Genehmigung der syrischen Regierung«.

Die Deutschen knickten wieder einmal ein und schickten die beiden Killer in ihre Heimat zurück. Dafür erhielten sie sogar ein Dankesschreiben: »Unserer Gruppe sind die Behörden der Bundesrepublik entgegengetreten und haben sie an der Ausübung ihrer Mission gehindert – einer unserer vielen Verfolgergruppen, die ohne Erlaubnis der deutschen, syrischen oder irgendwelcher Behörden auf der Welt ihrer Mission der Rache und Verfolgung nachgehen.« Da vermischte sich die kindliche Naivität, leicht erkennbare Lügen zu verbreiten, mit der Entschlossenheit, die Andersdenkenden auszurotten.

In diesem Zusammenhang gab es den einzigen bekannten Fall von Gegenwehr. Am 4. Januar 1984 wurde in der Münchner Rheinstraße 1 eine halb verweste männliche Leiche gefunden. Der Tote saß auf einem Stuhl. Genickschuss. Auf dem Boden lag eine einzige Patronenhülse. Es war kein Raubmord gewesen; der Tote trug seine teure Armbanduhr und hatte eine größere Menge Bargeld in der Jacke stecken. Er hieß Majid Saffaf, war 37 Jahre alt und kam aus Syrien. Der Mord ließ sich nie aufklären. Nur so viel war am Ende der Ermittlungen klar: Saffaf scheint ein Späher der syrischen Dienste gewesen zu sein, angesetzt auf die Moslembrüder. Nicht auszuschließen, dass er mit den Vorbereitungen für den Mord in Aachen und den Anschlag auf die Münchner Moschee zu tun hatte.

Assads langer Arm schlug immer wieder zu – am 21. April 1982 in Paris. Diesmal hatte der syrische Luftwaffen-Nachrichtendienst einen »Subunternehmer« unter Vertrag genommen, den weltweit gesuchten Top-Terroristen Carlos. Der Venezolaner und seine bunt zusammengewürfelte Truppe von Linksextremisten ließen sich mieten. Die Syrer waren längst wieder auf dem Kriegspfad gegen unbqueme Journalisten. Diesmal sollte das Ziel die Redaktion der kritischen Wochenzeitung *Al Watan al Arabi* sein, Rue Marbeuf 33. Nachts brachte eine junge, blonde Frau einen in der Tschechoslowakei gemieteten Opel Kadett mit der Bombe nach Paris. Ein grimmig blickender Mann parkte das Fahrzeug an der richtigen Stelle. Morgens detonierte der Sprengsatz, tötete eine junge Frau und verletzte 63 Passanten. In einer eher hilflosen Reaktion verwies Frankreich syrische Diplomaten des Landes.

Das arabische Politmagazin *Al Nashra* (»Die Besprechung«) erschien in Athen und berichtete von dort kritisch über die undemokratischen Regime seines Sprachgebiets. Nachdem *Al Nashra* sich in mehreren Artikel mit der Situation in Syrien auseinandergesetzt hatte, wurde Verleger Michel al-Nimri am 18. September 1985 kurzerhand erschossen. Am Tag vorher hatte er in seinem Tagebuch einen »Drohanruf aus dem Büro des Löwen (Assad)« notiert. Der französische Autor Michel Seurat hatte ebenfalls kritisch über das Assad-Regime berichtet. Daraufhin wurde er am 22. März 1985 in Beirut verschleppt. Er starb Monate später in den Händen der Geiselnehmer. Die Pariser Behörden glauben, dass auch hier »Assads langer Arm« im Spiel war. Dasselbe gilt für Sheikh Subhi al-Salah, den Vizepräsidenten des »Hohen Muslimischen Rats« im Libanon. Er hatte sich kritisch über Syrien geäußert und für einen friedlichen Libanon ohne syrischen Einfluss gearbeitet. Deshalb musste er am 16. Mai 1989 sterben.

Das war eine kleine Auswahl prominenter Fälle. Die vielen namenlosen Opfer des syrischen Staatsterrorismus liegen auf libanesischen Friedhöfen. Der Zorn ihrer Hinterbliebenen vergiftet das Verhältnis zwischen den Nachbarn in Damaskus und Beirut auf Generationen.

Erst nach dem Ende des Ostblocks erfuhren die Terrorermittler und Staatsanwälte aus dem Westen, wie kompliziert mancher Anschlag zustande gekommen war, und wie sehr Geheimdienste Osteuropas und der arabischen Welt am großen Rad gedreht hatten. Ohne ihre Unterstützung wäre vieles nicht passiert. Dann hätten sich Täter wie Carlos und seine Söldnerbande nicht ungehindert über normalerweise schwer gesicherte Grenzen hinweg bewegen können.

Ein typisches Beispiel ist der Anschlag auf das französische Kulturzentrum am Berliner Kurfürstendamm. In Paris war die damalige Freundin und spätere Ehefrau des Terroristen, Magdalena Kopp, von der Polizei gefasst und wegen eines geplanten Attentats verurteilt worden. Sie sollte drei Jahre und zwei Monate in französischer Haft verbringen. Der wütende Carlos startete einen privaten Feldzug gegen die Franzosen. Bei Dutzenden von Aktionen mussten zahlreiche Menschen sterben, weil er seine Geliebte freipressen wollte.

Der Angriff auf das »Maison de France« hatte eine lange Vorgeschichte, die besonders anschaulich zeigt, wie sehr der syrische Luftwaffengeheimdienst – und die DDR-Staatssicherheit – involviert war. Am 31. Mai 1982, eine Woche nach einem Bombenanschlag der Carlos-Bande auf die französische Botschaft in Beirut, traf Johannes Weinrich, die rechte Hand des venezolanischen Anführers, in Berlin-Schönefeld ein. Die Stasi kannte ihn als Heinrich Schneider. An diesem Tag benutzte er jedoch einen syrischen Diplomatenpass mit dem Namen Joseph Leon.

Der Westfale Weinrich kam aus Bukarest und schleppte eine schwere braune Ledertasche. Das stimmte den DDR-Zoll misstrauisch. Er kontrollierte den sich sträubenden ehemaligen Aktivisten der Frankfurter »Roten Zellen«. Die Beamten stellten in der Tasche eine »sprengstoffverdächtige Substanz« fest. Das Gefühl trog nicht. Im Protokoll hielten die korrekten Kontrolleure später 24,38 Kilogramm des Plastiksprengstoffs »Nitropenta« fest.

Schnell ergab sich, dass der ungewöhnliche Reisende – er hatte so gar nichts von einem syrischen Diplomaten an sich – im Computer als Kontaktmann der Stasi-Abteilung XXII erfasst war. Die kümmerte sich um Terroristen aller Herren Länder. Für die Carlos-Bande hatte man dort einen Operativvorgang angelegt, der »Separat« hieß. Der zuständige Sachbearbeiter Wilhelm Borostowski wurde verständigt und fuhr nach Schönefeld. Borostowski traf eine in seinen Augen salomonische Entscheidung: Weinrich durfte in die DDR einreisen, aber sein Sprengstoff blieb im Depot der Staatssicherheit. Er wurde nicht vernichtet, wie es eigentlich der Dienstvorschrift entsprochen hätte.

Am 10. Juni reiste der Sprengstoffkurier nach Bukarest zurück. Dort hatte sich seine Organisation in jener Zeit im eigenen Haus eingenistet. Die Carlos-Terroristen kamen immer wieder nach Ostberlin und trafen dabei in der Regel auf den Leiter des Referats XXII/8, Helmut Voigt. Weinrich forderte dann immer die Rückgabe seiner Ledertasche und versicherte, das gefährliche Gut sei für »Befreiungsbewegungen« bestimmt. Ein andermal pochte er auf seinen »diplomatischen Status« und erklärte, er habe den Sprengstoff für die syrische Botschaft transportiert. Bei der Abteilung XXII quittierte man die verschiedenen Versionen mit einem müden Lächeln. Weinrich war für die Staatssicherheit kein Diplomat, sondern ein Terrorist. Man wusste alles über ihn, aber auch, dass sein Chef seit der Festnahme von Kopp zu allem entschlossen war. Borostowski bekam von Voigt einige Zeit später den Auftrag, Weinrichs Gepäck zu durchsuchen. In einer Fülle von Aufzeichnungen fanden sich konkrete Anschlagsplanungen für Objekte in Frankreich und Italien.

Auch zwei Ziele in Westberlin tauchten in den Notizen auf: ein Haus am Kurfürstendamm, in dem sich das französische Generalkonsulat und das Kulturzentrum befanden, und die Villa eines französischen Generals in der Militärsiedlung »Cité Foch« in Wittenau. Die Stasi konnte eins und eins zusammenzählen. Wofür sollte Weinrich so viel Sprengstoff nach Berlin bringen, wenn nicht für eines dieser Anschlagsziele?

Am 11. August 1983 trafen Weinrich und Voigt sich erneut. Der ehemalige Oberstleutnant erinnerte sich an den Gesprächsinhalt: »Schneider bot ... an, die Sache aus der Welt zu schaffen, indem der Sprengstoff weder auf dem Territorium der DDR gelagert noch an eine Befreiungsbewegung, sondern an die syrische Botschaft in der DDR, speziell an den 3. Sekretär Nabil Shritah, übergeben wird ... Kurze Zeit später wurde dann der Sprengstoff durch den verantwortlichen Vorgangssachbearbeiter zur Aufbewahrung in der syrischen Botschaft in der DDR übergeben.« Der deutschen Bürokratie war Genüge getan.

Der Stasi-Offizier Voigt traute dem Frieden nicht, wusste er doch aus Erfahrung, dass Terroristen nie mit offenen Karten spielten. Also nahm er den Genossen Borostowski zur Seite, bevor dieser mit der schweren Ledertasche zur syrischen Botschaft fuhr. In der späteren Anklageschrift der Staatsanwaltschaft am Berliner Kammergericht hieß es an dieser Stelle: »Zur Wahrung der ›Sicherheitsinteressen‹ der DDR sollte Borostowski bei der Rückgabe Weinrich nochmal ausdrücklich untersagen, den Sprengstoff bei einem Anschlag zu verwenden, der Rückschlüsse auf einen vorhergehenden oder sich anschließenden DDR-Aufenthalt der Täter zulassen könnte.«

Helmut Voigt flüchtete nach der Wende und versteckte sich einige Zeit in der griechischen Provinz. Dort schrieb er eine Art Memoiren, in denen es unter anderem heißt: »Als ich erfuhr, dass nach der Übergabe der syrische Botschaftsmitarbeiter Nabil Shritah die Tasche mit dem Sprengstoff in die syrische Botschaft gebracht hatte, war ich eigentlich sehr froh, dass ich und das MfS nun nichts mehr mit der leidigen Sache zu tun hatten … Da ich selbst den Sprengstoff weder in die DDR geholt, zu keiner Zeit die Verfügungsgewalt über ihn besessen und ihn auch nicht an H. Schneider oder jemand anderen ausgehändigt hatte, sah ich auch keine Veranlassung für mich, die Angelegenheit unter dem Gesichtspunkt persönlicher Verantwortlichkeit zu betrachten.« Ein Trugschluss; da versagte die Fantasie des Staatsdieners.

Am 16. August 1983 holte Borostowski die Tasche mit dem Sprengstoff und übergab sie im Stadtzentrum von Ostberlin an Johannes Weinrich. Dieser brachte das Gepäckstück zu seinem Freund Nabil Shritah, bei dem er früher schon Waffen und Sprengzubehör deponiert hatte. Die Operation »Maison de France« lief an. Weinrich forderte seinen libanesischen Komplizen Mustafa Ahmed al-Sibai in Budapest an. Dessen Abreise nach Ostberlin blieb in Ungarn nicht unbemerkt. Rasch warnte der dortige Staatssicherheitsdienst die Stasikollegen. Der Hinweis landete in der Ablage.

El-Sibai kam im Interhotel »Metropol« unter. Neben ihm wohnte bereits Weinrich. Im »Palasthotel« wartete der dritte Mann der Bande, Abul Hakam. Am Nachmittag des 23. August fuhr Weinrich zur syrischen Botschaft und ließ sich den Sprengstoff aushändigen. Da er selbst im Westen gesucht wurde, übernahm der eher unbekannte Abul Hakam die Aufgabe, den Sprengsatz zum Kurfürstendamm zu bringen. Für alle Fälle war auch er mit syrischen und jemenitischen Diplomatenpässen ausgestattet. Er entschied sich für das jemenitische Papier. Deshalb hieß er am 25. August schlicht Ahmed Saleh Obadi.

Es war wie beim Stafettenlauf. Abul Hakam/Obadi passierte den »antifaschistischen Schutzwall« gen Westen und Mustafa el-Sibai übernahm dort Paket und Auto. Es handelte sich um den Mercedes 280 SEL von Nabil Shritah. El-Sibai hatte kein Problem, die Adresse Kurfürstendamm 211 zu finden. Der viergeschossige Eckbau beherbergte im dritten Stockwerk das französische Generalkonsulat, Kultureinrichtungen und weitere Büros. Die vierte Etage wurde gerade renoviert und stand deshalb leer. Der Libanese begab sich in den dritten Stock des Nachbarhauses und wechselte von dort in das »Maison de France«. Die in braunes Packpapier gewickelte Bombe fest an sich gepresst, ging er eine Etage höher. Der Araber legte die Bombe in einem Nebenraum ab und aktivierte den Zünder. Rasch verließ er das Gabäude und mischte sich unter das mittägliche Gedränge auf dem Boulevard.

Um 11.20 Uhr explodierte die Bombe. Das Dach des Hauses wurde aufgerissen, der vierte Stock völlig zerstört. In der dritten Etage wartete zu diesem Zeitpunkt eine Gruppe der pazifistischen Organisation »Fasten für das Leben«, um vom französischen Generalkonsul empfangen zu werden. Die Friedensbewegten wollten einen Appell gegen französische Atomversuche im Südpazifik überreichen. Unter den freundlichen Demonstranten befand sich auch der 26-jährige Maler Michael Haritz, der sich erst an diesem Vormittag der Gruppe angeschlossen hatte. Durch die Explosion stürzte die Zwischendecke in den dritten Stock und verschüttete die Besucher. Michael Haritz erstickte unter dem Schutt. 22 weitere Personen wurden verletzt. Der Schaden am Gebäude wurde mit zweieinhalb Millionen Mark beziffert.

Die beiden arabischen Terroristen flogen innerhalb von 24 Stunden nach Budapest beziehungsweise Damaskus. Johannes Weinrich alias Joseph Leon begab sich nach Belgrad. Helmut Voigt von der Hauptabteilung XXII sandte seinem Minister Mielke eine Aktennotiz: »Der Anschlag in Westberlin hat ... gezeigt, dass die ›Separat‹-Gruppe trotz Kenntnis unserer Sicherheitsinteressen die für sie bestehenden Arbeitsmöglichkeiten zu terroristischen Aktivitäten im Operationsgebiet nutzt.« Der Fall war für viele Jahre erledigt.

Syrische Agenten waren auch zu eigenen Terrortaten fähig, deren Organisation einen deutlich größeren Aufwand bedingte. Dabei spielten sie, vor allem im Fall Hindawi, mit dem Feuer. Die Fortsetzung misslungener syrischer Außenpolitik mit gänzlich unzulässigen Mitteln hätte bereits mehrfach zu einem neuen Nahostkrieg oder mindestens zu einem harten israelischen Luftschlag führen können.

Die Fälle von 1986 in Berlin und London wiesen einen inneren Zusammenhang auf. In Berlin detonierte am 29. März vor dem Büro der Deutsch-Arabischen Gesellschaft in Kreuzberg eine mit Draht und mehreren Stangen Sprengstoff gefüllte Aktentasche. Neun Menschen wurden verletzt. Die Berliner Ermittlungen ergaben, dass die Tasche von zwei eher einfach strukturierten Jordaniern transportiert worden war, Ahmed Hasi und Faruk Salameh. Die Bombe selbst stammte aus der syrischen Botschaft in Ostberlin. Um die Tat zu organisieren, war Oberst Haitham Said persönlich angereist, der zweite Mann im Luftwaffengeheimdienst. Das brachte ihm einen Berliner Haftbefehl ein, der bis heute nicht aufgehoben wurde. Hasi und Salameh erhielten Gefängnisstrafen.

Hatten die syrischen Geheimen in Berlin die angeblich im Büro der Deutsch-Arabischen Gesellschaft residierende Moslembruderschaft treffen wollen, ging es in London gegen einen waffentechnisch stärkeren Gegner. Der Damaszener Luftwaffengeheimdienst hatte auch dort eine gescheiterte Existenz angeheuert, den damals 32-jährigen Journalisten Nezar al-Hindawi, einen Bruder des Berliner Terror-Handlangers Ahmed Hasi. Hindawi sollte eine Zeitbombe in die El-Al-Maschine auf der Strecke London–Tel Aviv schmuggeln. Der skrupellose Hindawi stiftete seine schwangere Freundin, die gleichaltrige Irin Anne Marie Murphy, an, das entsprechende Päckchen in ihrer Tasche zu verstauen. Sie solle schon einmal vorausfliegen. Er komme nach, zum gemeinsamen Traumurlaub in Palästina/Israel und Jordanien.

Die Alleinreisende hatte sich bereits mehrfach verdächtig gemacht. Deshalb wurde sie intensiv befragt. Dabei entdeckten die Sicherheitsleute in ihrem Handgepäck eine gelbe, ölige Substanz – den Sprengstoff Semtex – und einen Commodore-Taschenrechner, der den Sprengsatz auslösen sollte. Hindawi, der das Land mit Syrian Arab Airlines verlassen wollte, hörte die Neuigkeiten im Radio. Die syrischen Agenten, die ihn durch den Flughafen begleiten sollten, brachten ihren Mitarbeiter in die Botschaft. Dort wurde er vom Hausherrn Loutuf Allah Haydar freundlich begrüßt. Der Chefdiplomat telefonierte mit Damaskus und bat um Instruktionen. Die Aufpasser brachten Nezar al-Hindawi über Nacht in eine konspirative Wohnung der Botschaft. Sie kürzten und färbten seine Haare.

Am nächsten Tag sollte er in die syrische Botschaft zurückkehren. Der gescheiterte Attentäter fürchtete um sein Leben. Er flüchtete und mietete sich in einem billigen Hotel ein. Dort wurde er anhand von Zeitungsfotos erkannt und stellte sich schließlich der Polizei. Er gestand die Tat und lieferte Beweise, dass ihn die beiden Chefs des Luftwaffengeheimdienstes selbst eingewiesen hatten. Vor Gericht sagte Hindawi aus, Hafis al-Assad sei persönlich eingeweiht gewesen. Der Angeklagte wurde zu 45 Jahren Gefängnis verurteilt. Großbritannien brach die diplomatischen Beziehungen zu Syrien bis auf Weiteres ab.

Seit 1986 wurde die syrische Regierung keiner terroristischen Tat mehr überführt, und trotzdem haben die Geheimdienste aus Damaskus nie aufgehört, Terroristen zu unterstützen. Seit Jahrzehnten steht das Assad-Regime hinter den radikalen Palästinenser-Fraktionen, hinter den militanten Schiiten im Libanon und – nach dem Krieg von 2003 – hinter regierungsfeindlichen Allianzen im Irak.

Abdullah Öcalan, der PKK-Führer, erklärte in einem Interview, die Syrer würden 73 »Befreiungsorganisationen« aller Art unterstützen. Es ist nicht bekannt, wie er gerade auf diese Zahl kam, aber definitiv waren es stets Dutzende zur selben Zeit. Nachdem die PLO des Jassir Arafat 1982 aus dem Libanon vertrieben worden war, beeilten sich die syrischen Geheimdienste, eine Alternative aufzubauen. Sie gründeten die »Nationale Rettungsfront« (PNSF) mit linken Mitgliedern wie der PFLP von Georges Habasch, der PFLP-GC von Ahmed Jibril und der DFLP des Nayef Hawatmeh. Die Syrer holten Abu Nidal und seine Soziopathengang des »Fatah Revolutionskommandos« für einige Jahre aus Bagdad zurück und verbündeten sich mit den Bombenlegern der »Organisation des 15. Mai«. In diesem Zusammenhang liegt es nahe, dass die syrischen Geheimdienste über die wirklichen Hintergründe des Lockerbie-Anschlags frühzeitig Bescheid wussten.

Die gleichfalls linke »Syrische Sozialnationalistische Partei« (SSNP) des Libanon hörte stets auf die Syrer, ebenso die kleine Baath-Partei des Libanon, die Kommunistische Partei des Zedernstaats, reine Terrortrupps wie die »Libanesische Bewaffnete Revolutionäre Fraktion« (FARL), die Nasseristen, mit Einschränkungen die Drusen, die gemäßigte Schiitenmiliz Amal und die radikale Hisbollah. In Damaskus waren stets alle Untergrundorganisationen des Nahen und Mittleren Ostens mit Büros vertreten, von der armenischen ASALA über die kurdische PKK bis zu Befreiungsfronten aus Eritrea oder dem Oman. Die Syrer arbeiteten, je nach Bedarf, mit Terrorgruppen aus Europa und entfernten asiatischen Staaten zusammen. Alle waren sie über den roten Faden des radikalen Nationalismus verbunden. Nur selten paktierten die Baath-Strategen mit frommen Kämpfern, da sie deren Glaubensbrüder im eigenen Land massiv bekämpften. Die Ausnahmen von der Regel waren die Schiiten des Libanon und die Hamas aus dem Gazastreifen, weil es gegen die Israelis ging, und die »Heiligen Krieger« des Irak, um die westliche Allianz zu schwächen und als regionaler Broker mitzuspielen.

Geld haben die Freunde aus den Terrorfraktionen in der Regel nicht zu erwarten, weil die Beträge, vor allem, wenn es sich um namhafte Summen handelt, ohnehin im Labyrinth staatlicher Korruption – die Geheimdienste stellen keine Ausnahme dar – versickern. In zweiter Linie nehmen die Syrer lieber als sie geben. Das haben die Vertreter der verschiedenen militanten Organisationen immer wieder bestätigt. Was sie seit Jahrzehnten bieten, sind Waffenausbildung, logistische Hilfe, Netzwerke, Solidarität. Gerade diese Vorzüge werden im Zeitalter nach 9/11 immer riskanter und dadurch seltener. Ältere Darstellungen der syrischen Serviceleistungen für Terroristen sprechen von 25 Trainingslagern, fünf davon im Umland von Damaskus. Das mag in diesem Umfang längst nicht mehr stimmen, zeigt aber auf alle Fälle Strukturen, die noch vor 20 Jahren in Syrien als »normal« galten.

Rafiq Hariri und die Toten von Beirut

Als der zweimalige libanesische Premierminister Rafiq Hariri zu Tode kam, dachten manche Zeugen an eine Atomexplosion. Eine konventionelle Detonation in dieser Stärke hatte auch im leidgeprüften Libanon noch keiner erlebt. Kriminaltechniker berechneten die Sprengkraft der Bombe und erklärten, es sei dafür das Äquivalent von 1800 Kilogramm TNT erforderlich gewesen.

Kein Zweifel, die Auftraggeber der »historischen Tat« wollten auf Nummer sicher gehen. Hariri sollte unter keinen Umständen überleben. Dass der Mord an dem prominentesten Assad-Widersacher über Nacht die massive syrische Präsenz im Libanon beendete, konnte jedoch niemand vorhersehen. Dieser Effekt lag auch ganz sicher nicht in der Absicht der Terroristen. Im Gegenteil: Es deutet alles darauf hin, dass Syriens Gegner eingeschüchtert werden sollten. Eine glatte Fehlkalkulation.

Die letzten Stunden im Leben des Milliardärs, den nicht nur seine Getreuen ohne Verlegenheit oder gar Ironie »Mister Libanon« nannten, begann in seinem festungsähnlichen Wohnsitz in Koreitem, einer der feinen Adressen von Westbeirut. Der Kalender zeigte den 14. Februar 2005. Für die Romantiker war es der Valentinstag.

Das hatte für Rafiq Hariri an jenem Morgen keine Priorität. Seine Frau Nazek befand sich in Paris, und er konzentrierte sich auf einen Besucher, seinen ehemaligen Wirtschaftsminister Basil Fleihan, der aus Sicherheitsgründen gerade in Genf lebte. Die beiden waren Freunde und hatten sich auch sonst viel zu sagen. Hariri lud Fleihan ein, ihn zu einer Visite im Parlament zu begleiten. Das Wahlgesetz wurde an diesem Tag beraten. Der Gast willigte ein.

Gegen 10.30 Uhr setzte sich der Fahrzeugkonvoi des bestgesicherten Mannes der Region in Bewegung. Er saß selbst am Steuer seines gepanzerten schwarzen Mercedes S-600, Fleihan auf dem Beifahrersitz. Ihm bereitete es Spaß, und die Sicherheit hatte damit kein Problem. Insgesamt reihten sich sechs Fahrzeuge in den dichten Beiruter Verkehr ein.

An der Spitze der Kolonne fuhr, wie üblich, ein Geländewagen. In dem Toyota Land Cruiser saßen vier Polizeibeamte. Dahinter folgte ein Mercedes S-500, am Steuer Hariris Leibwächter Amer Shehadi, begleitet von zwei Kollegen. Hariris schwere Limousine schloss sich an. Danach kamen zwei weitere schwarze 500er-Mercedes mit jeweils drei Personenschützern. Die Insassen des vierten Wagens kümmerten sich um den Schutz der rechten Flanke des Leitfahrzeugs, die Männer im fünften Wagen um die linke Seite. Im Konfliktfall hätten sie sich entsprechend positioniert.

Die Bodyguards gehörten zu Hariris 100-köpfiger Privatarmee. Sie waren von internationalen Experten bestens ausgebildet worden. Im ersten Merecedes verfügten sie, neben den obligatorischen Pistolen im Schulterholster, über Maschinenpistolen des Models MP5, in den hinteren Fahrzeugen über Sturmgewehre vom Typ M-16. Diese drei Begleitfahrzeuge waren nicht gepanzert.

Den Konvoi beendete ein voll ausgestatteter amerikanischer Krankenwagen mit einem dreiköpfigen Team. Sein Fahrer hatte den Auftrag, etwa 30 Meter Abstand zu halten, um bei einem eventuellen Hinterhalt nicht sofort in die Schusslinie zu geraten. Wenn der Konvoi rollte, war Funkverkehr untersagt. Die Bodyguards stellten in jedem ihrer Fahrzeuge einen starken Störsender an, der funkgesteuerte Bomben rechtzeitig erkennen und neutralisieren sollte. Im Prinzip war an alles gedacht, nur nicht an den massiven Effekt von beinahe zwei Tonnen TNT.

Der joviale und in der Regel sehr kommunikative Hariri betrieb Small Talk mit Parteifreunden und Politikern, die für eine spätere Allianz in Frage kamen. Er wollte Präsenz zeigen. Als Premierminister war er wenige Monate vorher zurückgetreten, um gegen die verfassungswidrige erneute Nominierung des Syrien-freundlichen Präsidenten Emile Lahoud zu protestieren. Die bevorstehenden Neuwahlen waren für den Power-Broker Hariri sehr wichtig. Unweit des Parlaments befindet sich das beliebte »Café de l'Étoile«. Dort saßen UN-Vertreter mit prominenten libanesischen Journalisten zusammen. Hariris Chefleibwächter Abu Tarek stoppte kurz und kündigte den Besuch seines Chefs an. Dieser kam, plauderte mit den Anwesenden etwa eine Viertelstunde – es ging natürlich um die Wahlen – und begab sich dann wieder zu seinen Fahrzeugen. Kurz vor 13 Uhr setzte sich der Konvoi nochmals in Bewegung.

Die Personenschützer hatten sich an diesem sonnigen Montag für die Uferstraße entschieden. Das dauert etwas länger, um Koreitem zu erreichen, ist aber angenehm zu fahren. Die Strecke führt am berühmtesten Hotel des Libanon vorbei, das nach langen Jahren der Zerstörung glanzvoll renovierte »St. George«. Daneben befindet sich das kaum weniger elegante »Phoenicia-Intercontinental«. In der Umgebung reihen sich weitere Edelherbergen und Banken aneinander. Der Boulevard nennt sich Corniche und gehört zu den Filetstücken von Hariris luxuriösem Wiederaufbauprogramm für das vom Bürgerkrieg zerstörte »Paris des Nahen Ostens«.

Um 12.56 Uhr und 26 Sekunden befand sich Rafiq Hariris Kolonne direkt vor dem Hotel »St. Georges«. Sie passierte einen in zweiter Reihe geparkten Mitsubishi-Kleinlastwagen, dessen Ladung in diesem Moment explodierte. Die Wirkung war verheerend. Hararis Mercedes wurde, trotz seiner Panzerung, komplett zerstört. Der Politiker und Megaunternehmer lag daneben und verbrannte bis zur Unkenntlichkeit. Die Bombe hatte einen fünf Meter tiefen Krater gerissen. In seinem Umkreis lagen Leichen, schrien Schwerverletzte um Hilfe, brannten noch mehr Autos und sandten schwarze Rauchsäulen in die Luft.

Sieben der neun Sicherheitsleute waren tot, dazu zwölf gänzlich Unbeteiligte. Hariris Gast Fleihan erlag zwei Monate später seinen schweren Brandwunden. Die Untersuchungsberichte verzeichnen 220 Verletzte. In einem Radius von mehreren Kilometern gab es kein intaktes Fenster mehr; die meisten Häuser waren in ihrer Substanz beschädigt. Nach Jahren weitgehenden Friedens war die Aura des Bürgerkriegs wieder nach Beirut zurückgekehrt.

Wenige Journalisten konnten das so hautnah beschreiben wie der große Libanonkenner Robert Fisk, der durch Zufall nur wenige Hundert Meter entfernt gewesen war. Der Autor des Londoner *Independent* sprach mit CNN: »Mindestens 22 Autos brannten: Eines davon wurde in den dritten Stock des Anbaus eines noch nicht eröffneten Hotels geschleudert … Wasser aus geborstenen Leitungen lief über die Straßen, und als die Feuerwehr eintraf, musste sie ihre Schläuche an den Leichen vorbeischleppen, um die starken Brände zu löschen. Als wir dort waren, explodierten die Kraftstofftanks der Autos immer noch und sprühten Feuer über die Straße. Es war schwierig zu erkennen, wie viele gestorben waren.«

Plötzlich spürten die Libanesen, was ihnen lange Jahre erspart geblieben war: Kriegsangst, Unsicherheit, Gefahr, Bedrohung. Die alten Bilder kamen zurück: Rettungswagen in den Häuserschluchten, dramatische Beerdigungen als tagelanger Höhepunkt der Fernsehnachrichten. Nun erkannte auch die neu formierte Partygesellschaft des mondänen Libanon ihre Grenzen. Viele merkten, dass die Region immer wieder durch Höhen und Tiefen geht, aber genau genommen mit geborgter Zeit lebt.

Was war für sie passiert, für Hariri, für das Land? Der Selfmademann aus Sidon hatte den Zedernstaat in wenigen Jahren stärker geprägt als jeder andere libanesische Politiker der vergangenen Jahrzehnte. Er war nicht unumstritten, aber unabhängig. Deshalb passte auf ihn nicht das Schema des üblicherweise korrupten Beiruter Volksvertreters, der nur selten eine gerechte Sache vertritt, sondern zuerst den Interessen einer Volksgruppe, einer Religionsgemeinschaft oder fremder Mächte – wie den Syrern – folgt. Da er sein eigenes Schema geschaffen hatte und sich in kein anderes stecken ließ, stand er seinen Gegnern zunehmend im Weg. Das mag Hariris Schicksal besiegelt haben.

Der Sunnit Rafiq Hariri war das Produkt einer Ausnahmekarriere, die von Glück und Geschick gesteuert war. Nach seinem Studium der Betriebswirtschaft an der Arabischen Universität von Beirut ging er 1965 nach Saudi-Arabien. Er stieg in den Anlagenbau ein, gründete eine erste eigene Firma. Die Wirtschaft boomte, und Hariri konnte sich vor Aufträgen kaum retten. Das Königshaus liebte ihn.

Deshalb wurde der tüchtige Libanese irgendwann eingebürgert und sogar zum saudischen Botschafter in London ernannt. Zielsicher vergrößerte er sein Wirtschaftsimperium, stieg auch im Bankensektor, bei der Ölindustrie und in der Telekommunikation ein.

Bereits ein Jahrzehnt vor dem Ende des Bürgerkriegs in seiner Heimat fing Hariri bereits mit Wiederaufbau an. Er engagierte sich für die Opfer des Konflikts und brachte vor allem das einfache Volk hinter sich. Es war kein Zufall, dass die entscheidenden Friedensverhandlungen im saudischen Taif stattfanden. Nach Kriegsende verfolgte Hariri eine Doppelstrategie. Er ließ sich zum Ministerpräsidenten wählen und trieb gleichzeitig den Neuanfang seiner zerstörten Heimat voran.

Dazu gründete er Bauträgerfirmen wie »Solidere«. In weniger als einem Jahrzehnt entstand das neue Zentrum von Beirut. Mit internationaler Hilfe und sehr viel eigenem Geld wurden die Erinnerungen an den Krieg beseitigt. Am Ende war Beirut schöner als zuvor, aber auch hoch verschuldet und vielfach Eigentum des Hariri-Clans. »Mister Libanon« gelang es, ein Vermögen von etwa acht Milliarden Dollar anzuhäufen.

Nachdem sich Hariri mit rivalisierenden Clans und der syrischen »Schutzmacht« angelegt hatte, kam sein Tod nicht überraschend. Nur die Umstände sorgten für viele Fragezeichen. Es war von Anfang an klar, dass ein Attentat dieser Größenordnung von Profis organisiert und durchgeführt worden war. Das schafften keine isolierten Islamisten – ein Bekennervideo sollte diesen Eindruck wecken – und auch keine Mafiosi. Das war millimetergenaue Geheimdienst- und Militärarbeit.

So sah es auch die erste »Tatsachenermittlungskommission« des UN-Generalsekretärs Kofi Annan. Vom 25. Februar bis 24. März 2005 sandte er den Iren Peter FitzGerald nach Beirut, um sich möglichst authentisch berichten zu lassen. FitzGerald stellte in einem 20-seitigen Bericht fest, dass es massive Einflussnahmen auf die libanesischen Ermittlungen zum Hariri-Mord gebe. Die syrischen Bemühungen würden »über die vernünftige Existenz kooperativer und nachbarschaftlicher Beziehungen hinausreichen«. FitzGerald beschuldigte die libanesischen Sicherheitsbehörden, mangelhaft ermittelt, Beweise produziert, gefälscht, manipuliert und vernichtet zu haben.

Vom ersten Moment an standen die Syrer als Hauptverdächtige im grellen Scheinwerferlicht. Der internationale Druck startete die sogenannte »Zedernrevolution«. Bis zu 1,5 Millionen Menschen demonstrierten auf Libanons Straßen gegen die syrischen Besatzer. Schon nach wenigen Wochen war die Regierung Assad gezwungen, sämtliche Truppen abzuziehen (im Libanon waren schätzungsweise 35 000 syrische Soldaten stationiert). Das löste auch einen Exodus der zivilen syrischen Arbeitskräfte aus.

Der Schaden auf syrischer Seite wurde offiziell nur im Sektor der Leiharbeiter beziffert: 100 Millionen Dollar aus laufenden Verträgen. Keine Damaszener Regierungserklärung hielt fest, dass die Besatzer vermutlich 200 Millionen Dollar pro Jahr aus dem illegalen Drogenhandel des Libanon bezogen. Das gilt vor allem für die Jahre 1988 bis 1991. Die Schwarzmarktgeschäfte sollen den Syrern zwischen 1983 und 2004 pro Jahr 200 bis 300 Millionen Dollar Zoll erspart haben.

Überhöhte Preise für schwefelreiches Heizöl sollen den Syrern in zehn Jahren rund 250 Millionen Dollar eingebracht haben. Regelmäßige Einnahmen kamen auch aus dem »Casino de Liban«, von internationalen Telefongesprächen, die über syrische Callcenter liefen, und von weiteren Geschäftsbeteiligungen. Die Rede ist auch hier von 200 Millionen Dollar pro Jahr. Die Schmiergeldzahlungen der libanesischen Al-Madina-Bank an syrische Beamte sollen ebenfalls 100 Millionen Dollar erreicht haben. Syrien dürfte der libanesischen Wirtschaft insgesamt 15 Milliarden Dollar an legalen und fünf Milliarden Dollar an illegalen Geldern entzogen haben. Gerade die illegalen Summen gingen vor allem an syrische Geheimdienstoffiziere und Militärs. Ein gewaltiger Schaden für den kleinen Nachbarn.

Die staatlichen Strukturen des Libanon waren eindeutig zu schwach, um den Mord an Rafiq Hariri aufzuklären. Also schuf der UN-Sicherheitsrat am 7. April 2005 eine unabhängige Kommission, die aus mehr als 100 Polizei- und Justizexperten aus 30 Staaten bestand. Unter der Leitung des einschlägig erfahrenen Berliner Oberstaatsanwalts Detlev Mehlis bezog die Ermittlungsgruppe das bestens gesicherte Beiruter Hotel »Monteverde«.

Bereits im Oktober legte die Mehlis-Kommission einen ersten Untersuchungsbericht vor, im Dezember dann die Fortsetzung hierzu. Vorsichtig deutete der zum Untergeneralsekretär der Vereinten Nationen ernannte Deutsche mit dem Finger auf die mutmaßlichen Drahtzieher des Anschlags im nahen Damaskus. »Ohne Zustimmung ranghoher syrischer Offizieller und ohne Mitwisserschaft ihrer Partner in den libanesischen Diensten«, so stellte Mehlis fest, sei die Tat nicht durchzuführen gewesen. Der deutsche Ermittler setzte Zeichen, als die Kommission drei Generäle der libanesischen Geheimdienste und den Chef der Präsidentengarde verhaften ließ.

Nach einem halben Jahr intensiver Ermittlungen hatte die internationale Kommission bereits 550 Zeugen und Informanten befragt, 37 000 Dokumente ausgewertet, das Attentat mit modernster Kriminaltechnik analysiert und sich viel politischen Ärger zugezogen. Die Verbindungsdaten eines Mobilfunknetzes zeigen, dass mindestens acht Täter am unmittelbaren Anschlag beteiligt gewesen waren. Mit ihren Prepaid-Handys haben sie nur untereinander gesprochen. Der erweiterte Täterkreis dürfte etwa 20 Personen umfasst haben.

Die Mehlis-Kommission (kurz UNIIIC) identifizierte 19 Verdächtige. Die vier inhaftierten Sicherheitschefs zählten dazu, mehrere ihrer Verwandten, ein muslimischer Geistlicher. In diese Kategorie fielen auch fünf hochrangige Vertreter der syrischen Sicherheitsbehörden, unter ihnen Assad-Schwager Assef Shaukat. Sie wurden von den Ermittlern nach langem Gezerre im neutralen Wien befragt.

Die Syrer wehrten sich vehement gegen die Aussagen mehrerer Landsleute, die als Kronzeugen zur Verfügung standen. Einer von ihnen erschien bald darauf im syrischen Fernsehen und widerrief seine Darstellung. Man habe ihn gezwungen, hohe syrische Offizielle zu belasten. Die Kommission erfuhr, dass der Zeuge mit der Verhaftung naher Verwandter unter Druck gesetzt und zugunsten der syrischen Regierung beeinflusst worden war.

Der politisch wichtigste Zeuge war in dieser Hinsicht unverdächtig. Die Regierung Assad hatte auf ihn keinerlei Einflussmöglichkeit. Er lebt in Paris und wird möglicherweise nie mehr einen Fuß auf syrisches Staatsgebiet setzen. Sein Name ist Abdul Halim Khaddam. Geboren 1932, war er ein lebenslanger Weggefährte von

Hafis al-Assad. Von 1970 bis 1984 vertrat er das Land als Außenminister, bis zum 6. Juni 2005 als Vizepräsident. Nachdem Assad
senior gestorben und der Sohn noch nicht gewählt worden war, fun-
gierte Khaddam sogar als Ersatzpräsident. In der Führungsriege des
Hardlinerstaates war, über die Jahrzehnte, keiner mächtiger als er.

Im Rahmen des Machttransfers an Assad junior zählte aber auch
Khaddam zu den entbehrlichen Köpfen der »alten Garde«. Er wurde
nach und nach in seinem Einfluss beschnitten. Der Anschlag auf
Rafiq Hariri, den Khaddam sehr schätzte, traf ihn persönlich. Als
einziger syrischer Spitzenpolitiker nahm er an der Beerdigung des
Expremiers teil. Der Jurist Abdul Halim Khaddam mochte der syrischen Regierung nicht mehr angehören. Also erklärte er am 6. Juni
2005, während einer Konferenz der Baath-Partei, seinen Rücktritt.

Khaddam kehrte Syrien den Rücken. Er bezog ein Pariser Stadt-
palais an der feinen Avenue Foch, das ihm Hariri einst zum Geschenk gemacht hatte. In einem sensationellen Interview mit dem
Sender Al Arabiyah attackierte Khaddam ein halbes Jahr später
Bashar Assad und den lange Zeit für den Libanon verantwortlichen
Geheimdienstchef Rustum Ghazali. Er berichtete, dass Hariri vom
syrischen Präsidenten Assad wiederholt massiv bedroht worden sei,
zuletzt am 26. August 2004.

Im Januar 2006 traf Khaddam mit der UN-Kommission zusammen. Er gab weitere Interviews und kündigte eine Art Exilregie-
rung an. Khaddams Kernaussage wurde immer eindeutiger: Bashar
al-Assad hat die Ermordung von Rafiq Hariri angeordnet! In einem
persönlichen Gespräch mit dem Autor, am 23. Mai 2008 in Paris,
wiederholte der ehemalige syrische Vizepräsident die Anschuldi-
gungen: »Die Geheimdienste meines Landes sind völlig skrupellos.
Sie stehen über dem Gesetz und halten dadurch das Regime am
Leben. Der Präsident kontrolliert sie persönlich. Aufträge wie der
Mord an Hariri kommen von ihm direkt. Die Tat von Beirut war die
Arbeit des syrischen Geheimdienstes. Die Untersuchung der Vereinten Nationen wird es nachweisen.«

Im fernen Damaskus lief bereits ein Ermittlungsverfahren gegen
Khaddam. Das Parlament und die Baath-Partei werfen ihm »Hoch-
verrat« vor. Der prominente Exilant hat nicht vor, sich der syrischen

Justiz zu stellen. Er hat sich mit mehreren Oppositionsgruppen verbündet und wartet auf den Sturz des Assad-Regimes, auf »Wahlen unter internationaler Aufsicht«. Khaddam strebt selbst kein politisches Amt mehr an. Es wäre auch unwahrscheinlich, dass er eine entsprechende Wahl für sich entscheiden könnte, da er an zu vielen Verbrechen während der langen Amtszeit von Assad senior beteiligt gewesen ist.

Zum Jahresende 2005 war Aufklärer Mehlis aus der UN-Untersuchung »aus persönlichen Gründen« ausgeschieden. Er sagt heute, von Anfang an habe er seine Tätigkeit zeitlich begrenzt gesehen und dieses Limit nicht überschreiten wollen. Am Ende habe er nur noch auf seinen Nachfolger gewartet. Die Führung der Kommission übernahm – von Mehlis empfohlen – der 44-jährige Belgier Serge Brammertz. Der Deutsche erkannte den Nachfolger als »viel stärker UN-kompatibel« als sich selbst. Zwischen den beiden Juristen gab es wenige Gemeinsamkeiten. Brammertz kritisierte die Amtsführung des Vorgängers, und am Ende seiner eigenen Amtszeit waren die Syrer schon wieder halbwegs rehabilitiert. Namen von Verdächtigen wurden nicht mehr genannt.

Serge Brammertz behandelte die Syrer mit Samthandschuhen. Seine Formulierungen waren viel vorsichtiger und ließen die Klarheit der Mehlis-Erkentnnisse vermissen. In einem seiner Berichte findet sich die interessante Feststellung, dass der mutmaßliche Fahrer des weißen Mitsubishi-Lieferwagens vermutlich nicht aus dem Libanon stammte. Kriminaltechnische Untersuchungen der wenigen Leichenteile hatten dies ergeben. Das schlossen die Mediziner vor allem aus der Form eines sichergestellten Zahns. Der Täter soll jedoch mindestens drei Monate vor dem Anschlag im Land verbracht haben.

Der nächste Wechsel in der Leitung der Kommission folgte Ende 2007. Serge Brammertz ging und trat am 1. Januar 2008 seine neue Position als Chefankläger des Internationalen Strafgerichtshofs für das ehemalige Jugoslawien an. Zu seinem Nachfolger hatte UN-Generalsekretär Ban Ki-moon den Kanadier Daniel Bellemare ernannt.

Zum 1. März 2009 wurde die Kommission in ein neu geschaffenes Haager Sondertribunal für den Libanon übernommen. Bei einem offiziellen Festakt sprach Bellemare von einem »ersten internationalen Antiterrortribunal«. Er zerstreute sofort alle Hoffnungen, dass der Mord an Rafiq Hariri in absehbarer Zeit gesühnt werden könnte. Das Gremium werde noch mehrere Jahre brauchen, um die Ermittlungen abzuschließen. Derzeit könne man keine Anklage erheben.

Der neue Sondergerichtshof für den Libanon besteht aus einer Strafkammer mit drei Richtern, einer davon aus dem Libanon. Daneben gibt es eine Berufungskammer mit fünf Richtern, von denen zwei aus dem Libanon stammen. Geurteilt wird nach libanesischem Strafrecht. Die Todesstrafe ist ausgeschlossen.

Längst sind viele Erkenntnisse und Ermittlungsgrundlagen aus der euphorischen Anfangszeit unter Oberstaatsanwalt Mehlis im Nebel der Hariri-Kommission verschwunden. Rückschläge sind zu verzeichnen. In der letzten Aprilwoche 2009 ordnete ein holländischer Richter überraschend die Freilassung der in Beirut seit Oktober 2005 einsitzenden vier libanesischen Generäle an – aus Mangel an Beweisen.

Zwei Wochen vor den libanesischen Wahlen kam *Der Spiegel* mit einer völlig neuen Version der alten Geschichte. Nicht die Syrer, sondern die Hisbollah habe Hariri ermordet. Das sei den Mitgliedern der UN-Kommission bekannt geworden, weil einer der Täter doch einmal privat telefoniert habe. Das lasse sich zuordnen. Am anderen Ende der Linie habe man die radikale Schiitenmiliz – auch sie eine Säule der Hariri-Feinde – gefunden. Der mediale Sprengsatz detonierte und kostete die Hisbollah Wählerstimmen. Danach war das Thema wieder erledigt.

Auch die Aufklärung von mittlerweile 14 weiteren Bombenanschlägen, die ganz gezielt Syriengegnern in den libanesischen Sicherheitsbehörden, unter Politikern und Journalisten galten, kommt nicht mehr voran. Der Sondergerichtshof hatte vollmundig verkündet, neben dem Hariri-Mord würden auch diese Fälle abgeurteilt werden. Nun fehlt es an Beweisen, Anklagen und Angeklagten. Ein guter Muchabarat kann das aussitzen.

Libyen
Vier Dienste für den »Bruder Oberst«

Zum Bild – Muammar al-Gaddafi, seit dem 1. September 1969 unumschränkter Herrscher des Wüstenstaates Libyen, bei einem Fußballspiel im April 1988. Zu jener Zeit galt er als einer der gefährlichsten Männer der Welt. Libysche Geheimdienste töteten Dissidenten, organisierten Terroranschläge und quälten politische Abweichler in den überfüllten Gefängnissen des Landes.

Gnadenlose Dilettanten

»Mehr noch als Erfordernisse und Vereinbarungen haben die unmittelbaren Umstände den größten Einfluss auf das Verhalten eines auf eine Zielperson oder ein Zielobjekt angesetzten Libyers. Er zeigt wenig Unrechtsbewusstsein, Angst oder gar Gewissensbisse dabei, seinen Auftrag, wie ihm befohlen, auch auszuführen. Es erscheint ihm nichts falsch daran, Unrecht zu tun, das Unrecht zu begründen oder deswegen lügen zu müssen. Der einzige Fehler, den der Libyer sehen kann, ist, dass man ihn entdecken und des Unrechts überführen könnte. Überwachung bringt ihn der Enttarnung näher, durch ein wenig ›Angleichung‹ der Tatsachen schafft er deshalb für sich die Möglichkeit eines Ausweich- bzw. Ersatzgewissens, ein ›big brother is watching me‹-Gefühl, welches die Ermahnungen und Vorgaben des Führungsoffiziers der laufenden Operation verbindlicher erscheinen lassen.«

Aus einer CIA-Studie über das Wesen des libyschen Geheimagenten
(The Libyen As Agent; Autor: Titus Leidesdorf)

Nur wenige Regime sind so auf einen einzigen Mann zugeschnitten wie das libysche. Auch für die vier Geheimdienste scheint es nur Muammar al-Gaddafi zu geben. Mit ihm steht und fällt ihre gesamte Arbeit. Noch extremer als in allen anderen arabischen Staaten – von Saddam Husseins seinerzeitigem Irak abgesehen –, dreht sich in Libyen die gesamte Sicherheitsarchitektur um den Machterhalt des »Führers«.

Die einstige italienische Kolonie in Nordafrika wurde am 24. Dezember 1951 in die Unabhängigkeit entlassen. Die Vereinten Nationen hatten bereits Emir Idris as-Sanussi zum Herrscher des Landes bestimmt. Libyen blieb lange Zeit sehr arm und unterentwickelt. Geschichtsbücher verzeichnen eine Analphabetenrate von 90 Prozent. Die Wende kam allmählich in den Sechzigerjahren. In der Wüste war Erdöl gefunden worden. Die Wirtschaft boomte. Schon 1965 bestanden 99 Prozent der Exporte aus Rohöl. Die Libyer gingen mit ihrem neuen Reichtum nicht gemeinnützig um, sondern die Einnahmen blieben in der Hand einer verwestlichten Elite, die sich vor allem um das Königshaus scharte.

Die sozialen Konflikte nahmen zu. In diesem Klima entstanden die »Freien Offiziere«. Am 1. September 1969 nutzten sie die Gunst der Stunde und putschten unter der Führung des jungen Leutnants Gaddafi gegen den abwesenden Emir. Der 79-jährige König befand sich zum Kurzurlaub in der Türkei. Da ihm die Rückkehr verwehrt war, ließ er sich in Ägypten nieder. Der »Revolutionäre Kommandorat« rief die »Libysche Arabische Republik« aus, und Gaddafi beförderte sich zum Oberst. Zaghaft nahmen die neuen Machthaber ihre Amtsgeschäfte auf. Sie benötigten viel Zeit, um das Regieren und den Umgang mit der Außenwelt zu lernen. Manches haben sie bis heute nicht verstanden.

Inzwischen liegen die ersten 40 Jahre hinter ihnen. Die Clique um »Bruder Oberst« gab – trotz zahlreicher Feinde in den Exilgemeinden beziehungsweise bei den Regierungen des Westens – den mittlerweile reichen OPEC-Staat nicht mehr aus der Hand. Gaddafi hat sich mehr und mehr zum exzentrischen Patriarchen entwickelt und gilt als Synonym für das heutige Libyen. Die Konturen seines Landes verschwimmen hinter dem allseits überlebensgroß präsenten Revolutionsführer. Er hat bei allem das letzte Wort und ist sich bewusst, dass er in seiner Liga beim weltweiten Popularitätsindex mit einem Che Guevara konkurrieren kann.

Gaddafis Geheimdienste halten seit vier Jahrzehnten unnötigen Ärger von ihm fern. Manchmal schaffen sie aber gerade durch ihre Unprofessionalität besonders viel Verdruss. An Beispielen lässt sich das zeigen. Besonders wichtig ist der Militärgeheimdienst *Istikhbarat Askaria*, der Informationen aus dem In- und Ausland zusammenträgt und sie den Führungsgremien sowie dem exzentrischen Diktator präsentiert.

Das »Geheimdienstbüro des Führers« oder *Maktab Maaloumat al-Kaed* (GIB) sitzt in Gaddafis eigenem Hauptquartier, der Bab-al-Aziza-Kaserne im Zentrum von Tripolis. Hier handelt es sich um eine Art Polizeilichen Staatsschutz, der das Volk überwacht und Aufsässigkeit aller Art frühzeitig erkennen soll. Seine wesentliche Pflicht ist jedoch die Kontrolle der anderen Geheimdienste. Gaddafi hat diese Aufgabe seit der Umorganisation der Sicherheitsdienste 1993 in die Hände von Hauptmann Ahmed Ramadan al-Asabia gelegt. Der wenig bekannte Nachrichtendienstler wurde bei der DDR-Staatssicherheit und in Bulgarien ausgebildet. 1985 begann seine Karriere im Militärgeheimdienst unter Oberst Kuyaildi al-Humaidi.

Als die libyschen Streitkräfte geschlagen aus dem Tschad zurückkehrten, wuchs in ihren Reihen der Unmut gegen die Führung. Al-Asabia übernahm die delikate Aufgabe, Einheiten in Tarhuna, Tobruk, Fezzan und Barqa von Abweichlern zu säubern. Seit 1991 gehört er zusätzlich dem Kommando der Revolutionsgarden an.

Um Gaddafis persönliche Sicherheit kümmern sich die paramilitärischen »Revolutionsgarden« (*Al Haras Assauri*), die zur Kontrolle der Revolutionskomitees gegründet wurden. Sie sollen 40 000 Kämpfer umfassen.

Die sogenannte »Jamahiria Sicherheitsorganisation« (JSO), arabisch *Haiat amn al Jamahiriya,* nennt sich wechselweise auch »Externe Sicherheitsorganisation« (ESO) und »Libyscher Geheimdienst« (LIS). Dazu kommt ein »Amt für generelle Untersuchungen«.

Nach dem aktuellen Organisationsschema teilt sich die JSO in einen Inlands- und einen Auslandsdienst. Beide unterhalten enge, weltweite Kontakte zu Terrororganisationen, deren Aufgabenstellung sie natürlich anders definieren. Für radikale Regime der arabischen Welt sind Terroristen in der Regel Widerstandskämpfer und Patrioten. Man kann sich ihrer Unterstützung jederzeit bedienen. Die Libyer hatten damit niemals ein Problem, auch nicht mit der Ausbildung von zumeist palästinensischen Terroristen in zahlreichen Wüstenlagern.

Auslandsoperationen, die komplett mit libyschem Personal durchgeführt wurden, sind in der Vergangenheit zumeist gescheitert. Joint ventures mit Terrortrupps zeichneten sich stets durch ihre große Brutalität aus – und sind im Sinne der Auftraggeber gelungen.

In einer umfangreichen – inzwischen historischen – Analyse aus den frühen Achtzigerjahren befasste sich das Ostberliner Ministerium für Staatssicherheit (MfS) mit den Partnerorganen aus dem befreundeten Libyen. Interessant sind die Kriterien der Stasi-Offiziere, die sich deutlich vom westlichen Blickwinkel unterscheiden:

»*Sicherheitsverwaltung beim Innenministerium* (allgemeine Abwehr): Sie beschäftigt sich mit der Bearbeitung von Ausländern, der Unterschiebung von Agenten, der Installation von operativer Technik in den Wohnungen von Ausländern und Libyern. Seitens der Agentur und der Mitarbeiter dieser Verwaltung spielt das Knüpfen von Kontakten zu sowjetischen Spezialisten mit dem Ziel der Erlangung von Informationen über sowjetische Kolonien eine entscheidende Rolle. In einer Reihe von Fällen trugen die Aktionen der libyschen Abwehr einen provokativen Charakter (demonstrative Überprüfung von Dokumenten auf den Straßen zu Tages- und Nachtzeiten, Verhaftungen unter dem Vorwand des Kampfes gegen die ›Verletzung der Moral‹, wegen Fotografierens an angeblich ›verbotenen Orten‹ usw.

Politische Abwehr: Diese Abteilung beschäftigt sich mit der inneren Opposition und Elementen aus den Parteien (jedwede politische Tätigkeit im Lande ist verboten – eines der ersten Dekrete von Gaddafi). Mitarbeiter der politischen Abwehr gibt es in allen Organisationen und Institutionen, in denen Ausländer arbeiten oder sich aufhalten (Flughäfen, Zoll, Krankenhäuser, Ministerien, Massenmedien, Restaurants, Cafés usw.). Ihre Hauptaufgabe besteht in der Fixierung von Kontakten, die Ausländer zu der örtlichen Bevölkerung haben, und der Durchführung von vorbeugenden Arbeiten.

Militärische Abwehr: Führt Agententätigkeit in den Reihen der Offiziere und Soldaten der Streitkräfte durch. Zu ihren Funktionen gehört auch die abwehrmäßige Sicherung der sowjetischen Militärspezialisten. Auf Grundlage der in ihrem Besitz befindlichen Angaben wird über jeden sowjetischen Militärspezialisten ein Dossier geführt, in dem besondere und charakteristische Daten beinhaltet sind, bestimmte Aktivitäten und Aussprüche fixiert sind, starke und schwache Seiten sowie die politisch-ideologische Bildung untersucht werden. Mittels Analyse dieser Daten durch die Libyer wird der Grad der Gefährlichkeit dieses oder jenes Spezialisten als potenzieller Träger Libyen feindlich gesinnter Ideen eingeschätzt, auf deren Grundlage eine weitere zielgerichtete Arbeit zu dieser Person unternommen wird.

Dienst zur Observation der Bevölkerung: Diese Abteilung ist aufgrund der hohen professionellen Ausbildung der Mitarbeiter und der technischen Ausrüstung eine der mächtigsten in der libyschen Abwehr.«

Bevor Gaddafi sich von jeglichem fremden Einfluss befreite und nur noch eigene Interessen verfolgte, empfand sich Libyen ab Mitte der Siebzigerjahre als Partnerstaat des Ostblocks, beherbergte Militär- und Zivilberater, vor allem aus der Sowjetunion. 1980 lebten 2500 Moskauer Waffenexperten in Libyen. Der sperrige Maghrebstaat war zu einem der besten Rüstungskunden des kommunistischen Lagers geworden. Für eine Weile überlagerte die Gier nach vollen Waffendepots auch die ideologische Distanz zu den Osteuropäern und Libyens idealistisches Streben nach Sympathie und Solidarität bei der Bewegung der Blockfreien.

Die Militärs konnten sich damals alles leisten. Also kauften sie 2800 Panzer, 2300 Schützenpanzer, 535 Kampfflugzeuge, sechs U-Boote und 65 weitere Kriegsschiffe. Und das für 3,5 Millionen Einwohner. Eine Verschwendung ohnegleichen, da viele dieser Waffen in ihrer Originalverpackung blieben oder ganz einfach im Wüstensand verrotteten.

Briten und Amerikaner, die bald nach Gaddafis Machtübernahme ihre Militärbasen aufgegeben hatten, registrierten die Aufrüstung trotzdem mit großem Misstrauen. Die Saat für jahrzehntelange Feindschaft war längst gelegt, die Freund-Feind-Ausrichtung zementiert. In dieser Situation ist es nachvollziehbar, dass sich die Stasi um die Sicherheit der Ostblockberater sorgte. Ansonsten betrachtete sie die Libyer mit Scheuklappen.

Besonders in den frühen revolutionären Jahren mordeten die Hit-Teams von Gaddafis Geheimdiensten ohne Rücksicht auf internationale Befindlichkeiten. 1980 kündigte »Bruder Oberst« den geflüchteten Intellektuellen unter seinen Landsleuten an, dass sie – wenn sie sich nicht selbst stellten –, »liquidiert werden, wo immer sie sind«.

In der Regel hielt Gaddafi seine Versprechen. Am 11. April 1980 wurde der libysche Journalist und Regimekritiker Mohammed Mustafa Ramadan beim Verlassen einer Londoner Moschee erschossen. Zwei Wochen später starb der Kaufmann Mahmud Nafa an seiner Haustür. In Rom wurde der Geschäftsmann Mohammed Salem Rtemi von den libyschen Todeskommandos liquidiert. Erst vier Wochen später fand sich die Leiche im Kofferraum seines Wagens.

Am 19. April 1980 erschossen drei Libyer den Textilgroßhändler Abdul Jilal Aref im »Café de Paris« an der Via Veneto. Am 10. Mai jagte ein Libyer seinem in Ungnade gefallenen Landsmann Abdallah Mohammed el-Kasmi im römischen Hotel »Torino« zwei Kugeln in den Kopf. In der Bonner Fußgängerzone starb der libysche Exdiplomat Omran Mehdawi durch vier Schüsse.

In der kleinen Stadt am Rhein fühlten sich die libyschen Killer besonders sicher. Bereits im Mai 1983 war ein weiterer Dissident an der Reihe. Der libysche Auslandsdienst hatte seinen Agenten Fathi al Tarhoni geschickt, um den in Ungnade gefallenen Gibril al-Dinali zu beseitigen. Tarhoni erledigte den Job mitten auf dem stark frequentierten Bonner Münsterplatz. Er traf sein Opfer dreimal und beendete den Anschlag schließlich mit einem gezielten Todesschuss. Tarhoni wollte kein Risiko eingehen. Nebenbei liefen auch zwei Deutsche in den Kugelhagel und wurden schwer verletzt. Dadurch wurde der Mord an al-Dinali auch von einer breiten deutschen Öffentlichkeit wahrgenommen. Er galt nicht mehr als bloßer Disput im undurchschaubaren Ausländermilieu.

Normalerweise wurden die Täter gefasst und warteten auf ihre Prozesse. Naiv beriefen sie sich auf »Todesurteile« der Revolutionskomitees, um ihre Aktionen zu rechtfertigen. Das führte in Libyen zu vielen Krisensitzungen, auf denen überlegt wurde, wie man die Pechvögel auf legale oder illegale Art wieder zurückholen konnte; eine neue Quelle für ernste politische Konflikte.

Längst war eine Art Geheimkrieg ausgebrochen, weil die Exillibyer (»streunende Hunde«) Widerstand leisteten. 1983 ermordete ein Exilant den libyschen Botschafter – das neue Regime hatte den Begriff »Sekretär des Volksbüros« eingeführt, um sich von der restlichen Welt zu unterscheiden – in der italienischen Hauptstadt, Amer al-Tagazy. Zwei Jahre später wurde ein weiterer Diplomat in Rom auf offener Straße erschossen. Die »Nationale Front für die Rettung Libyens« (NFSL) war ab 1981 stark genug, Kommandoaktionen innerhalb des Landes durchzuführen.

Höchste Zeit für die europäischen Regierungen, den wichtigen Handelspartner Libyen zur Ordnung zu rufen und um mehr Zurückhaltung zu bitten. Vorher musste Bonn aber noch einen Sonderweg gehen. Gegen alle rechtsstaatlichen Gepflogenheiten wurde der Mörder des Exdiplomaten Mehdawi aus Deutschland abgeschoben, und dazu zwei Diplomaten, die Landsleute im Keller der Bonner Botschaft gefoltert hatten.

Angesichts dieser Großzügigkeit setzten die Libyer vier inhaftierte Deutsche und acht weitere Bundesbürger, die sie über Nacht zweckgebunden als Geiseln genommen hatten, wieder auf freien Fuß. Die orientalische Kalkulation war erneut aufgegangen.

Als diskreter Unterhändler wirkte in solchen Fällen der zeitweilige Chef der JSO, Polizeioberst und Innenminister Yunis Belgassem. Er war ein aktiver Sympathisant der Deutschen und pflegte gern Kontakte zum Bundeskriminalamt und zu FDP-Politikern. Seine Informationen aus der internationalen Terrorszene erwiesen sich als außerordentlich hilfreich. Nachdem er später bei Gaddafi in Ungnade gefallen war, ließ ihn dieser vom Geheimdienst aus dem Tunesienurlaub nach Tripolis entführen. Belgassems Leben endete mit Haft und Hausarrest. Da war er bei seinen einflussreichen deutschen Freunden schon längst vergessen. Die guten Kontakte auf Regierungsebene durften nicht beschädigt werden.

Neben Belgassem gab es Anfang der Achtzigerjahre mehrere wichtige Geheimdienstchefs. Mustafa al-Kharubi – einer der fünf historischen Führer der libyschen Revolution – stand Gaddafi sehr nahe, weil er mehrfach Verschwörer in den Streitkräften zur rechten Zeit entdeckt hatte. Sayed Gaddaf-al-Damm, ein Cousin des Obersten und früherer Polizeioffizier, war in England zur Persona non grata erklärt worden. Er stand im Verdacht, die Ermordung des früheren libyschen Botschafters in London, Mahmud al-Meghrabi, betrieben zu haben. Daheim stieg er zum starken Mann in Tobruk auf und galt rasch als Schlüsselfigur der ägyptisch-libyschen Beziehungen.

Oberst Massud Abdel Hafis, ein weiterer Cousin des »Führers«, war zuständig für politische Morde im Inland. In Gaddafis Auftrag kümmerte er sich unter einer Legende um den Stamm des Revolutionsführers. Dort sollte er alle kritischen Ansätze im Frühstadium erkennen. Auch Gaddafi überließ nichts dem Zufall. Zu seiner Strategie gehörte es, den jungen Hauptmann und Schwager Abdallah al-Senoussi frühzeitig in die Führungsriege einzubinden. Senoussis einziger Makel war, dass er nicht Gaddafis Stamm angehörte. Das ließ sich aber durch Loyalität und Verwandtschaft ausgleichen. Da auch bei ihm die Koordinaten stimmten, wurde er rasch zum Chef des Militärgeheimdienstes gekürt.

Seine rechte Hand ist Hauptmann Abdul Salem Zadma. Seit 1991 kümmert er sich um die Spionageabwehr. Zadmas besonderes Interesse gehört jedoch Libyens Islamisten. Nachdem das Militär Mitte der Achtzigerjahre brutal gegen sie vorgegangen war, gelobten die frommen Krieger Rache. Gaddafi nahm das ernst, lässt bis heute jeden Religionsfanatiker jagen und töten oder auf unabsehbare Zeit in ohnehin überfüllten Gefängnissen verschwinden. Der erste bekannte Haftbefehl gegen Osama bin Laden wurde in Libyen ausgestellt.

Zadma, geboren 1948, stammt aus Benghasi. Zum Ende der Siebzigerjahre begann seine Karriere in der Offiziersschule. Er trat den Revolutionskomitees bei. Seine ersten Meriten erwarb er bei der brutalen Niederschlagung einer Studentenrevolte an seiner heimischen Universität. In den Achtzigerjahren leitete er, unter dem Arbeitsnamen Abdusalam Sherif, die Geheimdienstoperationen gegen libysche Exilanten. Als 1984 die Polizeibeamtin Yvonne Fletcher vor dem libyschen Volksbüro in London erschossen wurde, befand sich Zadma als »Diplomat« in dem Gebäude. Die britischen Ermittler halten ihn für einen der Täter.

Trotzdem durfte der Verdächtige nach Tripolis zurückkehren. Im November 1984 wurde er dort das Ziel eines Attentats. Schwer verletzt, beschuldigte Zadma die Gaddafi-Verwandten Ahmed Gaddaf-al-Damm und dessen Bruder Sayed der Verschwörung. Als er im Dezember 1985 bei seinem eigenen nächsten Mordeinsatz gegen libysche Oppositionelle scheiterte, wurde er unter Hausarrest gestellt.

Westliche Dienste nahmen ihn wieder wahr, als er nach Benghasi ging, um Hisbollah-Aktivisten zur Strecke zu bringen. Sie sollen angeblich versucht haben, das Trinkwasser eines Hotels in Tobruk zu vergiften, in dem sowjetische Militärberater wohnten. Das Thema Islamisten blieb ihm schließlich als endgültige Lebensaufgabe.

Im Laufe der Jahre tauchte Zadmas Vorgesetzter Senoussi immer wieder mit neuen Funktionen bei den Geheimdiensten auf. Heute scheint er Gaddafis bevorzugter Sicherheitsmann zu sein. Nichts passiert, ohne dass Abdallah al-Senoussi Bescheid weiß oder gar selbst mitbeteiligt ist.

Noch ein Cousin, Hauptmann Ahmed al-Gaddafi, war in das feinmaschige Sicherheitsnetz eingebunden. Er reiste häufig in geheimen Missionen nach Europa. Dem »Amt für spezielle Untersuchungen« wurde damals ein Polizeioberst namens Mohammed al-Ghazali zugeordnet, dessen Karriere bereits unter dem Emir begonnen hatte. Den Inlandsdienst leitete nach 1993 Omar Gueider, den Auslandsdienst Oberst Yussef Dibri.

Der zuständige Mann für die Kontakte der Libyer mit der nordirischen IRA war Nasser Ali Aschur. 1976 absolvierte Aschur seine Ausbildung an der Polizeiakademie von Tripolis und nahm an Kursen in der DDR und in Bulgarien teil. Nach seiner Rückkehr teilte ihn Oberst Yunis Belkassem der JSO zu, die gerade neu organisiert wurde. Sein erster Auftrag war die Jagd auf libysche Oppositionelle im Ausland. Als Leiter für Spezialoperationen des Auslandsdienstes saß er nicht in der Zentrale. Aschur arbeitete im Stadtteil Zubra von Tripolis unter dem Cover einer Elektronikfirma, der *Manchaa Amat Alaktruniat*. Libysche Agenten treten im Ausland gern als Geschäftsleute auf.

Seine Firma ermöglichte Aschur Dienstreisen nach Griechenland, Malta, Zypern, Italien, in die Schweiz und nach Österreich. In diesen Ländern saßen Agenten und nachrichtendienstliche Quellen.

Aschur organisierte auch die umfangreichen Waffenlieferungen Libyens an die nordirische IRA. Erstmals flog diese strategische Partnerschaft auf, als die irische Marine im März 1973 den deutschen Frachter »SS Claudia« vor Dungarvon kontrollierte und auf fünf Tonnen Waffen und Sprengstoff stieß. Der *Spiegel* listete die

Ware auf: »250 russische Schnellfeuergewehre, 245 Webley-Pistolen britischer Herkunft, 20 000 Schuss Munition für die russischen Gewehre, 5600 Schuss belgischer Munition für die britischen Revolver, 100 Panzerminen, 300 Handgranaten, 100 Tretminen, 500 Pfund Gelegnit, 18 Fässer TNT-Sprengstoff, 100 Zünder und große Rollen Cortex-Zündschnur. All diese Waffen waren in Libyen geladen worden; auf einigen Kisten fand sich der Aufdruck ›Tripolis‹.«

David O'Connell, der IRA-Chef, war nicht mehr an Bord. Er hatte die »Claudia« samt Aktenkoffer 30 Minuten vorher verlassen und die sichere Küste an Bord einer kleinen Barkasse erreicht.

Da Libyen vor einigen Jahren eine Kehrtwende einleitete und sich dem Westen wieder annäherte, wurde Aschur plötzlich zum wichtigsten Gesprächspartner der Engländer. Keiner wusste mehr über die IRA-Connection, und der Operationschef stand bereit, die Wissenslücken des MI5 zu schließen.

Die Liste der Namen von Gaddafis Geheimen ließe sich noch lange fortsetzen, da gerade auch in Libyen die Staatssicherheit der Staat ist.

Die entscheidende personelle Wende bei den libyschen Geheimdiensten begann mit der Umstrukturierung ab August 1993. Dieser Sektor wurde bis dahin von Angehörigen des Migariha-Clans dominiert. Mit der Entmachtung des langjährigen Weggefährten und Gaddafi-Vertreters Abdussalam Jallud begann auch der Abstieg der Migariha. Die Vertreter der Kaddadifa traten zu ihrem Siegeszug durch die Sicherheitsinstitutionen an. Bis heute haben sie fast alle Schlüsselpositionen besetzt.

Seit 1993 wurde die Verantwortung für den Geheimdienstsektor zumeist zwischen zwei engen Gaddafi-Vertrauten hin- und hergeschoben. Schwager und Migariha-Dissident Abdallah al-Senoussi, inzwischen Oberstleutnant, blieb bis heute im innersten Zirkel, wie auch Musa Kusa, dessen Name mit allen Terroroperationen verbunden ist, die Libyen zugeschrieben werden. Musa Kusa leitete zeitweise den Auslandsdienst ESO, aber auch *Mathaba* (übersetzt als »Anti-Imperialismus-Zentrum«), eine Art »fünfte Kolonne« der Libyer für den Umgang mit Befreiungsbewegungen. Derzeit tritt er vorwiegend als Außenminister in Erscheinung. Auf dem Chefposten des Auslandsdienstes folgte ihm aktuell Abouzeid Omar Dourda, der unter anderem zwischen 1990 und 1994 als libyscher Premierminister amtierte.

Racheengel aus der Wüste

Unter den zahlreichen Verbrechen, die Gaddafis Geheimdiensten zugeschrieben werden, ist der Mord an Yvonne Fletcher von herausragender Bedeutung und sorgt seit dem 17. April 1984 für internationalen Konfliktstoff.

Das libysche Volksbüro am Londoner St. James's Square befand sich bereits seit zwei Monaten in der Hand von sechs Besetzern aus den Reihen der Revolutionskomitees. Sie waren in die Botschaft eingedrungen, hatten sich als »revolutionäre Studenten« zu erkennen gegeben und einen Teil der regulären Diplomaten weggeschickt. Angeblich standen sie in Direktkontakt zum »Führer der Revolution«, und außerdem sollten in den nächsten Wochen Waffen im diplomatischen Gepäck aus Libyen eintreffen. Damit wollte man gegen Regimekritiker vorgehen. Das war nichts Neues, auch nicht in London.

Im April braute sich etwas zusammen, als Gaddafi-kritische Studenten eine Demonstration vor der Botschaft ankündigten. Sie wollten gegen Menschenrechtsverletzungen protestieren. Die Londoner Polizei erfuhr, dass die Aktivisten im »Volksbüro« möglicherweise Waffen einsetzen würden. Es waren so viele Propagandagerüchte im Umlauf … Am Abend vorher kam die ausdrückliche Genehmigung aus Tripolis. Die Briten fingen die Nachricht zwar auf, aber auch das Dechiffrieren dauert seine Zeit.

So nahm das Unglück seinen Lauf. Morgens um sieben trafen die ersten »Jubellibyer«, gleichfalls Studenten, vor der Botschaft ein. Sie wurden von zwei Landsleuten eingewiesen, die sich als Vertreter eines libyschen »Studentenkomitees« vorstellten. Ihre Namen: Abdulkader Mohammed Baghdadi und Mohammed Matouk. Sie übten sogar eine Art »Choreographie« ein. Die sah Sprechchöre gegen die

Gaddafi-Gegner und ein flexibles Zurückweichen aus der Gefahren-
zone vor.

Gegen zehn trafen die rund 70 Kontrahenten ein. Ihre Demonstration war genehmigt, wurde jedoch von der Polizei mit einem großen
Aufgebot überwacht. An jenem Vormittag war auch die 25-jährige
Yvonne Fletcher im Einsatz. Die Boulevardzeitungen nannten sie
später »Großbritanniens kleinste Polizeibeamtin«. Yvonne Fletcher
war schmächtig und klein von Gestalt, aber dennoch resolut. Um
10.15 Uhr stand sie auf dem St.James's Square, die Demonstranten im
Auge, die Botschaft im Rücken.

Plötzlich setzte die »Choreographie« von Baghdadi und Matouk
ein. Die Pro-Gaddafi-Fraktion verstummte und drehte ab. Vor der
Botschaft waren Schüsse aus automatischen Waffen zu hören. Hinter den Fenstern im ersten Stock sah man das Mündungsfeuer von
möglicherweise zwei Schützen. Es dauerte nur einen Moment, aber
das reichte, um Yvonne Fletcher in den Rücken und am Arm zu treffen. Mit einem überraschten Gesichtsausdruck ging sie zu Boden.
Auf dem Weg zur nächsten Notaufnahme fiel sie ins Koma. Um
11.50 Uhr wurde der Tod der jungen Polizistin festgestellt. Darüber
hinaus waren zehn Studenten angeschossen worden.

Die Metropolitan Police riegelte die Botschaft ab. Trotzdem gelang es Baghdadi und Matouk, durch einen Hinterausgang zu flüchten. Sie wurden gefasst, allerdings eine Woche später nach Libyen
abgeschoben. Die Londoner Polizei belagerte das »Volksbüro« elf
Tage lang. Die Verhandlungen mit Tripolis waren zäh. Libyen ließ
keinen Zweifel daran, dass es Zugriff auf englische »Geiseln« hatte,
Geschäftsleute, Techniker, Diplomaten. Tausende von Engländern
arbeiteten in Libyen. Außerdem, so lauteten einige Hinweise, würde
sich die Besatzung der Londoner Botschaft im Notfall mit ihren
Waffen verteidigen.

Also gab England nach. Die 30 Insassen der libyschen Vertretung verließen das Gebäude in kleinen Gruppen zu je fünf Mann.
Sie wurden zum Flughafen gebracht und durften unkontrolliert mit
21 diplomatischen Gepäckstücken ausreisen. Die Polizei fand in
der Botschaft sieben Handfeuerwaffen, 4367 Schuß Munition, zehn
kugelsichere Westen und Zubehör für Sterling-Maschinenpistolen.

Die »Sterling« ist eine Standardwaffe der libyschen Armee. Mit ihrer Neunmillimeter-Munition war Yvonne Fletcher getötet worden. Diese Waffe fehlte. Sie befand sich vermutlich im Reisegepäck der Libyer.

London kappte die diplomatischen Beziehungen zu Libyen. Erst nach 15-jährigen Verhandlungen erklärte sich Gaddafi bereit, 250 000 Pfund Kompensation an die Familie von Yvonne Fletcher zu bezahlen. Die Auslieferung der Schützen kam für den Pariastaat nicht ansatzweise in Frage. Augenzeugen hatten mindestens einen der Mörder gesehen und auch unter den 30 »Diplomaten« wiedererkannt. Sie nannten ihn »Anthony Quinn«, weil er dem Schauspieler ähnelte.

2007 wurde der Fall wiederaufgenommen. Gutachter kamen zu dem Ergebnis, dass die »Studenten« Baghdadi und Matouk nicht als Diplomaten registriert – und deshalb nicht immun gegen Strafverfolgung – gewesen waren. Die britische Justiz hätte sie wegen »Verschwörung mit Todesfolge« anklagen müssen. Das beeindruckte Premierminister Tony Blair in keiner Weise. Sechs Wochen nach der Vorlage des Abschlussberichts traf er Gaddafi, um Ölverträge zu besprechen. Ein Satz von Blair trifft den Charakter von Politikern exakter als stundenlange Grundsatzreden: »Die Menschen sollten die Vergangenheit nicht vergessen, sie sollten sie aber auch hinter sich lassen.«

Dabei waren die Engländer seit Langem bestens informiert. Sie wussten, dass Baghdadi bereits 1976 Anti-Gaddafi-Proteste an der Universität von Tripolis niederschlagen ließ. Ab 1982 lebte er in Coventry, war an der »International University of Europe« in Watford eingeschrieben. Für die libyschen Geheimdienste identifizierte er politisch »unzuverlässige« Landsleute und organisierte Pro-Gaddafi-Demos. Nach seiner Rückkehr wurde er für den Einsatz in England belohnt: Seit März 2009 soll Baghdadi, so meldete der Londoner *Telegraph*, Rektor der Universität Benghasi sein.

Sein Komplize Mohammed Matouk war angehender Ingenieur, als er den Geheimdienstauftrag bekam, gegen die Feinde Gaddafis ins Feld zu ziehen. Diese Karriere endete mit der Schießerei im Zentrum von London. Matouk schloss sein Studium in Libyen ab und wurde bald zum Professor ernannt. 20 Jahre später erfuhren die britischen Medien, dass der Wissenschaftler eine Schlüsselfigur beim libyschen Atomprojekt gewesen sein soll.

Jedenfalls traf er die englischen und amerikanischen Experten, als sich Gaddafi 2003 von den Massenvernichtungswaffen verabschiedete. Dieser Kotau war eine der Voraussetzungen für die Rückkehr der Libyer in die sogenannte »internationale Gemeinschaft«. Seit 2004 gehört Matouk der Regierung in Tripolis an, zuerst als Arbeitsminister und derzeit als Bauminister. Er verwaltet einen Haushalt von fast einer Milliarde Euro und ist permanenter Geschäftspartner westlicher Auftragnehmer.

Gaddafi selbst sorgte Ende Oktober 2009 für eine echte Überraschung. In einem Interview mit dem britischen Fernsehkanal Sky News entschuldigte er sich für den Tod von Yvonne Fletcher. Er sagte:»Sie ist kein Feind für uns, und das hat uns immer leidgetan. Wir bieten unser Mitgefühl an, weil sie im Dienst war. Sie war dort, um die libysche Botschaft zu beschützen. Das ist ein Problem, das gelöst werden sollte – aber wer war es?«

Wenn er das nicht weiß …

Die normative Kraft des großen Geldes bestimmt Libyens Umgang mit den Taten seiner Geheimdienste. So war es auch im Fall des Gaddafi-Kritikers Mansour Kikhia, der von libyschen (und ägyptischen) Agenten aus einem Kairoer Fünf-Sterne-Hotel verschleppt wurde. Kikhia war ein Karrierediplomat. Zur Zeit von Gaddafis Putsch vertrat er Libyen bei den Vereinten Nationen in New York. Der »Führer« holte ihn zurück. Überraschenderweise wurde Kikhia zum stellvertretenden Außenminister ernannt. Da er mit den Amerikanern umgehen konnte, durfte er mit ihnen über den Abzug der US-Truppen aus der Wheelus-Luftwaffenbasis und die Neuordnung des Preissystems für Rohöl verhandeln.

Kikhia wurde zum Außenminister befördert. 1973 musste er miterleben, dass viele seiner Freunde der sogenannten »Kulturrevolution« zum Opfer fielen. Es waren Intellektuelle, und deshalb wurden sie von den primitiven Revolutionsgarden der Opposition verdächtigt. Das neue Regime »säuberte« die libysche Gesellschaft, füllte die Gefängnisse und quälte Tausende zu Tode.

Mansour Kikhia konnte es nicht mehr ertragen. Also trat er 1974 zurück und arbeitete in seiner eigenen Anwaltskanzlei. Kikhia vertrat politische Häftlinge. An Arbeit mangelte es ihm nach einem gescheiterten Putsch gegen Gaddafi im August 1975 keineswegs. 1977, nachdem der Ölstaat einen Sitz im UN-Sicherheitsrat bekommen hatte, überredete Gaddafi seinen besten Diplomaten, noch einmal offiziell nach New York zu gehen. Botschafter Kikhia hielt vor allem Kontakt zu afrikanischen Staaten und kritisierte Israels Palästinapolitik.

Mit Sorge verfolgte er, wie das Gaddafi-Regime mit vielen harmlosen Bürgern umging. Die Revolutionskomitees gründeten »Revolutionsgerichte« und fällten zahllose absurde Todesurteile. In Libyen herrschte absolute Rechtlosigkeit. Am 18. September 1980 trat Kikhia von seinem Posten zurück. Er reihte sich bei der demokratischen Exilopposition ein und erhob seine Stimme gegen Gaddafi. Bald stand er an der Spitze der »Nationalen Allianz«, einer Vereinigung von neun Parteien und Exilorganisationen. Der charismatische Mansour Kikhia verbündete sich zusätzlich mit den von der Allianz nicht erfassten Gruppen.

Der ehemalige Außenminister – er lebte zuerst in Kairo, dann in Paris – bereiste die arabische Welt und klärte seine zahlreichen Freunde über die wahre Natur des Gaddafi-Regimes auf. Er sorgte dafür, dass die Sympathien für den exzentrischen Wüstensohn schmolzen. Im November 1993 wurde er von der »Arabischen Organisation für Menschenrechte« zur Jahresversammlung nach Kairo eingeladen. Schon bei der Einreise musste er ein stundenlanges Verhör über sich ergehen lassen. Ägypten und Libyen standen sich in jener Zeit nahe – was nicht immer der Fall war.

Drei Tage diskutierten die panarabischen Experten für Menschenrechtsverletzungen mit Gästen von »Human Rights Watch« und »Amnesty International« über ihr Fachgebiet. Die Veranstaltung fand im Hotel »Al Safir« statt. Kikhia wohnte in diesem Hotel und verschwand von dort spurlos. Erst nach einer Woche bestätigte der ägyptische Innenminister die mutmaßliche Entführung. Für ihn kann es keine Überraschung gewesen sein. Bereits 1990 waren zwei libysche Oppositionelle in Ägypten verschwunden. Es hätte ihm auch zu denken geben können, dass sich zeitgleich Libyens Innenminister Hijazy und Geheimdienstchef Senoussi in Kairo befunden hatten. Es fällt auf, dass die beiden Nachbarstaaten in der Folge mehrere Erklärungen zu den »speziellen Beziehungen« und zur großen Freundschaft ihrer Diktatoren veröffentlichten. Die libyschen Investitionen am Nil schnellten in die Höhe. Nutznießer waren vorwiegend Regierungsunternehmen.

Mansour Kikhia soll Anfang 1994 in Tripolis hingerichtet worden sein.

Sein Fall erinnert stark an das Schicksal des berühmten libanesischen Klerikers Imam Musa Sadr, der die schiitische Amal-Miliz gegründet hatte. Er geriet 1978 in die Fänge der libyschen Geheimdienste und ist seither spurlos verschwunden. Da dieser Vorgang sogar Gaddafi überaus peinlich sein soll, schweigen seither alle libyschen Mitwisser und warten auf die große Zeitenwende, die gerade in diesem Land viel Gesprächsstoff bringen wird.

Am 22. Tag des Ramadan, fünf Tage vor der libyschen Revolutionsfeier, verabschiedete sich ein ziemlich auffälliges Trio aus Beirut. Unverkennbar der Chef war ein 1,92 Meter großer, schwarz gekleideter Mann mit Bart: Imam Musa Sadr. Mit ihm checkten sein Berater Sheikh Mohammed Scheada Jacoub und der Journalist Abbas Badreddine für den Flug der Libyan Arab Airlines über das Mittelmeer nach Tripolis ein. Dort wurden sie von Ahmed Shihati, dem Leiter des Büros für Außenbeziehungen beim libyschen Volkskongress, empfangen – ein kleiner, dunkelhäutiger Beamter aus dem Süden. Er brachte sie ins Hotel »El Schat«, wo Zimmer reserviert waren.

Es ist nicht unüblich, dass sich Gaddafi viel Zeit lässt, bis er sich um seine Gäste kümmert. Zweimal wurde das Treffen verschoben. Am 31. August, einen Tag vor den Feierlichkeiten, sollte es schließlich während der Mittagszeit stattfinden. Deshalb wurden Imam Musa Sadr und seine Begleiter um 13 Uhr abgeholt. Sie schienen guter Dinge zu sein.

Am selben Abend verließen drei auffällige Männer das Land. Der Größere von ihnen trug eine schwarze Gandoura, das traditionelle Gewand des schiitischen Imams, und den schwarzen Turban, der ihn als leiblichen Nachkommen des Propheten Mohammed ausweist. Obwohl die Männer nur Economy-Flugscheine besaßen, wurden sie nach einer Intervention der libyschen Regierung in die Erste Klasse der Alitalia-Maschine gesetzt. Drei Italiener, die sich dort mit ihren teuren Originaltickets befunden hatten, mussten in die »Holzklasse« umziehen. So etwas merken sich Zeugen.

Am nächsten Morgen fragten zwei Orientalen an der Rezeption des »Holiday Inn« in Rom nach Einzelzimmern. Ihnen konnte geholfen werden. Minuten später kam einer der beiden mit einem schwarz gekleideten muslimischen Geistlichen zurück. Der Begleiter erledigte die Registrierung. Er bezahlte den Zimmerpreis für eine volle Woche und füllte die Meldezettel mit den Namen Musa A. Sadar und Mohammed Shehada aus. Die beiden bezogen die Zimmer 701 und 702. Minuten später passierten sie die Rezeption in ganz normalen, europäischen Anzügen. Sie wurden nie mehr gesehen.

Was war passiert? Imam Musa Sadr zählte zu den außergewöhnlichsten Persönlichkeiten der islamischen Welt. Der 50-Jährige war Khomeinis Mann für den Libanon gewesen. Er hatte der schiitischen Gemeinschaft neues Selbstbewusstsein gegeben, dabei aber den Stellenwert der anderen Religionsgemeinschaften nie kleingeredet. Hinter den Kulissen war Musa Sadr lange Jahre in die Vorbereitungen zur iranischen Revolution eingebunden gewesen. Er sollte sie selbst nicht mehr erleben.

Die Reise des Imam nach Libyen war eine jener Gratwanderungen, die er liebte. Er spielte mit den Mächtigen der Region und versuchte dabei immer, für den Libanon oder die Sache seiner Glaubensbrüder Vorteile herauszuholen. »Bruder Oberst« war interessant, weil er zu den unsichtbaren Parteien des libanesischen Bürgerkriegs zählte und weil er viel übriges Geld zu verteilen hatte.

Nachdem bis Mitte September 1978 kein Lebenszeichen von Musa Sadr und seinen beiden Begleitern gekommen war, wurde der politische Libanon unruhig. Expräsident Charles Helou versuchte vergeblich, Gaddafi anzurufen. Kein Anschluss unter dieser Nummer. Schließlich erreichte Regierungschef Selim el-Hoss den Kollegen Abdul Salam Jallud in Tripolis. Die Delegation, so versicherte dieser treuherzig, habe Libyen unzufrieden verlassen, und deshalb sei man über ihre weiteren Reisepläne nicht informiert worden.

In der Gerüchteküche brodelte es. Diversen Zeitungsberichten zufolge war Musa Sadr in verschiedenen Ländern, auch im Iran, gesehen worden. Tage später reiste Gaddafi nach Damaskus. Dort stellten ihn die libanesischen Schiiten zur Rede. »Bruder Oberst« erklärte, er sei am 31. August um 13.30 Uhr mit Musa Sadr und seinen Begleitern verabredet gewesen. Sie seien jedoch nicht gekommen. Eine Nachfrage habe ergeben, dass sie sich nicht mehr in Libyen befunden hätten. Gaddafi fügte noch hinzu, dass er die Verdächtigungen gegen Libyen als Angriff auf die Ehre seines Landes, der Araber, des Islam und das heilige Recht der Gastfreundschaft betrachte. Libyen werde mit allen Mitteln die Wahrheit aufdecken.

Die Ermittlungen begannen damit, dass libysche Behörden die Passagierliste der Alitalia 881 verschwinden ließen. Nachforschungen der italienischen Behörden brachten schon konkretere Ergebnisse. Zeugenaussagen des Alitalia-Personals, von Polizei und Zoll wie auch im Hotel ergaben, dass die drei Reisenden aus Tripolis keine Ähnlichkeit mit den verschwundenen Libanesen hatten. Die Betrüger waren jedoch mit den richtigen Pässen der Vermissten in Italien eingereist. Die Dokumente lagen vor, da sie – zusammen mit dem Gepäck – im »Holiday Inn« geblieben waren.

Bei der Überprüfung des Passes von Musa Sadr ergab sich, dass sein Foto beschädigt und vorübergehend nicht im Ausweis gewesen war. Auch bei den Stempeln hatte jemand nachgeholfen. Die Kleidungsstücke des Imam lagen zerknüllt auf mehrere Koffer verteilt. Der kleine schwarze Handkoffer von Musa Sadr enthielt auch Gegenstände von Abbas Badreddine, dessen dunkelgrauer Samsonite-Koffer ebenfalls im »Holiday Inn« stand – obwohl sein Besitzer angeblich nach Ostia gezogen war.

Schließlich fand sich auch die Uhr von Imam Sadr. Sie lag funktionsunfähig mit zersplittertem Glas und ohne Armband in einem Koffer, zeigte den Tag eins und als Zeit 1.14 Uhr. Die Schriftzüge auf den Anmeldeformularen stimmten nicht mit der Handschrift der Verschwundenen überein. Die Signatur Jacoubs wurde von Graphologen als bäuerlich bezeichnet. Sie konnte von keinem Doktor der

Philosophie stammen. Sämtliche Schriftproben hielten den Vergleich mit den Originalen nicht stand. Außerdem waren die Namen zum Teil falsch geschrieben. Libyen lieferte den italienischen Ermittlern einige absurde Zeugen, die nichts wissen konnten. Am Ende kam nichts heraus, außer der Gewissheit, es mit einer unüberlegten Geheimdienstaktion zu tun zu haben. Der zuständige Richter in Rom schloss die Akten, weil er zweifelsfrei festgestellt haben will, dass die Verschwundenen sein Land niemals betreten hatten, also auch nicht in Italien abhanden gekommen waren. In der arabischen Welt gab es Demonstrationen gegen Gaddafi, im Iran wuchs der Zorn auf Libyen.

Die gewöhnlich gut unterrichteten ägyptischen und saudischen Geheimdienste meldeten sich hinter den Kulissen zu Wort. Es habe sehr wohl ein Treffen zwischen Gaddafi und der Sadr-Delegation gegeben. Der Imam habe um Unterstützung seiner Friedenspolitik gebeten. Beide Seiten seien laut geworden. Ein erregter Gaddafi habe von seinen Hofschranzen verlangt, man möge die frechen Libanesen entfernen. Dazu passt die Geschichte, Musa Sadr und seine Begleiter seien zum Flughafen gebracht worden. Handlanger des Muchabarat hätten sie dann in eine Militärmaschine geschoben, die zur südlichen Oase Sebha geflogen sei. Dort habe man sie ermordet. Eine marokkanische Zeitschrift nannte die Namen der Täter, ließ die Hinrichtung jedoch 30 Kilometer von Tripolis entfernt geschehen. Aus libyschen Quellen wurde auch der Name des Musa-Sadr-Darstellers bekannt: Rohaibi. Er wurde nie gefunden.

In der schiitischen Welt wird seither regelmäßig an Musa Sadr erinnert. Auf Libyen lastet der Makel, die Gastfreundschaft gegen alle Regeln gebrochen zu haben. Gaddafi schweigt, wie zu den meisten unaufgeklärten Verbrechen, die ihn im Laufe der Jahrzehnte immer mehr ins Zwielicht gebracht haben. Am 27. August 2008 wurde er von einem Beiruter Gericht auf Antrag der libanesischen Regierung wegen Sadrs Verschwinden angeklagt.

Im Vergleich dazu gehören die vielen grausamen Schicksale andersdenkender Intellektueller im Geheimdienststaat des Wüstenführers eher in die Schublade »Tagesgeschäft«.

Hier einige Beispiele, stellvertretend für Tausende:

Fathi Eljahmi war der führende libysche Menschenrechtsaktivist. 1941 in Ägypten als Sohn eines Libyers geboren, kehrte er in die Heimat zurück, um Ingenieurwesen zu studieren. Er brachte es bis zum Gouverneur der Ölprovinz Al Khaleej. Eljahmi war ein Mann mit moralischen Grundwerten, und deshalb kritisierte er die wachsende Korruption, die Intoleranz, die Repression. Er zog vor Gericht, als der Bildungsminister 1986 alle englischsprachigen Schulen schließen ließ – erfolglos, denn der Minister ist einer von vielen Cousins des Revolutionsführers. Der Kritiker schrieb direkt an Gaddafi, beklagte sich über das marode Rechtssystem, die täglichen Ungerechtigkeiten, die Lage das Landes. »Die Libyer werden jeden Tag stiller«, stellte der Pazifist fest, »und Apathie durchdringt die ganze Gesellschaft«.

Dann stattete ihm der Staatssicherheitsdienst einen Hausbesuch ab. Vermummte Männer drangen in die Wohnung ein und quälten die Familie für einige Stunden. Sie misshandelten Eljahmi und seine Frau mit Messern. Das Opfer Eljahmi wollte die Zeichen nicht erkennen. Er verstärkte seine Aktionen, um auf die Fehler der Regierung hinzuweisen. Er forderte Reformen, freie Wahlen, eine freie Presse und die Beseitigung von Gaddafis »Grünem Buch« als Staatsdoktrin. Die Männer kamen wieder, diesmal ohne Maske. Sie verurteilten ihn zu fünf Jahren im Abu-Salim-Gefängnis, wo das Regime im Juni 1996 mehr als 1000 Häftlinge töten ließ.

Im März 2004 setzte sich der damalige US-Senator Joe Biden für ihn ein. Eljahmi kam frei, sprach aber bald darauf mit ausländischen Journalisten über die politischen Gefangenen des Landes und das Leben an sich. Wieder stand die Staatssicherheit vor seiner Tür. Sie verhafteten ihn, plünderten sein Haus und misshandelten die Familie. Niemand konnte ihm mehr helfen. Eljahmi starb im Mai 2009 als menschliches Wrack. Tage vorher, er lag bereits im Koma, schickte ihn das Regime in ein jordanisches Krankenhaus. Auch dort, während seiner letzten Stunden, schirmten ihn libysche Agenten ab.

Wie wenig von den Versprechen der Regierung in Tripolis zu halten ist, zeigen die regelmäßigen Verhaftungen zurückkehrender Libyer. Nachdem der Asylantrag von Mohammed Adel Abu Ali 2008 in Schweden abgelehnt worden war, wurde er nach Libyen ausgewiesen. Dort starb er noch im selben Monat im Gefängnis. Die

Staatssicherheit sagte, er habe Selbstmord begangen. Idris Boufayad war in der Schweiz als politischer Flüchtling anerkannt worden. Die libysche Botschaft in Bern lockte ihn mit dem Versprechen, dass ihm keine Gefahr drohe, in Gaddafis Volksjamahiria zurück. Bald darauf wiesen sie den Regimekritiker für zwei Monate in die geschlossene Psychiatrie ein.

2005 kehrten zwei Libyer aus England zurück. Ihre Londoner Botschaft hatte auch ihnen Freiheit zugesagt. Stattdessen wurden Mahmud Boushima und Kamal el-Kailani bei der Rückkehr verhaftet. Die Justiz präsentierte eine Anklage wegen Mitgliedschaft in der »Libyschen Islamischen Kampfgruppe« (LIFG).

Die Tochter des im November 1995 in London ermordeten libyschen Oppositionellen Ali Abuzeid schrieb im August 2009 im Magazin *Spectator:* »Da gibt es einen Witz über Libyen, der ungefähr so geht: Warum hat Libyen eine Bevölkerung von sechs Millionen und gleichzeitig von vier Millionen? Die Antwort ist einfach. Eine Million lebt im Ausland und eine weitere Million im Gefängnis.«

Das Inferno von Lockerbie

In die gefährlichste Krise seiner Jahre als Ikone der Revolution geriet Muammar al-Gaddafi durch die Auswirkungen des weltweit größten Terroranschlags vor dem 11. September 2001. Die Angelsachsen haben das Thema unter dem Kürzel »PanAm 103« abgespeichert, während die restliche Welt in der Regel von »Lockerbie« spricht. Für Libyen wurde Lockerbie nach zehn Jahren eine Frage des staatlichen Überlebens. Das Manöver gelang schließlich mit einkalkulierten Kollateralschäden und immer mehr Dramatik, je länger es dauerte.

Nun kann noch passieren, dass sich die Libyer als beinahe unschuldig erweisen. Das käme einem politischen Erdbeben gleich und hätte Folgen, die keiner in letzter Konsequenz durchdenken möchte.

Die sichtbare Seite von »Lockerbie« ist das Ereignis von 21. Dezember 1988.

Ein PanAm-Clipper vom Typ Boeing 747 mit dem poetischen Namen »Meerjungfrau« kommt mittags um 12.07 Uhr aus Los

Angeles in London-Heathrow an. Das riesige Fluggerät wird am Terminal 3 geparkt. Es dauert Stunden, das Flugzeug zu säubern, aufzutanken, alle technischen Funktionen zu prüfen und die Bordküche neu zu bestücken. Kurz vor 18 Uhr steigen die Passagiere ein. Der Jumbojet wird um 18.25 Uhr vom Gate gezogen. Mit 25 Minuten Verspätung startet Captain James MacQuarrie zu seinem letzten Flug, im Computer als PA 103 ausgewiesen.

Trotz starken Gegenwinds steigt die Maschine rasch auf 9500 Meter. Sie wird von den Londoner Fluglotsen in West Drayton nach 35 Minuten an das schottische Kontrollzentrum Prestwick übergeben, passiert die Meeresbucht Solway Firth und das Kernkraftwerk Chapelcross. Die Passagiere machen es sich für die siebeneinhalb Stunden lange Strecke nach New York gemütlich, sie bestellen Drinks, lesen Zeitungen und freuen sich auf ein warmes Abendessen. Manche denken wohl an die wartenden Angehörigen, an das bevorstehende Weihnachtsfest.

Doch plötzlich geschieht das Unerwartete: Um 19.02 Uhr verschwindet PanAm 103 von den Radarschirmen in Prestwick. Das grüne Kästchen auf dem Bildschirm, Symbol des inzwischen mehr als 10 000 Meter hoch fliegenden Jumbos, teilt sich. Fünf neue grüne Kästchen entfernen sich voneinander.

Nur wenige der 249 Passagiere und der zehn Besatzungsmitglieder bekommen die Detonation im Frachtraum, exakt in der Position 14L, unter der linken Seite der Business Class, bewusst mit. Das Cockpit und Teile der vorderen Kabine brechen vom Rumpf der 747 ab. Die Außentemperatur beträgt in diesem Moment fünfzig Grad minus. Die Luft ist so dünn, dass jeder Mensch sofort das Bewusstsein verlieren muss.

180 Tonnen Flugzeugtrümmer, Leichen und Gepäckstücke regnen mit 200 Stundenkilometern zur Erde herab. Dort befindet sich ein kleines schottisches Dorf mit 2500 Einwohnern, von dem die Welt bis zu jenem Horrorabend noch nichts gehört hat: Lockerbie. Zusätzlich zu den Insassen von PanAm 103 sterben elf Einwohner von Lockerbie. Das flammende Inferno lässt die Nacht zum Tag werden. Die seismologische Messstation in Edinburgh registriert eine Erschütterung der Stärke 1,6 auf der Richterskala.

Marian Peel stoppt gerade an der Tankstelle:»Ich hörte ein Grollen, das wie Donner klang und immer lauter wurde. Dann gab es eine Explosion, und Sekunden später flogen überall Trümmer herum. Es regnete Feuer. Ich sprang aus meinem Wagen und rannte wie der Teufel.« Die Flamme lodert hundert Meter hoch.

Die Wucht des Aufpralls reißt einen sieben Meter tiefen und dreißig Meter breiten Krater. Autos, Häuser und sogar die Teerschicht brennen. Ein Straßenzug mit 21 Häusern wird völlig zerstört. Das Heck der Maschine landet 25 Kilometer entfernt. Millionen kleiner Teile werden im Umkreis von bis zu 130 Kilometern gefunden. Das ist ein purer Zufall. Hätte die »Meerjungfrau« in London pünktlich abgehoben, dann wäre sie längst weit draußen über dem Nordatlantik geflogen. Das hätte die Bergung von Leichen und Flugzeugtrümmern extrem erschwert.

Der Absturz von Lockerbie löste die bislang aufwendigsten Ermittlungen der Kriminalgeschichte aus. Ein Heer amerikanischer und britischer Ermittler – zum Höhepunkt waren 5000 Polizisten und 1050 Soldaten im Einsatz, dazu eine kleine Gruppe aus Deutschland – befragten 15 000 Zeugen in zwei Dutzend Ländern. Sie überprüften 20 000 Namen, werteten 35 000 Fotos aus und überprüften 180 000 Beweisstücke im Labor.

In einem Hangar der »Air Accident Investigation Branch« des britischen Verkehrsministeriums im südenglischen Farnborough wurden zur Aufklärung wichtige Trümmer des Flugzeugs mühevoll wieder zusammengesetzt. Auf einer US-Marinebasis sprengten Techniker mit Unterstützung des FBI zehn alte Boeing-747-Rümpfe, um die Wucht der Explosion und ihren Einfluss auf die linke Laderaumseite nachempfinden zu können.

Seit Beginn der Lockerbie-Untersuchungen gab es mehrere Hauptthesen und -spuren. Ein ehemaliger amerikanischer Rauschgiftfahnder beschrieb als Hintergrund sogenannte kontrollierte Lieferungen: Ein Koffer mit Drogen sei gegen Sprengstoff vertauscht worden, um fünf US-Geheimagenten an Bord der Maschine zu beseitigen. Ähnlich lautete die Geschichte, mit der sich PanAm von der drohenden Haftung befreien wollte.

Wesentlich gehaltvoller scheint dagegen die These über die Iran-

161

Connection zu sein: Die CIA ging von Anfang an davon aus, dass der Iran grausame Rache genommen hat. Ein halbes Jahr vorher hatte der hochgerüstete amerikanische Lenkwaffenkreuzer »USS Vincennes« im Persischen Golf einen Airbus der Iran Air, der sich auf dem Weg von Bandar Abbas nach Dubai befand, für ein Kampfflugzeug des Typs F-14 gehalten und irrtümlich abgeschossen. Dabei waren 290 Passagiere ums Leben gekommen. Von mehreren Seiten sickerte die Information durch, dass sich die Iraner bei ihrer Vergeltungsoperation nicht aus der Deckung wagen wollten. Deshalb hätten sie die ihnen gut bekannte Palästinenserorganisation PFLP-GC des ehemaligen syrischen Offiziers Ahmed Jibril damit beauftragt. Als »Belohnung« seien zehn Millionen Dollar ausgelobt worden.

Bei diesem Auftragsverhältnis stimmten die Koordinaten. Ahmed Jibril verfügte im Sommer 1988 über einen höchst erfahrenen Terrortrupp, der in Neuss und Frankfurt am Main saß und heimtückische Bomben zur Verwendung in Verkehrsflugzeugen und Personenzügen baute. Die Terroristen standen unter Beobachtung von BKA und Verfassungsschutz. Beide Behörden verfügten über einen V-Mann in der Gruppe, möglicherweise auch der Mossad. Im Oktober wurden die Terroristen festgenommen. Nach einer Weile fiel den deutschen Ermittlern auf, dass eine Bombe fehlte.

Das interessierte Amerikaner und Briten nur begrenzt, weil sie sich im zweiten Halbjahr 1990 auf einen neuen Hauptverdächtigen festlegten: Libyens Gaddafi. Im Golf lief der Truppenaufmarsch gegen Saddam Hussein, dessen Truppen gerade Kuwait besetzt hatten. Die Amerikaner bangten um ihre große Militärkoalition, zu der am Ende auch Syrien gehörte. Vom Iran erwartete man Neutralität, möglicherweise sogar Kooperation. Außerdem bestimmten die Ajatollahs gerade über das Schicksal der letzten westlichen Geiseln in Beirut. Sie sollten bis 1992 freikommen.

Im Weißen Haus wie in Downing Street 10 erkannte man, dass es äußerst ungünstig gewesen wäre, sich wegen Lockerbie genau in diesem Moment mit Damaskus und Teheran anzulegen. So fiel die Wahl auf den Ersatzkandidaten Libyen. Gaddafi hatte keine Lobby und war, nach den immer heftigeren Auseinandersetzungen der Achtzigerjahre, längst »fällig«. Im Oktober 1990 wurde Libyen erstmals beschuldigt. Die formelle Anklage gegen zwei mutmaßlich erkannte »Täter« folgte am 14. November 1991. Sie hießen Abdelbaset Ali Al-Megrahi und Lamin Khalifah Fhimah.

Megrahi war offiziell ein früherer Sicherheitschef der Libyan Arab Airlines, inoffiziell Agent des Auslandsdienstes JSO. Aktuell stand er dem »Zentrum für strategische Studien« in Tripolis vor. Fhimah hatte zeitweise auch für die nationale Fluggesellschaft gearbeitet, zuletzt als Stationsleiter in Malta. Im September 1988 soll er mit Megrahi eine Tarnfirma in Valeta eingerichtet haben. Durch ihre guten Kontakte im Flughafen soll es beiden möglich gesehen sein, Gepäckanhänger (in diesem Fall mit der Aufschrift »Rush JFK«) zu beschaffen und den Koffer mit der Bombe unauffällig unter das eingecheckte Gepäck zu mischen.

Wo lag das Motiv für Revolutionsführer Gaddafi, ein amerikanisches Flugzeug zu sprengen? Am 14. April 1986 waren er und die Libyer von US-Präsident Reagan zutiefst gedemütigt worden. Als Vergeltung für den Tod zweier US-Soldaten beim Bombenanschlag auf die Berliner Diskothek »LaBelle« hatten Flugzeuge der US-Luftwaffe Ziele in Tripolis und Benghasi angegriffen, Tod und Zerstörung hinterlassen.

Warum gerade Malta? Die Mittelmeerinsel galt als Libyens Brückenkopf zur Außenwelt. Außerdem hatten die Ermittler im fernen Schottland in dem Hartschalenkoffer mit der Bombe Kinderkleidung aus Toni Gauci's Boutique »Mary's House« im Viertel Sliema der maltesischen Hauptstadt gefunden. Toni Gauci erinnerte sich unverzüglich an den Kunden, der die Kindersachen gekauft hatte. Dafür soll er später aus den USA zwei Millionen Dollar Belohnung erhalten haben.

Der Käufer ähnelte stark einem von der Schweizer Bundespolizei gefertigten Phantombild Megrahis. Als die Fahnder dann entdeckten, dass sich die beiden Libyer am 20. Dezember 1988 für 24 Stunden in Malta befunden hatten, war für sie alles klar. Megrahi und Fhimah hatten einen unbegleiteten Koffer mit Flug KM 180 über Frankfurt und London in Richtung New York geschickt.

Es gab zwei weitere Beweisstränge. Auf einem riesigen Gelände wurde durch »Zufall« ein fingernagelgroßer Timer Typ MST-13 des

Schweizer Herstellers MEBO (Meister und Bollier) gefunden. Damit lassen sich Bomben auslösen. 1985/86 hatte MEBO 20 ähnliche Timer, elektronische Schaltuhren, nach Libyen verkauft. Die Ermittler stellten zufrieden fest, dass genau dieses kleine Teil von MEBO an Gaddafis Militär geliefert worden war.

Darüber hinaus verfügten FBI und CIA über einen libyschen Überläufer, Abdulmajid Gialka. Er bestätigte Megrahis Geheimdienstanbindung. Ein mageres Ergebnis, angesichts der spektakulären Weise, mit der Gialka als »Kronzeuge« aufgebaut wurde. Gialka wurde später als »wenig seriös« eingestuft und verschwand im Dunkel der Geschichte.

Von Anfang an leugnete Libyen jegliche Verwicklung in den Anschlag auf den PanAm-Clipper. Gaddafi verweigerte die Auslieferung der beiden Verdächtigen. Daran änderte sich nichts bis zum Frühjahr 1999. Lange vorher begann jedoch ein Nervenkrieg, der für Libyen immer kostspieliger wurde. Der Weltsicherheitsrat verhängte im März 1992 ein Luftverkehrs- und Rüstungsembargo. Im November 1993 wurden die Auslandskonten des Ölstaats eingefroren und die wichtigsten Ersatzteile für die Petroindustrie mit auf die Embargoliste gesetzt. Libyen nahm zunehmend Schaden an dieser Situation.

Irgendwann wurde die Isolation nicht nur ein Problem für das Leben der Libyer, sondern auch ein Rechenexempel. Gaddafi lenkte ein. Die beiden (ehemaligen?) Mitarbeiter des Muchabarat wurden zum Internationalen Gerichtshof im holländischen Camp Zeist geschickt. Dort sollten schottische Richter, eine einmalige Konstellation, über sie urteilen. Das Regime blieb auch dann noch bei seiner Version, als es um Schadensersatzzahlungen in Milliardenhöhe ging. Libyen erweckte stets den Eindruck, es würde sich nur von weiterer Repressalien freikaufen. Schutzgeld als billigere Lösung.

Im Januar 2001 wurde Megrahi nach 36 Prozesswochen wegen Mordes zu lebenslanger Haft verurteilt. Sein Landsmann Fhimah kam dagegen frei. Megrahi ging in Berufung, wurde jedoch im März 2002 abgewiesen. Die schottische Wiederaufnahmekommission für Kriminalfälle nahm sich vier Jahre Zeit, den Fall zu prüfen. Dann genehmigte sie eine zweite Berufung gegen das Urteil von 2001. Es gäbe sechs Punkte, die auf einen Justizirrtum hindeuten würden. Megrahis Anwaltsteam sammelte eifrig Indizien und Argumente, die im Verfahren vernachlässigt worden waren.

Es existiert kein Beweis dafür, dass der Bombenkoffer in Malta – und von Megrahi – in das Airline-System eingecheckt wurde. Toni Gauci aus Malta soll Megrahi auf den ihm vorgelegten Bildern sofort erkannt haben, weil er ihn zuvor – als Täter ausgewiesen – in der Zeitung gesehen hatte. Es hätte auch ein ihm stark ähnelnder palästinensischer Terrorist namens Abu Talb gewesen sein können.

Am 18. Juli 2007 legte MEBO-Mitarbeiter Ulrich Lumpert eine öffentliche »Beichte« ab. Er bekannte, vor Gericht gelogen zu haben. 1989 habe er einen der Timer MST-13 gestohlen und an die schottische Polizei weitergegeben. Dieser sei dann präpariert und als wichtigstes Beweisstück des Verfahrens gegen Libyen präsentiert worden. Ergänzend gab Edwin Bollier bekannt, dass ihm das FBI 1991 vier Millionen Dollar geboten hatte, wenn er das Fragment als Teil eines an Libyen gelieferten Timers MST-13 identifizieren würde.

Die stolze Indizienkette des Lockerbie-Verfahrens wurde immer dünner. Am Ende zeichnete sich ab, dass das für 2009 terminierte Wiederaufnahmeverfahren in einem Freispruch für Megrahi enden könnte. Eine Horrorvorstellung für die Urheber der Libyen-Inszenierung. Da gab es plötzlich einen Lichtblick. Beim Häftling Megrahi wurde Prostatakrebs im Endstadium festgestellt. Der Libyer wollte in Freiheit, umgeben von seiner Familie, sterben.

Hinter den Kulissen liefen bereits Verhandlungen. Musa Kusa, Libyens einstiger Botschafter in London, der 1980 gegenüber der *Times* zum Töten von Dissidenten aufgerufen hatte und daraufhin des Landes verwiesen worden war, kehrte zurück. Seit Jahrzehnten wurde sein Name immer wieder erwähnt, wenn es um spektakuläre Terrortaten ging. Nun stellte er sich als »Sicherheitsminister« vor und sprach mit den Engländern im Sommer 2009 auf Augenhöhe.

Die schottische Justiz nutzte ihre goldene Chance. Megrahi zog seine Anträge am 12. August 2009 zurück. Als Gegenleistung wurde er am 20. August »aus humanitären Gründen« entlassen. Gaddafis Sohn Seif al-Islam brachte ihn mit einer Sondermaschine nach

Hause. Auf dem Flughafen von Tripolis wurde Megrahi wie ein Kriegsheld empfangen, was die Libyer nach weltweiten Protesten nachträglich als Familien- und Stammesbrauch darstellten.

Am Rande eines Interviews mit dem Chefredakteur der *Washington Times* und der Nachrichtenagentur UPI, Arnaud de Borchgrave, erklärte Muammar al-Gaddafi bereits 1993, dass Lockerbie die Rache der Iraner für den abgeschossenen Airbus gewesen sei. Gaddafi wörtlich: »Die mächtigste Marine der Erde begeht keine solchen Fehler. In unserem Teil der Welt glaubte niemand, dass es sich um einen Irrtum handelte.«

Der Iran habe zurückschlagen müssen. Das sei auf der Ebene der nahöstlichen Geheimdienste organisiert worden. Der iranische Geheimdienst habe die syrischen Partner eingebunden und diese wiederum die Libyer. Der libysche Auslandsdienst sei zu jener Zeit von Abdullah al-Senoussi, Gaddafis Schwager, geleitet worden. Ein weiteres Zitat von Gaddafi: »Haben wir genau gewusst, was sie von uns wollten? Wir wussten, es würde eine vergleichbare Reaktion auf den iranischen Airbus sein, aber wir waren nicht in die Einzelheiten eingeweiht.«

1989 hatte US-Präsident George Bush eine »Kommission für Luftfahrtsicherheit und Terrorismus« (PCAST) eingesetzt, um alle Erkenntnisse aus der Katastrophe von Lockerbie auszuwerten. Ein Jahr später traf sich ein Mitglied des Gremiums, Martin Cadman, in der Londoner US-Botschaft mit Hinterbliebenen des Unglücksflugs von PanAm 103. Er versicherte ihnen mit sentimentalem Unterton: »Unsere und Ihre Regierung wissen genau, was geschehen ist. Sie werden es aber niemals sagen.« Diese beiden Sätze wurden schon mehrfach zitiert, unter anderem im britischen Parlament, aber niemals dementiert.

LaBelle oder Späte Gerechtigkeit

Freitag, 4. April 1986, kurz vor Mitternacht. Auf der Tanzfläche der Diskothek »LaBelle« in Berlin-Friedenau, früher »Roxy-Palast«, herrscht Hochbetrieb. Etwa 500 zumeist junge Menschen drängen sich auf engstem Raum. Viele amerikanische Soldaten sind unter ihnen. Sie haben gerade ihren Sold bekommen.

Zwei blonde deutsche Frauen, Andrea und Verena, betreten die Diskothek »LaBelle«; sie haben eine große, dunkle Stofftasche bei sich. Die beiden sind 20 und 27 Jahre alt, gut aussehend. Verena fällt durch lange, helle Haare auf, während Andrea später als »die Dunklere« identifiziert wird. Sie setzen sich auf die Bank neben der Bar. Dort liegen häufig die Mäntel, Jacken und Handtaschen der Umstehenden.

Der Wirt serviert den beiden Frauen Cocktails der Sorte »Kiwi Wonder«. Kurze Plaudereien mit anderen Gästen, belanglose Themen. Andrea tanzt auch einmal. Die Schwestern sind nett und doch unnahbar. Plötzlich, um 1.35 Uhr, haben sie genug erlebt. Sie verlassen den lauten Musiktempel – ohne Tasche. Mit einem Taxi fahren sie zunächst in den Wedding, von dort in ihre Kreuzberger Wohnung.

Um 1.40 Uhr zündet die Bombe. Sie besteht aus drei Kilogramm Plastiksprengstoff. Das Licht erlischt schlagartig. Eine Zwischendecke stürzt auf die in Panik zum Ausgang drängenden Gäste. Die heftige Explosion hat vielen die Kleider vom Leib gerissen. Ihre verheerende Wirkung hat die Vorderfront und die Seitenmauern zu einem Tapetenmarkt zerstört. Auch die Rückseite des Gebäudes ist verschwunden. Verletzte wimmern am Boden. Wer kann, schleppt sich zur Straße.

Erst nach Stunden überblicken die Rettungsmannschaften das Ausmaß der Katastrophe. Eine 28-jährige türkische Verkäuferin und ein 21-jähriger farbiger Amerikaner sind von dem Sprengsatz getötet worden. Ein 25-jähriger GI hat beide Beine verloren und stirbt Wochen später. Mehr als 230 Gäste sind verletzt, 53 von ihnen schwer. Dutzende leiden heute noch unter den Spätfolgen und werden nie mehr gesunden. Die heimtückischen Eisenteile in der Bombe haben ihre Wirkung deutlich verstärkt.

Einige Stunden später geht ein Anruf aus dem Ostberliner »Palasthotel« bei der *Berliner Zeitung* im Westteil der damals noch geteilten Stadt ein. In arabischer Sprache erklärt eine Männerstimme, dass das Attentat »eine Antwort auf den Angriff der USA in der Großen Syrte« gewesen sei.

Um das zu verstehen, bedarf es einigen Hintergrundwissens. Seitdem der libysche Despot Muammar al-Gaddafi das US-Militär aus dem Land gedrängt und den Besitz von vier amerikanischen Ölgesellschaften nationalisiert hat, herrscht zwischen dem kleinen, aufsässigen Beduinenstaat und der Weltmacht mehr als nur Kalter Krieg.

Zwischen 1981 und 1986 werden 18 amerikanische Militärmanöver im Mittelmeer abgehalten; sieben davon im Golf von Syrte, den die Libyer als ihr Eigentum ansehen. Gaddafi reagiert mit maßlosen Waffenkäufen. Das bringt vor allem dem Ostblock märchenhafte Einnahmen. Trotzdem hat Libyen den regelmäßigen Drohgebärden der Supermacht nicht wirklich etwas entgegenzusetzen. Nur wenige der Wüstensöhne können mit dem zusammengekauften Waffenarsenal umgehen, schon gar nicht den Amerikanern Paroli bieten.

Gaddafi rächt sich durch die Hintertür, indem er weltweit Befreiungs- und Terrororganisationen fördert. Am 1. September 1985, in seiner alljährlichen Rede zum Jahrestag der Revolution, droht er, »Amerika zu bekämpfen und ... Terrorismus dorthin zu exportieren«. Am 2. Januar 1986 verstärkt er seine ohnmächtigen Drohgebärden: »Wir werden US-Bürger in ihrem eigenen Land, auf ihren eigenen Straßen verfolgen.«

Das lässt sich der Hardliner im Weißen Haus, Ronald Reagan, nicht gefallen. Im Januar 1986 verhängt er massive Wirtschaftssanktionen gegen die aggressiven Maghrebiner. Im März 1986 ist wieder einmal eine Großmachtdemonstration fällig. Die USA entsenden eine überdimensionierte Flotte mit 30 Kriegsschiffen, unter ihnen drei Flugzeugträger mit 260 Kampfjets und 26 000 Mann Besatzung, ins Mittelmeer.

Zwischen dem 23. und dem 27. März überfliegen sie 375-mal Gaddafis selbstgesetzte »Linie des Todes« am nördlichen Ende der Großen Syrte. Beide Seiten feuern wütend ihre Raketen ab. Wieder sind die Amerikaner stärker, zerstören mühelos libysche Schiffe, Radar- und Raketenstellungen. David hat keine Chance gegen Goliath. Gaddafi antwortet mit »Plan B«. Dafür gibt es einen simplen Zettel des libyschen Auslandsgeheimdienstes, auf dem mehrere Anschlagziele in Westberlin stehen. Es sollte am Ende die Diskothek »LaBelle« werden. Das Verbrechen passt nahtlos in die Gegebenheiten der europäischen Nachkriegsordnung. Der Westberliner Staatsschutz ermittelt mit voller Kraft, und die Ostberliner Staatssicherheit trägt gleichfalls alles zusammen, was ihren IMs zur Kenntnis kommt. Beide führen ihr Wissen nicht einmal im Ansatz zusammen, weil man sich feindlich gegenübersteht. Also bleibt der Fall zehn Jahre lang ungeklärt.

Die Attentäter und ihre Helfer durften sich hinter der Berliner Mauer sicher fühlen. Dabei hatte die DDR nicht einmal Beihilfe geleistet oder die Täter wissentlich entkommen lassen. Sie hat sie lediglich mit professionellem Interesse und einer gewissen Verärgerung angesichts der Eigenmächtigkeiten auf sozialistischem Staatsgebiet beobachtet. Die »Kundschafter« konzentrierten sich auf das »Volksbüro der Sozialistischen Libyschen Arabischen Volksjamahiria« in Berlin-Karlshorst. 32 Diplomaten und acht Angestellte waren dort offiziell gemeldet. Damit stellte Libyen in der DDR die größte außereuropäische Vertretung nach den USA.

Die dreistöckige Trutzburg an der Hermann-Duncker-Straße war eine Welt für sich, mit irrationalem Personal von hoher krimineller Energie. Die Aufpasser der Staatssicherheit, in der Regel aus der Hauptabteilung II/15 (Spionageabwehr/Libyen), notierten in ihren zahlreichen Berichten, dass die durchschnittlich 30-jährigen Diplomaten nur über ein Minimum an Bildung verfügten und ansonsten vor allem an ihrer Freizeitgestaltung interessiert waren.

Hinter den Botschaftsmauern habe es eine »Vormachtstellung der Geheimdienstmitarbeiter« gegeben. Die Spitzel hörten auf das Kommando des Geheimdienstresidenten Ali Keshlaf, von der Stasi als »Nuri II« und auch als »Khalif« abgelegt. Er versteckte sich hinter dem wichtigen Titel »Hauptbeauftragter für Konsularfragen«. Zu seinen engsten Mitarbeitern zählten abenteuerliche Gestalten wie der Palästinenser Yasser Chraidi, damals 27. Er hatte 1978 in der Bundesrepublik politisches Asyl beantragt. In Westberlin hatte er begonnen, eine Art Ortsgruppe der »Volksfront für die Befreiung Palästinas – Generalkommando« aufzubauen. Im Auftrag der Libyer ermordete er einen Regimegegner, tauchte danach in Nordafrika ab und, etwas später, als fester Mitarbeiter des »Volksbüros« in Ostberlin wieder auf.

Auch der Libyer Musbah Abulghassem Eter (Stasiname »Derwisch«), damals 29 und gelernter Journalist, gehörte zu Keshlafs Mitarbeiterstab. 1984 wurde er als Diplomat zum libyschen »Volksbüro« im Tschad geschickt, später nach Bonn versetzt. Die Stasi verzeichnete für 1985 den Mord an einem libyschen Dissidenten im Tschad, 1986 an einem mutmaßlichen Spitzel der Amerikaner in Ostberlin. Unterstellt wurde von der Stasi, Eter könne an beiden Taten beteiligt gewesen sein. Ab 1986 arbeitete er ganz offiziell im »Volksbüro« in Karlshorst.

Die Hauptaufgabe der libyschen Agenten bestand darin, so die Stasi in Behördendeutsch Ost, eine »Auswahl von brisanten sicherheitsrelevanten Objekten/Einrichtungen der USA oder Israel mit dem Ziel der Aufklärung für gezielte Präventivschläge des libyschen Geheimdienstes« zu treffen. Dazu gehörten auch sogenannte »weiche Ziele« wie die Diskothek »LaBelle« im weltpolitisch abseits gelegenen Friedenau.

Bereits 1985 hatten die libyschen Agenten im Osten immer wieder Anschläge im Westen angedacht. Aufgrund ihrer terroristischen Inkompetenz und Desorganisation kam es aber nie zum Ernstfall. Als die Spannungen zwischen Libyen und den USA ihren Höhepunkt erreichten, konnten sie den von Gaddafi vorgegebenen Handlungsbedarf nicht mehr ignorieren. Said Rashid, ein Abteilungsleiter in Tripolis, gab die entschlossene Haltung des »Führers« an den Außenposten Ostberlin weiter. In seinem Telex hieß es kryptisch: »Es ist nur möglich, auf dem Wege über die Palästinenser die Amerikaner mit den Waffen zu schlagen, die es bei ihnen gibt.« Die Empfänger kapierten das.

Die amerikanischen Geheimdienste wussten schon am 25. März 1986, dass die Libyer über ihr Ostberliner »Volksbüro« einen Anschlag gegen US-Bürger planten. Vertreter der Mission Westberlin wandten sich zwei Tage später an ihre sowjetischen Kollegen und baten um Amtshilfe. Der DDR-Botschafter in Washington wurde in das State Department einbestellt, und der amerikanische Botschafter in Ostberlin erschien im DDR-Außenministerium. Die DDR-Offiziellen erklärten wider besseres Wissen, dass ihnen über bösartige Absichten des libyschen »Volksbüros« nichts bekannt sei. Damit war eine echte Chance vertan, das Attentat noch zu verhindern. Denn am Abend des 25. März brachten Yasser Chraidi und Ali Keshlaf im Diplomaten-Golf Maschinenpistolen und Handgranaten zu einem arabischen Freund nach Westberlin. In den Ermittlungsakten steht, dass die beiden zuerst versuchten, den Terroranschlag bei einer palästinensischen Splittertruppe, der Stasi als »Gruppe Orient« bekannt, in Auftrag zu geben. Doch die scheute das Risiko und sagte ab. Also mussten die beiden »Diplomaten« ihre Waffen wieder in den sicheren Osten bringen. Die Operation verzögerte sich. Es blieb ihnen nur noch die Schiene Ali Chanaa.

Chanaa, ein in Westberlin lebender Libanese, hatte 1976 in der Bundesrepublik politisches Asyl beantragt. 1978 lernte er die damals 19-jährige Sekretärin Verena Hampel aus Ostberlin kennen. Im Jahr darauf beantragten beide die Eheschließung und die Ausreise in den Libanon. Spätestens jetzt wurde die Stasi auf das ungleiche Paar aufmerksam. Man warb Verena und Ali Chanaa kurzerhand unter den Decknamen »Petra Müller« und »Alba« als Inoffizielle Mitarbeiter an.

Verena durfte problemlos in den Westen übersiedeln – und spitzelte dort für das Ministerium für Staatssicherheit. Die Ehe verlief turbulent, und so trennten sich die beiden, blieben aber bis zur Scheidung im Jahr 1987 in einer gemeinsamen Wohnung. Verena lebte ab 1985 von der brisanten Mischung aus Sozialhilfe, Prostitution und Stasigeldern.

Ihre Schwester Andrea durfte im Januar 1986 die DDR verlassen. Sie zog zu Verena und Ali Chanaa. Sehr häufig verkehrten die beiden jungen Frauen in Nachtlokalen und Diskotheken, die von US-Militärangehörigen besucht wurden. Die Ermittlungen um »LaBelle« ergaben, dass Ali Chanaa bereits im Januar 1985 vergeblich versucht haben soll, seine Ehefrau zu einem Bombenanschlag auf ein jüdisches Restaurant zu überreden. Er soll ihr dafür 20 000 Mark geboten haben.

Der nun wieder aktuelle Anschlag wurde im Ostberliner »Palasthotel« besprochen, einem Biotop für Geheimdienste und Terroristen aus Ost und West sowie ganz harmlose Handlungsreisende. Mit am Tisch waren Chraidi und weitere Gesinnungsgenossen sowie Eter. Verena Chanaa notierte auf einem Zettel Orte, die als Anschlagsziele in die nähere Auswahl kamen:

1. »Nashville«, Breitenbachplatz
2. »LaBelle«, Hauptstraße 78
3. »Stardust«, Zehlendorf, Kaserne McNail, Goerzallee.

Der DDR-Zoll fand das Schriftstück, als Eter am 30. März von West- nach Ostberlin fuhr und dabei kontrolliert wurde. Die Beamten entleerten seine Jacke und fotokopierten den Inhalt der Brieftasche, auch Verenas Zettel. Die Notiz landete bei der Arbeitsgruppe »Aus- länder« des MfS (AGA). Dort erkannte man aber erst nach dem An- schlag die wahre Bedeutung.

Eter fuhr zum »Volksbüro« der Libyer. Dort entschied man sich für »LaBelle«. Die finalen Vorbereitungen konnten anlaufen. Am 3. April traf ein Sprengstoffexperte aus Libyen ein und stieg im Ost- berliner Interhotel »Metropol« ab. Einen Tag später soll Chraidis Ehefrau die Bombe in die Wohnung des Ehepaars Chanaa in Kreuz- berg gebracht haben. Keshlaf funkte seinem Chef nach Tripolis: »Er- warten Sie das Ergebnis morgen früh, so Gott es will.«

Am Abend fuhren Chraidi und Eter zu den Chanaas, um die Bombe scharfzumachen. Nach letzten technischen Anmerkungen, so die Ermittlungsergebnisse, kehrten sie in den Osten zurück. Die Schwestern Verena und Andrea verließen ihre Wohnung gegen 23 Uhr und fuhren zum »LaBelle«. In diesem Moment dachten sie vermutlich nicht an die Folgen, sondern an das schnell verdiente Geld: 6000 Mark für die Frauen und 9000 Mark für den Vermittler Ali Chanaa.

Aus dem Volksbüro ging ein Telex an die Führungsstelle »Al Marfig« in Tripolis: »Um 1.30 Uhr heute früh hat die Durchführung einer der Aktionen mit Erfolg stattgefunden, ohne irgendeine Spur zu hinterlassen.« Der Schreiber sollte sich täuschen.

Präsident Reagan war ohne Zweifel: »Diese ungeheuerliche Bru- talität ist nur der letzte Akt von Gaddafis Terrorherrschaft ... Unsere Beweise sind direkt, präzise, unwiderlegbar.« Er gab den Befehl zur

Operation »El Dorado Canyon«. In der Nacht vom 14. zum 15. April 1986 starteten 78 amerikanische Flugzeuge von Stützpunkten in England und von Schiffen der 6. US-Flotte nach Tripolis und Benghasi. Sie griffen militärische und zivile Ziele an, unter anderem Gaddafis Wohnhaus in der weitläufigen Bab-al-Aziza-Kaserne. 130 Menschen wurden getötet, darunter Gaddafis 15 Monate alte Adoptivtochter Hana. Er selbst überlebte den Angriff, weil er in einem Beduinenzelt im Garten geschlafen hatte.

Ausgerüstet mit den Stasiunterlagen der Gauck-Behörde unternahm die Berliner Justiz 1993 einen ersten Versuch, erreichbare Randfiguren zur Rechenschaft zu ziehen. Das Verfahren verlief im Sande. Es scheiterte auch daran, dass Yasser Chraidi in einem libanesischen Gefängnis saß. Erst im Mai 1996 lieferten ihn seine Landsleute mit engen rechtlichen Auflagen nach Berlin aus.

Aber dann kam der »Derwisch« zurück und sorgte für eine spektakuläre Wende. Eter, der seit 1990 in Libyen gelebt hatte, meldete sich bei der deutschen Botschaft in Malta. Dort wurde er am 10. September 1996 von dem ermittelnden Oberstaatsanwalt Detlev Mehlis vernommen. In fließendem Deutsch berichtete Eter alle Hintergründe zum »LaBelle«-Attentat und schloss damit die Informationslücken der Staatsanwaltschaft. Er belastete die Schwestern Verena und Andrea und nannte die Hintermänner in Tripolis, auch ihre aktuellen Funktionen. Said Rashid, der die Tat koordiniert hatte, war inzwischen Direktor der libyschen Energiebehörde geworden.

Eter war so auskunftsfreudig, weil er Sehnsucht nach seiner Frau Manon und den beiden Kindern hatte. Nun kehrte er freiwillig nach Berlin zurück. Obwohl er automatisch Mitangeklagter war, durfte der Kronzeuge Eter, von der Polizei geschützt, bei seiner Familie in einem östlichen Vorort leben.

Am 22. Juli 1997 erkannte er plötzlich, dass er eigentlich mehr Täter als Zeuge war. Gegen ihn lief nämlich nicht nur das »LaBelle«-Verfahren, sondern ein weiteres wegen Mordes beziehungsweise Beihilfe. Eter geriet in Panik und floh außer Landes. Er wollte nach Libyen zurückkehren, obwohl ihn dort als Verräter auch kein freundliches Schicksal erwartete. Auf Vermittlung der Ehefrau kam ein erstes Telefonat mit dem Berliner Staatsschutz zustande. Er spielte auf Zeit und ließ sich nicht zur Rückkehr überreden.

Als alle Möglichkeiten der Berliner Polizei aufgebraucht waren, wurde die Zielfahndung des BKA eingeschaltet. Sie fand Eters Kontaktnummern in Berlin heraus und hörte diese ab. Die Anrufe des »Derwisch« ließen sich nach Rom verfolgen. Bald war klar, dass er bei seinem Cousin Khaled und dessen Ehefrau Hana untergetaucht war. Hana arbeitete im libyschen »Volksbüro«. Vom BKA kontaktiert, boten sie Kopien von Eters gefälschten Pässen und seine Adresse für 30 000 Mark in bar an. Bevor diese Verhandlungen weitergeführt werden konnten, nahm die italienische Polizei den Libyer auf offener Straße fest. In seiner Begleitung befand sich ein hochrangiger libyscher Diplomat.

Eter wurde am 9. Oktober 1997 wieder nach Berlin gebracht. Sein unerlaubter Ausflug beraubte ihn aller Wohnprivilegien und bescherte ihm stattdessen Untersuchungshaft. Wenige Wochen später begann der Prozess gegen Yasser Chraidi, Ali Chanaa, Musbah Abulghassem Eter und die beiden Schwestern.

Das Verfahren zog sich sehr lange hin, weil die Berliner Justiz auf ein Einlenken Libyens hoffte. Man hatte die Auslieferung von fünf weiteren Beschuldigten beantragt. Am 20. April 2000 legte Ali Chanaa ein Geständnis ab. Er nannte den libyschen Geheimdienst als Drahtzieher des Anschlags. Die Tat sei eine Antwort auf die Aktionen der Amerikaner gewesen. Er, Chanaa, sei dabeigewesen, als die beiden Mitangeklagten die Bombe zusammensetzten. Er selbst habe auch die Stasi darüber informiert.

Im November 2001 verurteilte das Landgericht Berlin Verena Chanaa zu 14 Jahren Haft, die drei angeklagten männlichen Komplizen zu 14 beziehungsweise 12 Jahren. Andrea Häusler wurde aus Mangel an Beweisen freigesprochen. Ähnlich wie beim »Mykonos«-Verfahren, wo die iranische Staatsführung mitverurteilt wurde, würdigte auch das »LaBelle«-Urteil die libyschen Hintermänner. In der Begründung hieß es sinngemäß, nicht die eigentlichen Haupttäter hätten vor Gericht gestanden.

Sie befinden sich immer noch in Libyen und sind auch für eine späte Gerechtigkeit nicht zu fassen.

Immerhin willigte Libyen im August 2004 ein, 35 Millionen Dollar Kompensation an die nicht amerikanischen Opfer zu zahlen. Das entsprechende Abkommen wurde mit Gaddafis Sohn Seif al-Islam ausgehandelt. Im *Spiegel* kommentierte er diese Wende in der libyschen Außenpolitik:»Wir lieben die Deutschen, wir haben sie schon immer gemocht.«

Flug UTA 772

Apollinaire Mangatany hatte in seinem Leben ziemlich viel Pech, und das kam nicht von ungefähr. In der Regel war es die Folge seines Umgangs mit falschen Freunden. Das letzte Mal »Pechhaben« kostete ihn das Leben, und mit ihm auch 169 anderen Menschen. Eindeutig war es Massenmord. Apollinaire Mangatany hatte ihn sogar unbewusst ausgelöst. Der Mann aus der Republik Kongo war aber ganz sicher kein Selbstmordattentäter.

Heil nach Paris hatte er kommen wollen und wieder zurück zu seiner Frau nach Brazzaville. Ihr war er sowieso die Erklärung schuldig geblieben, warum er – der Arbeits- und beinahe Mittellose – so plötzlich mit einem teuren Flugschein in das teure Paris reisen sollte. Apollinaire Mangatany konnte aber nichts mehr erzählen. Er lag an jenem 19. September 1989 tot in der Tenere-Wüste, einem ausgesucht unwirtlichen Ort irgendwo im heißen Herzen Afrikas.

Mangatany war, ohne dass er es wusste oder wollte, zur Schlüsselfigur einer besonders heimtückischen Operation des libyschen Auslandsgeheimdienstes geworden. Er kam aus Brazzaville, der Hauptstadt des ehemaligen französischen Kongo. Auf der anderen Seite des gleichnamigen Flusses liegt Kinshasa, die Hauptstadt des früheren belgischen Kongo. Die Millionenstadt Brazzaville steht für einen maroden Staat, der die Chancen der Unabhängigkeit nicht zu nutzen versteht und dessen Machthaber sich im Zweifelsfalle in Bürgerkriege flüchten. So war es jedenfalls in den Neunzigerjahren. Die Kämpfe arteten häufig in Gemetzel aus, Hunderttausende flohen aus der Stadt.

Da war es nicht verwunderlich, dass politisch engagierte Menschen wie der junge Apollinaire rasch in die Hände der politischen Rattenfänger gerieten. Der junge Aktivist leitete eine politische »Oppositions«-Organisation, die sich *Communauté Democratique Revolutionnaire Zairoise* – kurz C.D.R.Z. – nannte. Dieser Verein bestand nur aus einigen wenigen Leuten, und fast alle kannten sie Libyen. Sie hatten sich von dem Mobutu-feindlichen *Mouvement National Congolais Lumumba* oder M.N.C.L. abgespalten und neu organisiert.

Alles lief ganz gut, nur die eigene Finanzmisere bekam man partout nicht in den Griff. Die Kasse war permanent leer, aber immer noch besser gefüllt als viele andere im unmittelbaren sozialen Umfeld. 1989 näherte sich wieder einmal ein finanzieller Absturz. Letztlich, und wie üblich, konnten inzwischen nur die »Freunde« von der Mittelmeerküste Abhilfe schaffen.

Mathaba hieß ihr Partner, eine 1981 gegründete libysche Organisation, die sich mit dem Export der revolutionären Gedanken in die Dritte Welt beschäftigt. Zu ihren Adressaten gehörten Befreiungsbewegungen wie auch Terrororganisationen. An der Spitze von *Mathaba* stand Musa Kusa, der frühere libysche Botschafter in London und Neffe Gaddafis. Daw Abdullah Daw war der Mann für Brazzaville. Er rekrutierte Kongolesen für militärisches Training in Libyen, unter ihnen Mangatany und Yanga.

Apollinaire wusste, dass er und seine Mitstreiter dem arabischen Nachbarn aus dem Norden zu hundert Prozent verpflichtet waren. Das libysche »Volksbüro« in Brazzaville steckte natürlich hinter dem paramilitärischen C.D.R.Z.-Trupp. Apollinaire und seine Leute wurden von Anfang an von Gaddafis Offiziellen bezahlt. Dafür mussten sie seinen Auslandsgeheimdienst als Ortskräfte unterstützen. Eigentlich sollte die Partei aber nur den bewaffneten Kampf im benachbarten Zaire organisieren. Dafür hatten sie bündelweise Geld bekommen, waren C.D.R.Z.-Mitglieder bereits in der Umgebung von Tripolis, im »Lager des 2. März«, ab 1981 konspirativ an Waffen ausgebildet worden.

Nicht minder intensiv mussten sie Gaddafis »Grünes Buch« studieren, ein wirres Sammelsurium von Banalitäten. Das zählte zum großen Reigen von Gaddafis subversiven Aktionen in Schwarzafrika. Viele wussten davon, und wenige fürchteten sich vor ihnen. Apollinaire und seine Leute verbreiteten nicht gerade Angst und Schrecken. Sie lösten eher Belustigung aus. Ihre Präsenz hatte durchaus operettenhafte Züge. Das libysche Engagement in Kongo-Brazzaville war vielfältig. Da gab es beispielsweise eine gemeinsame libysch-kongolesische Firma namens SOCALIB (»Societé Congolaise Arabe Libyenne des Bois«). 49 Prozent gehörte den Libyern, 51 Prozent den kongolesischen Partnern. SOCALIB bearbeitete und verkaufte Edelhölzer. Diese Spezialisierung diente aber nur als Cover. In Wirklichkeit verrichteten Mitarbeiter der Gesellschaft nachrichtendienstliche Arbeit – oder was die Libyer dafür hielten. Damit waren sie ein kleines Puzzlesteinchen im wiederum größeren Geflecht der berühmt-berüchtigten »Libyan Arab Foreign Investment Company« (bekannt als LAFICO). Mithilfe des Instruments LAFICO übernahmen sie unter anderem die Aufgabe, einen höchst lukrativen Waffenhandel zu betreiben.

LAFICO ist es in diesem Zusammenhang wert, genauer betrachtet zu werden. Die traditionelle Frontorganisation des libyschen Dienstes arbeitet weltweit und verfolgt Ziele, die sich gerade auch gegen ihre Gastländer richten. In den vergangenen Jahrzehnten tauchte die LAFICO mal als »Fünfte Kolonne« Gaddafis, dann wieder als gut bestücktes Füllhorn auf.

Beispiel München: Ende der Siebzigerjahre kaufte sich LAFICO heimlich beim Bundeswehr-Ausstatter Telemit Electronic GmbH in der Heidemannstraße 17 ein. Telemit lieferte international an viele interessante Kunden und kümmerte sich nicht um Embargobestimmungen. Während des ersten Golfkrieges bestückte Telemit sowohl Iran als auch Irak mit Fernmeldetechnologie. Die Libyer ließen sich mit Hightech beliefern und waren fest davon überzeugt, es nur mit eigenen Leuten zu tun zu haben. In Wirklichkeit hatte sich auch der BND bei Telemit festgesetzt. Er betrieb operative Beschaffung und schöpfte über Telemit aus dem Vollen. Als Mitarbeiter Straftaten begingen, flog alles auf.

Beispiel Rom: 2002 investierte Muammar al-Gaddafi Petrodollars in Höhe von 145 Millionen Euro in den italienischen Automobilriesen Fiat. Für diesen Betrag bekam er 2,3 Prozent des Konzerns. Bei General Motors, dem damals bei Fiat das Zehnfache gehörte, schrillten die Alarmglocken. LAFICO wurde von GM auf der Kon-trollliste des US-Außenministeriums entdeckt und als verdächtig geoutet. Spannungen zwischen den USA und Italien waren unver-meidlich. Dabei handelte es sich hier bereits um den zweiten Akt der LAFICO-Italien-Saga. Zwischen 1976 und 1986 hielten die Libyer sogar 15 Prozent der Aktien und entsandten zwei Emissäre in den Turiner Verwaltungsrat.

Im selben Jahr rechneten internationale Experten die Aktivitäten des Finanzinvestors Gadaffi auf sieben Milliarden Dollar hoch. Al-lein mit einer Milliarde wurden die LAFICO-Immobilien in der Londoner City angesetzt. Nach eigenen Angaben soll die Holding damals an 72 Unternehmen in 45 Ländern beteiligt gewesen sein, unter ihnen Großbanken, Hotels und Ölkonzerne.

In dieses Umfeld waren auch die Operationen des libyschen Aus-landsnachrichtendienstes eingebettet. Bei Flug UTA 772 kamen vier Akteure ins Spiel: Mohamed Hemmali, 40, Abdallah Elazragh, 55, Ibrahim Naeli, 31, und Arbas Musbah, 37. Hemmali und Elazragh lebten damals in Brazzaville. Der eine stand dem Tarnunternehmen SOCALIB vor, während der andere als eine Art Botschafter-Stellver-treter und in Personalunion als Resident des Auslandsdienstes fun-gierte.

Hauptmann Ibrahim Naeli traf, von Tripolis kommend, am 23. August 1989 in Brazzaville ein. Sein Assistent war Arbas Mus-bah. Er kam erst einen Tag später an. Naeli und Musbah sind aus-gewiesene Spezialisten in Flughafen- und Flugzeugsicherheit, Mus-bah darüber hinaus Agentenführer. In Libyen besorgten sie sich ein Visum für Brazzaville mit der Begründung, sie müssten die Buch-haltung der SOCALIB im Auftrag des libyschen Außenministeri-ums überprüfen. In Wirklichkeit hatten beide dafür zu sorgen, dass Apollinaire Mangatany rechtzeitig an seinen Samsonite-Koffer kam und diesen für Paris einchecken konnte.

Die Komponenten der Bombe kamen mit diplomatischer Luft-fracht. Das libysche »Volksbüro« erhielt sowohl am 20. August als auch am 29. August über Paris jeweils ein Sieben-Kilo-Paket.

Nachdem der mysteriöse Naeli im Kongo angekommen war, wurde er von seinem Kollegen Elazragh begrüßt und dem ausscheidenden Hemmali vorgestellt. In den folgenden vier Wochen ließen sie sich sehr viel Zeit mit der Kontrolle der SOCALIB-Bücher. Es verging kaum ein Tag, an dem die Libyer nicht in irgendeiner Kombination zusammensaßen und das überaus bunte Treiben von Brazzaville beobachteten. Manchmal übernachteten sie sogar bei ihren Landsleuten. Ansonsten versuchten sie, möglichst wenig aufzufallen. Ihre Mission war streng geheim und sollte es bleiben.

Apollinaire Mangatany erschien in jenen Tagen nervös und unruhig. Er stand den Libyern bereits seit 1985 zu Diensten, hatte immer mehr den Eindruck verinnerlicht, dass es ohne ihn nicht ginge. Von 1986 bis 1989 war er mehrmals auf Kosten der Libyer in Gaddafis Wüstenreich gereist. Mangatany und Elazragh kannten einander gut. Unbefangene Beobachter hätten sie für gute Freunde gehalten.

Mangatany und sein Vize Bernard Yanga, der Intellektuelle in der Organisation, arbeiteten ganz offiziell für das libysche »Volksbüro«. Meistens wurden sie losgeschickt, um Franzosen und Amerikaner zu bespitzeln. Die libyschen Chefs wollten einfach alles wissen, was die Präsenz der beiden Staaten betraf. Jede Information, so sagten sie immer wieder, könne wertvoll sein. Von Anfang an sprachen sie über einen möglichen Anschlag auf eine französische Verkehrsmaschine im Tschad. Die damalige Situation bei Libyens südlichem Nachbarn kam allen Beteiligten wie eine offene, keineswegs verheilende Wunde vor.

Der bitterarme Staat in Zentralafrika, eine ehemalige französische Kolonie, grenzt im Norden an Libyen. Ein schier endloses Sandmeer verbindet die beiden Länder. Dort wurde 1934 versäumt, die Demarkationslinie verbindlich festzulegen. 1960 unabhängig geworden, beherrschte der Konflikt zwischen den islamisch-arabischen Berbern im Norden und den schwarzafrikanischen Christen im Süden die Innenpolitik. Ein lang andauernder Bürgerkrieg war die Folge.

In der zweiten Hälfte der Achtzigerjahre griffen im Norden die Libyer ein und beanspruchten den sogenannten Aouzou-Streifen. Französische Truppen kämpften aufseiten der Regierung in N'Djamena. Sie drängten Gaddafis desorganisierte Krieger zurück. Das löste beim »Führer« in Tripolis massiven Zorn gegen die Pariser Regierung aus.

Appolinaire Mangatany war der Mann des libyschen Geheimdienstes, der die Schmach von Aouzou blutig rächen sollte. Der Flug UTA 772 von Brazzaville über N'Djamena nach Paris sollte das Ziel sein. Seit 1986 hatten die Libyer bereits mit ihrem treuen Gefolgsmann einen möglichen Terroranschlag auf ein französisches Flugzeug im Tschad besprochen.

Im August 1989 wurde er schließlich von zwei Libyern und einem Mann aus dem Tschad im »Olympic«-Hotel von Brazzaville in die aktuellen Pläne eingeweiht und zu absolutem Stillschweigen verpflichtet. Beim Geheimdienst des Kongo glaubt man zu wissen, dass Mangatany und sein Vize Yanga irgendwann sogar eine Ausbildung zum Umgang mit Sprengstoff erhielten.

Der heimtückische Plan zur Vergeltung an den Franzosen kam direkt aus der libyschen Führung. Inwieweit Gaddafi selbst die Details festgelegt hat, wissen nur einige Leute aus dem innersten Zirkel. Auf alle Fälle zog Geheimdienstchef Abdullah Senoussi die Fäden. Alle bekannten Einzelheiten tragen seine Handschrift. Er war letztlich verantwortlich für die Durchführung der Operation UTA 772.

Oberstleutnant Abdullah Senoussi, geboren 1951 in El Shati, ist die jüngere Version von Gaddafi. Er sieht ihm ähnlich, was durch die identische Frisur noch verstärkt wird. Seit Jahrzehnten gilt Senoussi als Schlüsselfigur im libyschen Sicherheitsapparat. Gaddafis Schwager – seine Frau und Gaddafis Frau Safia sind Schwestern – leitet den wichtigsten libyschen Geheimdienst. Er kam aus den Special Forces und den Revolutionskomitees. Nach dem Gaddafi-Umsturz organisierte er die systematische Liquidierung Oppositioneller.

Früh schon kümmerte er sich, zusammen mit seinem Partner Musa Kusa, geboren am 10. April 1947 im libyschen Tajoura, um zahlreiche Befreiungsbewegungen und Terrororganisationen. Zur Tatzeit im Fall der UTA 772 waren Senoussi auch alle »Volksbüros« unterstellt. Seine steile Karriere ist ein Phänomen. Als Einziger in der libyschen Führungsschicht stammt er nicht aus dem Gaddafi-Clan, sondern müsste eigentlich dem entmachteten früheren Gaddafi-Vize Oberst Dschallud loyal sein. Die Erklärung für seine krisensichere Position findet sich wohl im Verwandtschaftlichen. Der »Führer« vertraut ihm so sehr, dass Senoussi seit vielen Jahren dessen Personenschutz leitet. Eine wichtigere »Service-Position« kann es in Libyen nicht geben, und wie immer bei besonders brisanten Aktionen der Libyer blieb alles in der Familie.

Abdullah Senoussi ließ den Sprengstoffkoffer von seinen Technikern bereitstellen und sandte ihn dann an die libysche Botschaft in Brazzaville. Wiederum Offizielle des Geheimdienstes trafen Mangatany, um die letzte Phase der Operation einzuleiten.

Das Bindeglied zum »Volksbüro« hieß Abdullah Elazragh. Der Kanzler des »Volksbüros« führte Mangatany Schritt für Schritt an den Auftrag heran. An alles hatte man gedacht. Der Diplomat überreichte dem Attentäter Geld, einen Flugschein für die Strecke Brazzaville–N'Djamena–Paris und ganz spezielle Kleidung. Er sollte unter anderem eine rote Krawatte tragen, damit ihn ein anderer Vertrauter der Libyer, ein Mann von der Elfenbeinküste, beim Zwischenstopp am Flughafen von N'Djamena sofort erkennen und aus dem Gebäude schleusen konnte. Die Bombe sollte nämlich während der Zwischenlandung explodieren und sowohl Schaden anrichten als auch Panik verursachen.

Elazragh war kein Unbekannter in der grauen Welt der geheimen Dienste. Von 1971 bis 1976 war er in Paris stationiert gewesen. Er hatte sich dort um die Überwachung der libyschen Militärpiloten gekümmert, die damals von den Franzosen ausgebildet wurden. Dabei nannte er sich Moussa Abdallah.

Während der Fahrt zum Maya-Maya-Airport von Brazzaville plauderte Mangatany gegenüber seinem Vize Yanga wichtige Details seines Auftrags aus. Der Generalsekretär ihrer Organisation, Jean-Bosco Ngalina, war bereits am Morgen gekommen und hatte die Bombe im Koffer verstaut. Es handelte sich um einen dunklen Standard-Samsonite mit Rädern, der erst am Vorabend von Agentenführer Abdullah gekommen war.

Yanga, der sich auf Wunsch Mangatanys abseits hielt, sah in der Abflughalle, dass auch die beiden Libyer aus dem »Olympic«-Hotel und Abdullah Elazragh anwesend waren. Mangatany blickte absolut unbeteiligt, wie es sich für einen guten Agenten in Anwesenheit seiner Mitverschwörer gehört. Er reihte sich in die Schlange vor dem Check-In-Schalter ein und durchlief die übliche Prozedur: Bordkarte, Sitzplatzreservierung, Gepäckabschnitt, Sicherheitskontrolle. Wegen der laxen Sicherheitsvorkehrungen in Brazzaville kam der präparierte Koffer problemlos an Bord. Nun war Mangatany Passagier des Fluges UTA 772, der nie sein Ziel erreichen sollte.

Die Maschine, eine DC-10, hob in Brazzaville am 19. September 1989 morgens um 8.47 Uhr ab. Sie hatte eine moderate Verspätung von 32 Minuten. Zweieinhalb Stunden später landete UTA 772 in N'Djamena. Neun Passagiere verließen das Flugzeug. Exakt 60 Minuten später flog die Maschine weiter. An Bord befanden sich 156 Passagiere und 14 Besatzungsmitglieder. Der Großraumjet sollte am selben Nachmittag um 17.19 Uhr in Paris eintreffen.

Die Passagiere des Fluges waren bunt gemischt. In der Business Class saßen Soumalia Mahamat, der tschadische Planungsminister, Bonnie Barnes Pugh, die Ehefrau des amerikanischen Botschafters im Tschad, der Bischof von Mondou/Tschad und der Bruder des Generalsekretärs der französischen Regierung. Viele Kongolesen flogen zu Verwandten nach Paris. Einer von ihnen war Apollinaire Mangatany, der sich noch immer auf Flug 772 befand. In N'Djamena, wo die Sicherheitslage wegen des latenten Kriegszustandes angespannt war, hatte ihn anscheinend niemand abgeholt. Es war auch keine Bombe explodiert.

Der Start verlief wie im Bilderbuch bei traumhaftem Wetter. 20 Minuten nach dem zweiten Take-Off meldete sich der Pilot der Maschine ein letztes Mal. Die Maschine befand sich gerade auf Höhe von Point Bosso in Niger. Hier kümmerten sich die Lotsen aus Niamey um das Prozedere.

Wenige Minuten später löste ein in Deutschland gekaufter grüner Timer die Katastrophe aus. Die libyschen Bombenbauer hatten den Sprengstoff Pentrit als einen drei Millimeter dünnen Film auf der Innenseite des Hartschalenkoffers verteilt. Auf dem Flughafen von Brazzaville war der Samsonite im Container E 7044 RK verstaut worden. Der Behälter stand im vorderen Teil des Laderaums, Abschnitt 13R. Ein klarer Hinweis, wo die Bombe an Bord gekommen war.

UTA 772 überflog gerade die Tenere-Wüste, die geografisch zu Niger gehört. In dieser öden und menschenleeren Gegend gab es niemanden, der die Explosion hörte oder gar den Feuerball sah. Die französische DC-10 wurde vollständig zerlegt und regnete in vier großen Stücken des Flugzeugrumpfs und Tausenden von kleinen Teilchen auf die Erde. Dazwischen viele Gepäckstücke und immer wieder Leichenteile. Niemand hätte diese Explosion überleben können. Die Fragmente des Fluges 772 verteilten sich auf einer Fläche von 80 Kilometern Länge und sechs bis acht Kilometern Breite.

Als sich die UTA-Maschine bei keiner Kontrollstelle mehr meldete und für alle Fluglotsen entlang der Strecke wie auch für die Pariser Zentrale unerreichbar blieb, kursierten bereits die ersten Gerüchte über einen möglichen Absturz. Am Abend bekam das französische Militär den Auftrag, entlang der Route von UTA 772 zu fliegen. Bei Sonnenaufgang schließlich wurden von der Besatzung eines Transall-Transporters Wrackteile nördlich des Tschad-Sees im südöstlichen Niger entdeckt.

Es begann eine großangelegte Bergungsaktion. Französische Fallschirmjäger sprangen noch am selben Tag zusammen mit 68 Soldaten aus dem Niger über der Tenere-Wüste ab. Französische Hubschrauber, die im Tschad stationiert waren, transportierten am nächsten Morgen lokale Polizeieinheiten zur Absturzstelle. Zuerst wurden die Leichen geborgen und per Helikopter nach Agadès und Niamey ausgeflogen, von dort weiter nach Paris. Unfallexperten trafen ein und starteten ihre technischen Untersuchungen.

Die Pariser Staatsanwaltschaft ordnete ein Ermittlungsverfahren an. Bereits am 23. September – auch die Black Box mit dem Flugrekorder hatte man inzwischen sichergestellt – gab es keine Zweifel mehr: Die DC-10 war von Terroristen gesprengt worden. Nun waren die französischen Geheimdienste und die Antiterrorexperten der Polizei hellwach. Das Militär sammelte bei einer Temperatur von bis zu 60 Grad 15 Tonnen Wrackteile ein und brachte sie in einen Hangar auf der Luftwaffenbasis von Dugny. Das Flugzeug sollte weitestgehend rekonstruiert werden.

Wie immer in solchen Fällen, drängten sich »Bekenner« ins Rampenlicht. Bereits als Flug 772 von den Radarschirmen verschwunden war, rief ein anonymer »Islamischer Dschihad« bei der zentralen Buchungsnummer von UTA an. Dieselbe Gruppe meldete sich bei der britischen Nachrichtenagentur Reuters. Es folgte eine ominöse mauretanische Rebellenorganisation, der »Geheime Tschadische Widerstand«, und sogar eine »Europäische Nationalpartei«. Einige Anrufer konnten von Anfang an als geistesgestört abgelegt werden. Die mutmaßlichen »Motive« möglicher Täter wurden immer wirrer. Die wahren Täter beobachteten das makabre Treiben und hielten sich bedeckt. Sie hatten keinen Grund, das Schicksal herauszufordern.

Zuerst blieb die palästinensische Terrororganisation »15. Mai« im Raster der Ermittler hängen. Die Bombe trug ihre symbolische Handschrift. Der »15. Mai« war eine relativ kleine und relativ wenig bekannte Splittergruppe der mächtigen PFLP. Ihr Anführer hieß Mohammed al-Umari und firmierte als Abu Ibrahim. Zu seinen Spezialitäten zählten Bombenanschläge auf Flugzeuge westlicher Linien, aber auch auf Botschaften und Hotels. Der »15. Mai« war gefährlich, aber niemals wirklich wichtig.

Abu Ibrahim und seine Schattenkrieger agierten zumeist unter dem Schutz irakischer Geheimdienste. Irgendwann meldete sich bei den Amerikanern ein Überläufer aus den Reihen des »15. Mai« und sprach von libyscher Finanzhilfe. Er lieferte einen Bombenkoffer ab und sagte, davon gäbe es noch viele. An den Hartschalen befand sich dasselbe Pentrit, wie es Jahre später bei UTA 772 verwendet wurde.

Dann kam bereits Libyen, der Pariastaat par excellence, ins Raster. Die Franzosen interessierten sich für die »Biografie« eines an der Absturzstelle gefundenen, unscheinbar kleinen Bauteils, das jeder Laie achtlos liegenlassen würde. Es handelte sich um den Rest eines Timers. Der Hersteller hieß Tai Youn und saß in Taiwan. Er hatte das Bauelement für die Elektronikfirma Costa produziert. Costas wichtigster Kunde war eine »Grasslin Far East Corporation«.

Die nächste Station in der Kette war die Firma H. P. Marketing aus dem Raum Lübeck. Der Unternehmer Hans Peter Wüst bestätigte, dass er 1988 mehrmals in Libyen gewesen war. Die dortigen Sicherheitsbehörden hatten sich für Störsender interessiert, die funkgesteuerte Terrorbomben neutralisieren sollten. Ein Treppenwitz der Geschichte. Schon die pure Information reichte, um Ermittler des FBI anzuziehen. Sie arbeiteten seit Monaten fieberhaft an der Aufklärung eines ähnlichen Anschlages auf einen Jumbojet der PanAm über dem schottischen Dorf Lockerbie. Auch dort hatten sie Reste eines

Timers gefunden, und wiederum eine Spur, die später nach Libyen und in die Welt der nahöstlichen Geheimdienste führen sollte. Hans Peter Wüst wurde mit deutscher Amtshilfe vernommen. Er steuerte spannende Puzzleteilchen bei, die sich bald zu einem neuen Bild formten. Sein Handelspartner in Tripolis sei ein Sprengstoffexperte des Innenministeriums gewesen. An den Verhandlungen habe aber auch ein Vertreter des libyschen Geheimdienstes namens Issa El Shibani teilgenommen. Er kenne ihn bereits seit 1980. Kein Zweifel möglich. Im November 1988 habe ihn der 40-jährige Shibani gefragt, ob er Timer für die Nachtbeleuchtung von Flugplätzen in der Wüste liefern könne. Man müsse sie mit Batterien von neun oder zwölf Volt betreiben können. Dem Mann konnte geholfen werden. Wüst bestellte bei Grasslin. Er lieferte einen Timer an Shibani, dann – Ende Juli 1989 – weitere 100. Der Kunde war die erste Adresse für sensible Ware dieser Art. Seinerzeit leitete er die technische Abteilung des libyschen Muchabarat. Ein Mitarbeiter des deutschen Exporteurs konnte sich schließlich noch erinnern, irgendwann Musa Kusa getroffen zu haben, den Chef der Anti-Imperialismus-Truppe *Mathaba*. Ein weiteres Aha-Erlebnis westlicher Experten. Es passte alles zusammen. Der Kreis schloss sich.

Kommissar Zufall war im Spiel, als französische Ermittler die Passagierliste abarbeiteten. Bei den Schwestern von Apollinaire Mangatany, dessen Überreste sie noch gar nicht identifiziert hatten, erfuhren sie, dass er vor der Abreise nach Paris einen nagelneuen Koffer bekommen hatte. Sie sollten doch seinen besten Freund Bernard Yanga fragen. Yanga war spurlos verschwunden.

Brazzaville ist ein Dorf, sagte man, und so kursierte das Gerücht, Mangatany habe bedeutende libysche Freunde. Die Franzosen überprüften seinen Visaantrag und stellten fest, dass die angegebene Adresse nicht existierte. Ein Zufall kam zum anderen. Die französische Polizei schnappte einen Drogenhändler aus dem Kongo. Auch er wusste etwas über Mangatany und Yanga. Beide seien in einem libyschen Ausbildungslager gewesen und würden sich mit Sprengstoff auskennen. Der Drogendealer nannte seine Quelle: einen Offizier des nicht gerade zimperlichen Geheimdienstes in Kongo-Brazzaville. Jetzt wussten die Franzosen, mit wem sie sich verbünden mussten.

Die schwarzafrikanischen Geheimen brauchten wenige Tage, um den untergetauchten Bernard Yanga aufzuspüren. Es war wenig Überzeugungsarbeit vonnöten. Yanga erzählte alles über die ganz persönliche Libyen-Connection der Anti-Mobutu-Aktivisten aus der Organisation C.D.R.Z. Sein Freund, sagte er, habe nach Tripolis reisen wollen, um sich von Musa Kusas *Mathaba* neue Instruktionen abzuholen.

Mangatany, der einen fünfjährigen Sohn und eine schwangere Frau hinterließ, war also praktisch auf »Dienstreise« gewesen. Yanga fühlte sich dem Andenken seines toten Freundes verpflichtet. Deshalb kontaktierte er nach dem Absturz von UTA 772 kurzerhand den libyschen Geheimdienst in Gestalt von Abdullah Elazragh vom libyschen »Volksbüro« in Brazzaville. Er versäumte nicht, den Diplomaten deutlich darauf hinzuweisen, dass Mangatany alle Einzelheiten der UTA-Operation auf einem Notebook hinterlassen hatte.

Das gefiel Senoussis Mann im Kongo gar nicht. Er überreichte Yanga 20 000 CFA-Francs für die Beerdigung des gemeinsamen Freundes. Nach der Vernichtung des Notebooks, sagte er, würde es noch mehr Geld geben. Vorsichtshalber verließ Elazragh am 25. September 1989 in großer Eile seinen vorgeschobenen Posten am Fluss Kongo. Er flog mit der Swissair nach Zürich und weiter nach Libyen. Zurück blieben eine ungekündigte Wohnung und offene Schneiderrechnungen. Geheimdiensthauptmann Ibrahim Naeli und sein Assistent Arbas Musbah, die Experten für »Flugsicherheit«, waren bereits am 19. September mit Ethiopian Airlines abgereist.

Bernard Yanga erkannte seine einmalige Chance, in ein weltgeschichtliches Ereignis mit ganz persönlicher Gewinnchance einzugreifen. Nun verfasste er Briefe: an den Agentenführer Elazragh, an die Zentrale von *Mathaba* in Tripolis und an den libyschen Botschafter in Brazzaville, auch er ein Geheimagent. Er zog zwei Freunde aus seiner Organisation ins Vertrauen. Plötzlich lagen Kopien dieser fünf Schreiben beim allmächtigen kongolesischen Militärgeheimdienst. Der Rest war eigentlich nur noch eine Formalität.

Die Franzosen griffen in Zaire zu, wo Mangatanys Komplize Jean Bosco N'Galina als Asylbewerber untergetaucht war. Die jahrelangen engen Kontakte zu Mathaba und zum libyschen Auslandsgeheimdienst ließen sich nun mühelos rekonstruieren. Längst hatten die Kongolesen ein Schließfach überwacht, das vom libyschen »Volksbüro« bezahlt und von Mangatanys Organisation genutzt worden war. Der Partnerdienst in Brazzaville übergab den Ermittlern des Pariser Richters Jean-Louis Bruguiere eine ziemlich komplette Akte.

Für die Franzosen fügte sich dieser Anschlag nahtlos in eine ganze Serie von libyschen Angriffen. Gaddafis Geheimagenten hatten gewaltsamen Reaktionen stets den Vorzug gegenüber Krisendiplomatie gegeben. 1981 wollte Gaddafi Frankreich zwingen, seine Truppen aus der Zentralafrikanischen Republik abzuziehen. Daraufhin ließ er Leute vom Schlage eines Mangatany am französischen Nationalfeiertag eine Bombe im Kino »Le Club« von Bangui platzieren – drei Tote, 32 Verletzte. Zwei weitere Attentate, am selben Tag, blieben folgenlos, weil die Sprengsätze versagten.

1984 erfuhren die Franzosen und die zentralafrikanischen Behörden im Vorfeld eines Besuches von Präsident Mitterrand in Bangui Einzelheiten über einen geplanten libyschen Anschlag. Das Attentat konnte verhindert werden. Unter anderem wurde ermittelt, dass *Mathaba*-Kräfte in die Aktion eingebunden waren, und dass das Kommando nachher beseitigt werden sollte.

1984 detonierte eine Bombe in einer Maschine der UTA, kurz vor dem Start von N'Djamena nach Paris. Ein Toter und 23 Verletzte. Die Maschine wurde komplett zerstört. Der Bombenkoffer sollte eigentlich erst nach dem Take-off explodieren. Im selben Jahr entdeckten die Behörden des Tschad einen Sprengsatz mit 2,5 Kilogramm Semtex. Er sollte während eines Treffens der Regierung detonieren. 1987 tötete eine weitere Bombe zwölf Menschen und verletzte weitere 65 vor einem Café in Dschibuti. Die meisten der Opfer waren französische Soldaten. Der Täter, ein Tunesier, bezeichnete sich als palästinensischer Aktivist und besaß libysche Reiseschecks.

1988 wurden zwei Libyer und ein Senegalese auf dem Flughafen von Dakar festgenommen. In ihrem Reisegepäck fanden sich zehn Kilogramm TNT, 15 Zünder und eine Pistole. Die Männer hatten zuvor den libyschen Botschafter in Benin getroffen. Im Senegal sollten sie Anschläge gegen französische Einrichtungen und Offizielle organisieren. In jenen Jahren – vor dem Anschlag auf Flug 772 –

kamen in Afrika 16 Franzosen durch libysche Geheimdienstoperationen ums Leben, 126 wurden verletzt.

Bei Flug UTA 772 mussten die Franzosen handeln. Am 30. Oktober 1991 unterzeichnete der Untersuchungsrichter vier internationale Haftbefehle. Sie richteten sich gegen Ahmed Abdallah Elazragh, Ibrahim Naeli, Abras Musbah und Abdallah Senoussi vom libyschen Auslandsnachrichtendienst. Gegen Musa Kusa und Senoussis Stellvertreter Abdussalam Zadma, damals 38, wurden Ermittlungsaufträge abgezeichnet. Die Libyer mussten dringend reagieren.

Gaddafis Justiz bekam den Scheinauftrag, eine Untersuchung gegen die Beschuldigten durchzuführen. Sie erledigte das Ersuchen in besonders theatralischer Weise. Die Offiziere des Geheimdienstes versicherten lebhaft, dass sie mit dem Anschlag auf Flug 772 nie etwas zu tun gehabt hätten. Senoussi verleugnete sogar seine Untergebenen. Auf alle Fälle wuschen sämtliche Beteiligten ihre Hände in Unschuld. Abras Musbah wurde schließlich sogar für tot erklärt. Er sei bei einem »schmerzlichen« Unfall ums Leben gekommen. Zum Beweis schickten die Libyer seinen »Totenschein« nach Paris. Viel später, als sie diese Story nicht mehr glaubhaft durchhielten, nahmen sie sie einfach zurück.

Libyens Abwehrstrategie gegen die französischen Nachforschungen lief auf breiter Front an. Offizielle kamen nach Paris, um die Ermittlungen bei den Behörden, durch die Medien und hinter allen Kulissen zu beeinflussen. Plötzlich war Lobbyarbeit das wichtigste Anliegen, sogar bei den libyschen Geheimdiensten. Auf dem Höhepunkt der Kampagne schickten Gaddafi und Senoussi Anwälte, Geschäftsleute und Militärs als Mittelsleute ins Rennen um die Gunst der Franzosen. Sie sollten gute Stimmung schaffen und einen Keil zwischen Frankreich und seine Alliierten in London und Washington treiben.

Als der Gaddafi-Clan merkte, dass man ihm nicht glaubte, inszenierte er eine letzte große Show. Im September 1992 informierte Libyen über seine offiziellen Geheimdienstkanäle den französischen Inlandsdienst DST, dass man in Tripolis zwei Koffer derselben Machart wie im Falle von UTA 772 habe. Die Gepäckstücke seien bei der libyschen Opposition sichergestellt worden. Damit könne man beweisen, dass Libyens Feinde hinter dem Anschlag stünden.

Ein stellvertretender Direktor der DST flog nach Libyen, um sich die Koffer in Senoussis Büro anzusehen. Beide erwiesen sich als unbrauchbar. Sie waren von völlig unterschiedlicher Bauart bzw. stark verunreinigt. Später lieferten die Libyer allerdings sechs Fotos, die einen absolut identischen Koffer zu jenem im UTA-Fall zeigten. Im Kontrast dazu fanden die Franzosen Erstaunliches heraus. Senoussis Offiziere Naeli und Hammouda waren wegen der UTA-Operation bereits Ende 1989 befördert worden.

Oberst Gaddafi persönlich versuchte in letzter Minute zu retten, was noch zu retten war. Er schrieb an Präsident Jacques Chirac und erinnerte an die guten zwischenstaatlichen Beziehungen. Man werde diese Krise gemeinsam meistern, die Schuldigen am »Unfall des UTA-Flugzeuges« aufspüren und bestrafen. Libyen werde mit Frankreich eng kooperieren. Dem folgte eine weitere Inszenierung, eine Art Schauuntersuchung auf libyschem Boden. Daran durften auch die französischen Ermittler teilnehmen. Sie staunten über die exzellente Schauspielkunst der libyschen Gastgeber.

1999 wurden die sechs libyschen Agenten trotz allem von einem Pariser Gericht in Abwesenheit zu lebenslanger Haft verurteilt. 2003 erklärte sich die Gaddafi-Stiftung in Genf – sie versicherte ihre Unabhängigkeit vom libyschen Staat – bereit, Schadensersatz für die Opfer der UTA-Katastrophe zu leisten. 170 Millionen Dollar, eine Million pro Opfer. Zum Vergleich: Die USA entrichteten für den Abschuss des iranischen Airbus über dem Persischen Golf im Sommer 1988 eine Kompensation von 61,8 Millionen. Auf jeden Passagier entfielen 214 000 Dollar.

Der Staat Libyen, so die Erklärung der Stiftung, habe absolut nichts mit diesem Terrorakt zu tun gehabt. Deshalb könne er dafür auch nicht verantwortlich gemacht werden. Die eventuellen Täter hätten in eigener Regie gehandelt. Ein US-Bundesgericht in Washington, D.C., verurteilte Libyen im Jahr 2008, mehr als sechs Milliarden Dollar für die Opfer und den Verlust des Flugzeuges zu überweisen.

Im Gegensatz zu Flug PanAm 103, der über Lockerbie von Terroristen gesprengt wurde, ist der Fall UTA 772 heute weitgehend vergessen.

Zweifelhafte Freunde
Allianzen mit Terroristen

Zum Bild – Geiselnahme zur politischen Erpressung – ein beliebtes Instrument der nahöstlichen Geheimdienste. 1985 entführten Kämpfer der libanesischen Terrororganisation »Hisbollah« eine Maschine der TWA auf dem Weg von Athen nach Rom. Nach einem Zwangsaufenthalt in Beirut tauschten sie die Passagiere gegen 766 in Israel inhaftierte libanesische Schiiten ein.

Einer für alle: Abu Nidal

Sabri Khalil al-Banna war ein ungewolltes Kind. Zur zwölfköpfigen Kinderschar seines Vaters stieß er als letzter Nachzügler. Die restliche Familie behandelte ihn wie das fünfte Rad am Wagen. Der Vater starb, als Sabri sieben Jahre alt war. Sogleich wurde seine Mutter, eine der jungen Geliebten des Patriarchen, vom Clan verstoßen. Ein Trauma folgte dem anderen. Drei Jahre später wurde der Staat Israel von Einwanderern gegründet, und alteingesessene Palästinenserfamilien mussten ihre Häuser verlassen. Das galt auch für die al-Bannas, denen große Orangenplantagen und ein fünfstöckiges Haus am Strand von Jaffa gehört hatten.

Als Israels Unabhängigkeitskrieg begann, befanden sich Sabri Khalil al-Banna und seine Familie bereits auf der Flucht. Zuerst lebten sie im Lager Al Burj in Gaza, dann in Nablus im Westjordanland und schließlich in Jordanien. Sie waren tief gefallen, sozial wie finanziell. Sabri sog den Hass der Verfolgten und Vertriebenen in sich auf. Er sollte jene Jahre nie vergessen, und auch nicht die, die er als Schuldige am Niedergang seiner Familie sah. Das könnte die häufig irrationalen Handlungen und Anweisungen seines aktiven Lebens erklären.

Der Junge versuchte sich erst einmal in verschiedenen Jobs. Er trat auch der neuen Baath-Partei bei, deren Ideengut aus Syrien und Irak nach Jordanien schwappte. König Hussein misstraute der in seinen Augen obskuren Bewegung und ließ die Baath-Partei kurzerhand verbieten. Sabri al-Banna rückte im Laufe der Zeit immer näher an die Radikalen heran. Sie planten einen Anschlag auf den Monarchen, aber das Attentat schlug fehl. Der Anführer al-Banna musste eilig flüchten. Er kam in Saudi-Arabien unter, arbeitete als Handwerker und mit Pferden. Insgeheim scharte er Gleichgesinnte um sich. Sie nannten sich »Palästina-Geheimorganisation« und warteten auf ihre große Stunde.

1967 kehrte er mit seiner jungen Familie nach Amman zurück. Er wollte bürgerlich werden, gründete seine erste Firma (»Impex«) und trat Jassir Arafats Fatah bei, einer neuen und vielversprechenden Widerstandsbewegung der Palästinenser. Sabri al-Banna nutzte die Gunst der Stunde. Geflügelexporte nach Polen brachten ihm ein Vermögen ein. Gleichzeitig diente »Impex« als Deckmantel für Aktionen der Fatah. Die PLO-Spitzen erkannten seine Fähigkeiten als Organisator und Geschäftsmann. Sie überredeten ihn, ab 1968 das Büro in Khartum zu leiten. Zwei Jahre später wechselte er zur PLO-Vertretung in Bagdad.

Nach den Bürgerkriegswirren des »Schwarzen September«, der die PLO aus Jordanien vertrieben hatte, wurden die Karten innerhalb der Bewegung neu gemischt. Die militanten Flügel mochten sich nicht mehr an Arafats vergleichsweise moderatem Kurs beteiligen. Sie spalteten sich ab und stärkten ihre eigenen Strukturen. Nun hatte es Israel nicht mehr mit einer homogenen Befreiungsbewegung zu tun, sondern mit einer Vielzahl von Gruppen, die schwerer zu beobachten und noch schwerer zu besiegen waren.

Sabri al-Banna, den man inzwischen auch unter seinem Kampfnamen »Abu Nidal« (»Vater des Kampfes«) kannte, begehrte ebenfalls gegen Arafat auf. Wegen des Waffenstillstands mit König Hussein beschuldigte er ihn des Verrats am palästinensischen Volk. Für die Fatah forderte er mehr Demokratie. Er selbst mochte nicht darauf warten.

Linksaußen Abu Nidal gründete seine eigene Truppe, die er von Anfang an auf sich persönlich einschwor (»Fatah-Revolutionsrat« FRC oder auch nur »Abu-Nidal-Organisation« ANO) und zur absoluten Geheimhaltung verpflichtete. Die ANO folgte einem Kurs, der nicht immer nachzuvollziehen war und nicht selten dem Feind diente. Abu Nidals blutrünstiger Haufen tötete die Friedensbewegten, aber auch jede Menge Zivilisten, die nur durch einen unglücklichen Zufall in das Visier der Terroristen geraten waren. Eine Methode, die später für die Islamisten zum Standard werden sollte, jedoch nie zur Taktik der Nationalisten zählte.

In den Siebziger- und Achtzigerjahren soll Abu Nidal für 90 zumeist spektakuläre Anschläge in zwei Dutzend Ländern verantwortlich gewesen sein. Dabei kamen 280 Menschen ums Leben, wurden rund 650 verletzt. 16 der Toten waren bekannte Arafat-Vertraute.

Das erklärt, warum der PLO-Chef seinerseits den Tod des Kontrahenten forderte. Das ließ sich jedoch nicht leicht realisieren, weil Abu Nidal wechselweise den Schutz der Geheimdienste in Libyen, Algerien, Syrien und im Irak genoss. Analog dazu saß die Organisation in den jeweiligen Hauptstädten, unterhielt gut erreichbare Ausbildungslager.

Abu Nidal und Gaddafi verstanden sich gut. Der »Terroristenchef ohne Gesicht« – es gab niemals ein zuverlässiges Foto – soll im Auftrag der Libyer britische und amerikanische Ziele angegriffen haben. ANO vertrat syrische Interessen in den Flüchtlingslagern des Libanon und assistierte den Killern des Assad-Regimes beim Staatsterrorismus. Die Nähe der ANO zu Saddam Hussein ist schwerer zu analysieren. Beide sahen sich wohl als alte Kameraden mit vielen gemeinsamen Feinden.

Die CIA hat eine sehr aufschlussreiche, interne Meldung vom 13. Juni 1986 zur Veröffentlichung freigegeben. Überschrift:»Libyen: Waffenhilfe für Abu Nidal.« Darin heißt es:»Vier Libyer wurden von den türkischen Behörden festgenommen, als sie sich am 18. April einem US-Offiziersclub in Ankara näherten. Sie trugen Handgranaten bei sich, die sie vom lokalen libyschen Volksbüro bekommen hatten. Eine erste Analyse der Markierungen an den Granaten lässt erkennen, dass sie 1980 in Bulgarien gefertigt wurden. Sie tragen dieselben Zeichen wie jene bulgarischen Granaten, die letztes Jahr von Abu-Nidal-Terroristen bei ihren Anschlägen auf das ›Café de Paris‹ in Rom, die Flughäfen von Rom und Wien sowie während der Entführung der Egypt Air nach Malta verwendet wurden.

Kommentar: Die Übereinstimmung der Granaten, die 1985 sichergestellt wurden und jener von letzter Woche in der Türkei, bestätigt die frühere Berichterstattung, dass Tripolis die Abu-Nidal-Gruppe operativ unterstützt und dass die Libyer ihre diplomatischen Einrichtungen nutzen, um Terroristen Waffen zukommen zu lassen. Die österreichischen Behörden haben festgestellt, dass die Terroristen am Flughafen Wien Pässe verwendeten, die Libyen von tunesischen Arbeitern konfisziert hatte. Einige der Terroristen, die nach den Flughafenanschlägen von Rom und Wien festgesetzt wurden, sagten aus, sie würden zur Abu-Nidal-Gruppe gehören.«

Schwierig ist es, die zahlreichen Attentate der ANO nach Auftraggebern und Motiven zu ordnen. Seriöse Chronologien beginnen mit einem Überfall auf die saudische Botschaft im September 1973 und dem Anschlag auf einen PanAm-Flug in Rom, Dezember 1973. Die Gruppe sprengte eine TWA-Maschine auf der Strecke von Athen nach Rom und tötete alle 88 Insassen. Sie entführte ein Flugzeug der Egypt Air nach Malta. Bei der gescheiterten Befreiungsaktion starben 60 Menschen.

Zu den blutigsten Operationen Abu Nidals zählen Attacken auf die Flughäfen Rom und Wien im Dezember 1985 (16 Tote, 100 Verletzte), auf die Synagoge Neve Shalom in Istanbul (22 Tote, sechs Verletzte) im September 1986, die Entführung des PanAm-Fluges 73 nach Karachi (20 Tote) im selben Monat, der Anschlag auf die griechische Fähre »City of Poros« im Juli 1988 (neun Tote, 78 Verletzte). Die ANO versuchte im Juni 1982 den israelischen Botschafter in London zu ermorden, was den Anlass für den israelischen Libanon-Feldzug lieferte. Auf das Konto von Abu Nidals Fedayin gehen die Anschläge gegen Arafats Sicherheitschefs Abu Ijad und Abu el-Hol im Januar 1991 in Tunis und gegen prowestliche PLO-Vertreter wie Issam al-Sartawi 1983 im portugiesischen Albufeira.

Es ist verbürgt, dass der gefährlichste Terrorist seiner Zeit häufig allein unterwegs war. Er tätigte Bankgeschäfte in London, kümmerte sich um Handelstransaktionen der ANO in Berlin oder Warschau, besuchte seine Kämpfer – es sollen nicht mehr als einige Hundert gewesen sein – in Algier oder Tripoli. Lange Zeit lebte er als »Dr. Said« auf einem polnischen Landgut. Abu Nidal war paranoid, sah seine persönliche Sicherheit als höchstes Gut – und permanent bedroht. In diesem Sinne hatte er auch kein Problem, die eigenen Leute scharenweise abschlachten zu lassen, 1988 sogar seinen ehemaligen Stellvertreter Abu Nizar. Diese Aktionen geschahen im Libanon und in Libyen.

1991 endete die Serie der ANO-Taten. Die Organisation löste sich langsam auf. Zahlreiche Mitglieder fielen den internen Säuberungen und Massakern zum Opfer, andere – auch Führungspersonal – desertierten. Abu Nidal wurde lange Zeit nicht mehr gesehen. Er hatte Libyen verlassen und soll inkognito in Kairo gelebt haben, spätestens ab 1999 wieder in einer kleinen Wohnung in Bagdad. Von dort kam im August 2002 die Meldung vom Tod des mittlerweile 65-Jährigen. Die irakische Regierung sprach von Selbstmord, während alle Umstände – vier Kugeln im Kopf – auf eine gezielte Exekution durch den irakischen Muchabarat schließen ließen. Eine Meinungsverschiedenheit, sagt die einfachste Erklärung. Gerüchte aus Bagdad sprachen von Attentatsvorbereitungen Abu Nidals gegen Saddam Hussein – im Auftrag der CIA. Er lebte mit dem Schwert, er starb daran.

Machtfaktor Hisbollah

Die libanesische »Partei Gottes« ist heute, beinahe ein Jahrzehnt nach 9/11, die mächtigste und gefährlichste Terrororganisation der Welt. Während Al-Qaida nach den Anschlägen von New York und Washington durch globalen Fahndungsdruck und permanente Militäraktionen der westlichen Antiterrorallianz viel Personal und Macht verloren hat, ist die Hisbollah zuletzt aus der israelischen Strafaktion von 2006 gestärkt hervorgegangen. Die sunnitische Al-Qaida hat sich immer mehr in eine Ideologie hineinentwickelt, während die schiitische Hisbollah ganz offen als hochgerüstete Miliz auftritt und sich selbst als Schutzmacht aller Libanesen gegen den Nachbarn Israel empfindet. Deshalb wehrt sie sich auch gegen die längst fällige Entwaffnung, lässt den auferstandenen Staat schwach erscheinen.

Ein Großteil von Hisbollahs Stärke kommt aus der engen Partnerschaft mit dem Iran. Die Schiitenmiliz ist, neben den paramilitärischen Einheiten der Pasdaran, der verlängerte Arm der iranischen Geheimdienste. Immer wieder finden sich Spuren und klare Fakten, die das bestätigen. Der erste Hisbollah-Generalsekretär bezeichnete seine Organisation selbst als »Werkzeug der iranischen Geheimdienste«. Diese spezielle Funktion lassen sich die Libanesen gut bezahlen. Hisbollah soll pro Jahr 100 Millionen Dollar aus dem Iran erhalten. Das sichert Unabhängigkeit, schafft aber gleichzeitig Verpflichtungen.

Die Kooperation zwischen den radikalen Schiiten des eher freundlichen Zedernstaates und der finsteren Islamischen Republik des Ajatollah Khomeini reicht mittlerweile beinahe drei Jahrzehnte zurück. Im Sommer 1982 war die israelische Armee in den Libanon eingerückt, um Arafats PLO zu vertreiben. Erst nach drei Monaten Belagerung der Hauptstadt Beirut und schweren Kämpfen war das Kriegsziel erreicht.

Erstmals traten damals reguläre iranische Einheiten in den libanesischen Bürgerkrieg ein. Es handelte sich um 2000 Pasdaran, die sich in der Scheich-Abdullah-Kaserne in Baalbek, unweit der syrischen Grenze, eingerichtet hatten. Vom iranischen Botschafter in Damaskus, Ali Akhbar Mohtashami, gesteuert und finanziert, bildeten die Revolutionswächter erste Hisbollah-Aktivisten aus. Manche wurden Frontkämpfer im gesetzlosen Südlibanon, andere Selbstmordattentäter in den Städten.

Langsam entwickelte sich eine Struktur. Ab 1985 trat die Hisbollah offiziell in Erscheinung. An ihrer Spitze Großajatollah Mohammed Hussein Fadlallah, der geistliche Führer, und Abbas al-Mussawi, der Generalsekretär. Er wurde 1992 von den Israelis getötet.

Schon 1983 stand Hisbollah hinter den schwersten Terroranschlägen: gegen die US-Botschaft in Beirut (59 Tote), gegen die US-Marines am Flughafen Beirut (241 Tote) und das französische Kontingent der Friedenstruppen (58 Tote). In den folgenden Jahren wurden im Libanon rund 100 Ausländer entführt. Sie kamen Monate und Jahre später gegen hohe Lösegelder oder politische Zugeständnisse wieder frei. Manche wurden auch von ihren Kidnappern getötet oder verkrafteten die brutalen Haftbedingungen nicht. Fast immer steckten die libanesischen Schiiten und ihre iranischen Auftraggeber hinter den aufsehenerregenden Aktionen. Hisbollah bekannte sich jedoch selten zu einer Tat. Die Terroristen erfanden lieber neue, in ihren Ohren wohlklingende Bandennamen, wie »Islamischer Heiliger Krieg«, »Jundallah« (»Armee Gottes«) oder »Islamische Amal«.

Besonders spektakuläre Operationen von Hisbollah und ihren Ablegern waren 1985 die Entführung der TWA 847 auf dem Weg von Athen nach Rom, 1992 die Beteiligung an einem Anschlag auf die israelische Botschaft in Buenos Aires (22 Tote) und gegen eine Kurdendelegation im Berliner Restaurant »Mykonos« (vier Tote), 1994 an einem Attentat gegen das jüdische Zentrum von Buenos Aires (85 Tote). Abgesehen von der Flugzeugentführung lässt sich in jedem der Fälle eine klare Verbindungslinie zum iranischen Geheimdienst VEVAK erkennen. Hisbollah agiert mittlerweile weltweit, aber selten auf eigene Faust. Die Libanesen sind Subunternehmer des Terrors. Dieser Aufgabenbereich wurde beim sogenannten »Hisbollah-Sicherheitsapparat« konzentriert. Viele Jahre lag er in den Händen der Familien Hamadi und Musawi. Jeder kannte jeden und jeder war mit allen verwandt. Das erschwerte es westlichen Geheimdiensten sehr, den klerikalen Gegner auszuspähen. Auch unter Imad Mugniyeh, den die Israelis am 12. Februar 2008 mit einer Autobombe ums Leben brachten, war Konspiration erste Priorität.

Der Sicherheitsapparat konzentriert sich vorwiegend auf die Abschirmung der Organisation im Libanon, also um Spionageabwehr im weitesten Sinne. An zweiter Stelle folgen eigene Aufklärungs- und Terroroperationen. Hisbollah-Spione wurden bereits an sensiblen Positionen wie in den israelischen Streitkräften oder im FBI-Hauptquartier entdeckt. Immer mehr Hisbollah-Sicherheitsleute sprechen Hebräisch und wissen sich auf dem internationalen Parkett zu bewegen.

Hisbollahs Sicherheitsapparat ist dreifach unterteilt. Zum einen hat er eine Art Polizeifunktion in zwei Ausprägungen, eine nachrichtendienstliche und eine für verdeckte Operationen. Dazu existiert als dritter Teilbereich eine 200-köpfige Truppe, die sich um die Sicherheit der Hisbollah-Nomenklatura kümmert, der sogenannte »Präventive Sicherheitsapparat« unter Mahmud Haidar. Er bedrängt seit Jahren die Hisbollah-VIPs, auf Handys zu verzichten. Haidar weiß, dass die Israelis jederzeit in der Lage sind, sich in die Mobiltelefone des Libanon einzuklinken. Schon mehrfach ist es Hisbollah gelungen, Agentenringe von Mossad oder Aman im Libanon aufzudecken.

Hisbollahs Geheimdienst verfügt über moderne Abhörtechnik und nutzt seit August 2004 Aufklärungsdrohnen des Typs »Mirsad-1«, mit Infrarotkameras und GPS-Navigation, aus iranischer Produktion. Ohne Zweifel, iranische Experten befinden sich vor Ort,

um den Glaubensbrüdern beim Umgang mit moderner Rüstungs-
technologie zu helfen. Ihr aktueller Befehlshaber ist General Kassem
Suleimani von den Quds-Truppen der Revolutionswächter, ein enger
Alliierter des Teheraner Sicherheitsministeriums.

Hisbollahs Muchabarat hat in der Vergangenheit immer wieder
israelische Araber angeworben. Omar el-Heib zum Beispiel ist ein
Beduine, der es in den israelischen Streitkräften zum Oberstleutnant
gebracht hat. Er wurde mit Haschisch und Heroin bezahlt und lieferte im Gegenzug Informationen über militärische Stellungen und
Truppenbewegungen in Nordisrael. Manche Drusen vom Golan arbeiten Hisbollah zu, weil sie mit den aggressiven israelischen Aktionen gegen die Palästinenser in den besetzten Gebieten nicht einver-
standen sind.

Undercoverkräfte der Hisbollah haben ein dichtes Netz über den
Nahen Osten bis Zentralasien, nach Europa und sogar in die USA
gespannt. Der deutsche Verfassungsschutz glaubt, 900 Hisbollah-
Mitglieder zwischen Flensburg und Rosenheim erkannt zu haben. In
ihrer Gesamtheit planen sie aber nicht nur Terroranschläge, sondern
kümmern sich um die Finanzierung der Organisation. Sie stecken
tief in der internationalen organisierten Kriminalität, schmuggeln
Waffen und Drogen, Diamanten und gefälschte Markenartikel.

Mit dem verstärkten Engagement der Iraner in Südamerika sind
auch die libanesischen Schiiten der Region in das Blickfeld der westlichen Nachrichtendienste geraten. Hisbollah war in Lateinamerika
lange vor der Ära Ahmadinejad aktiv. Ihre Mittelsmänner finden
sich in der undurchsichtigen Geschäftswelt am Dreiländereck von
Brasilien, Argentinien und Paraguay, aber auch auf Venezuelas Insel
Margarita, bei den Drogenkartellen von Mexiko und Kolumbien.
Sie sitzen in den Moscheen und Islamzentren und gehen unter dem
Schutz der Religion subversiven Aufgaben nach.

Seit 2006 existiert sogar eine Gruppe, die sich als »Hezbollah
América Latina« bezeichnet und in Argentinien, Chile, Kolumbien,
El Salvador und Mexico aktiv ist. Eine aktuelle Studie des »Intelligence and Terrorism Information Center« in Herzliyah/Israel hat
diese geheimnisvolle Organisation untersucht. Sie fand einen Teodoro Rafael Darnott von »Hezbollah Venezuela«, der von einer klei-

nen marxistischen Befreiungsbewegung kam. Inzwischen scheint er eine neue Heimat als muslimischer Konvertit gefunden zu haben. Nach einem missglückten Anschlag auf die US-Botschaft wurden Darnott und ein Komplize zu zehn Jahren Gefängnis verurteilt. Seither bloggt er im Internet. Als Teodoro Abdullah.

Ein neuer Clash bahnt sich an – möglicherweise nicht der Kulturen, sicherlich aber der Geheimdienste.

Terrorphänomen Carlos

Illich Ramirez Sanchez war ein einmaliges Phänomen des Kalten Krieges, das es glücklicherweise kein zweites Mal geben wird. Ein Terrorist aus Venezuela, der eines Tages den Vornamen »Carlos« als unverwechselbares Markenzeichen in Anspruch nahm, meldete sich während des jordanischen Bürgerkriegs 1970 mit dem Anspruch, den entrechteten Palästinensern helfen zu wollen. Der schmächtige Latino aus wohlhabendem Hause verbrachte einige Monate in einem Ausbildungslager der linken PFLP, übte den Umgang mit Waffen und Sprengstoff und sog die Romantik des neuen Internationalismus mit tiefen Zügen ein. Dann kehrte er in seine eigentliche Welt zurück – Swinging London. Der Berufswunsch war klar. Er wollte Freiheitskämpfer werden, Terrorist, eine Berühmtheit, vor der die Imperialisten sich fürchten mussten.

Manches davon gelang ihm. Vor allem das Phantom Carlos brachte es propagandamäßig sehr weit. Er wurde zum Terroristen, über den die ganze Welt sprach, den die Geheimdienste und Polizeibehörden des Westens mit großem Aufwand suchten. Es dauerte lange, bis sie herausfanden, warum sie ihn nie erwischt hatten. Carlos war ein Söldner gewesen, der sich von Geheimdienst zu Geheimdienst hangelte und gut bezahlte »wet jobs« erledigte: die Drecksarbeit.

Es erstaunt keinen, dass auch die Libyer, Syrer und Iraker zu seinen Auftraggebern zählten. Die üblichen Verdächtigen eben.

Den ersten großen Geheimdienstauftrag erledigte Carlos 1975. Damit sollte er in die Geschichtsbücher eingehen. Bestellt war nichts weniger, als die damals mächtigsten Männer der Welt als Geiseln zu nehmen – die Ölminister. Kurz vor Weihnachten sollte die OPEC-Konferenz turnusgemäß in ihrem Wiener Hauptquartier tagen. Das war der richtige Moment.

Carlos begann im September, seine Mannschaft zusammenzu-stellen. Er brauchte Leute, die deutsch sprachen und sich in Wien bewegen konnten. Die Wahl fiel auf Hans-Joachim Klein und Gabriele Kröcher-Tiedemann von den »Revolutionären Zellen« (RZ). Er brauchte Araber, da es vor allem gegen die nahöstlichen Ölminister ging. Joint-venture-Partner Wadi Haddad vom zwielichtigen PFLP-Ableger »Special Command« (SC) steuerte drei arabische Terroris-ten bei.

Im Laufe des Dezembers trafen die sechs Täter in Wien ein. Zu ihrer Unterstützung standen sechs weitere Mitglieder der RZ bereit, unter anderem ihr Chef Wilfried Böse. Er sollte später eine Ma-schine der Air France nach Entebbe in Uganda entführen und dort vom israelischen Befreiungskommando erschossen werden. Das Er-satzteam kümmerte sich um die Logistik. Der bereits international gesuchte Carlos kam entspannt mit dem Zug aus Zürich und stieg im Hotel »Hilton« ab. Er hatte stark abgenommen und sah dem paus-bäckigen Lateinamerikaner mit der dunklen Sonnenbrille – auf sei-nem Fahndungsfoto – nicht mehr ähnlich. Niemand erkannte ihn. Seine Komplizen sprachen ihn mit Decknamen an, mal als Johnny und dann wieder als Salem.

Bei einer letzten Einsatzbesprechung am 20. Dezember erklärte Carlos den Gebrauch der Waffen. Am nächsten Tag fuhren sie ganz simpel mit der Straßenbahn zum Dr.-Karl-Lueger-Ring, wo sich die OPEC-Zentrale befand. Sie schleppten schwere Sporttaschen mit Maschinenpistolen, Pistolen, Handgranaten. Am Eingang passier-ten sie einen dort symbolisch platzierten Wiener Polizeibeamten. Zielstrebig bewegten sie sich auf die Treppe zu. Der Empfangsbe-reich befand sich im ersten Stock. Dort standen plaudernde Dele-gierte und zwei weitere Polizisten, Anton Tichler und Josef Janda. Als Carlos – mit hellem Trenchcoat und Baskenmütze – bei ihnen ankam, hatte er bereits seine tschechische Maschinenpistole im An-schlag.

Klein blieb wie selbstverständlich bei der Rezeptionistin stehen und fragte nach dem Konferenzsaal. Das war eigentlich überflüssig, da die Terroristen von ihren Auftraggebern genaue Pläne bekommen hatten. Die Dame begann zu telefonieren, und der ehemalige Frankfurter Autoschlosser feuerte einige Schüsse in die Telefonanlage. Die Sekretärin ging zu Boden und angelte tollkühn einen anderen Apparat heran. Anton Tichler näherte sich dem bewaffneten Carlos und griff nach dessen Maschinenpistole. Der Überraschungseffekt war auf seiner Seite. So konnte er sie ihm fast entreißen. Doch »Nada« (Kröcher-Tiedemann) schoss ihm von hinten in den Hals. Sie schob den sterbenden Gendarmen in die Liftkabine und drückte den Knopf für die Fahrt nach unten.

In diesem Moment wollte sich der irakische Sicherheitsmann Ala Hassan Khafali mit erhobenen Händen dezent durch das Treppenhaus entfernen, wurde jedoch von »Nada« gestoppt. Die beiden umklammerten sich in einem ungleichen Ringkampf. Einen Moment später feuerte sie in sein Gesicht. Unweit dieser Szene stellte sich der libysche Delegierte Youssef Ismirli dem immer weiter vordringenden Carlos in den Weg und versuchte ebenfalls, ihm die Maschinenpistole zu entwinden. Der Venezolaner zog eine Pistole aus dem Gürtel und erschoss den Libyer in einem unverkennbaren Anfall von Jähzorn.

Carlos und zwei palästinensische Komplizen hatten nun den Tagungssaal erreicht. Mit mehreren Feuerstößen in die Decke verschafften sie sich Aufmerksamkeit. Die meisten Konferenzteilnehmer warfen sich zu Boden. Instinktiv erwarteten sie ein Massaker an allen Anwesenden. Fassungslos lauschten sie dem kleinen Mann, der plötzlich in ihrer Mitte stand und sich mit Triumph in der Stimme und gehörigem Understatement vorstellte: »Mein Name ist Carlos. Sie könnten von mir gehört haben.«

Das weitere dramatische Geschehen lässt sich dem von Österreichs Bundeskanzler Bruno Kreisky vorgelegten Untersuchungsbericht entnehmen: »Das Einsatzkommando der Bundespolizeidirektion Wien, bestehend aus sechs Mann, ausgerüstet mit Stahlhelmen, kugelsicheren Westen und Maschinenpistolen, traf um 11.50 Uhr vor dem OPEC-Gebäude ein. Noch während der Anfahrt wurde das Einsatzkommando aus dem OPEC-Gebäude heraus beschossen. Drei Beamte des Einsatzkommandos stürmten über die Treppe in den ersten Stock und drangen in das Foyer ein. Beim Betreten des Foyers wurden sie von den Terroristen sofort beschossen.

Trotz dieser Beschießung gelang es dem Angehörigen des Einsatzkommandos, Kurt Leopolder, die Tür, die vom Foyer in den Gang führt, aufzudrücken. In diesem Moment wurde von einem Terroristen im Gang (Klein) eine Eierhandgranate zur Explosion gebracht. Die Explosion ereignete sich ca. sechs Meter von Leopolder entfernt. Leopolder blieb unverletzt und gab aus seiner Maschinenpistole einige Feuerstöße ab. Hierdurch wurde der Terrorist Klein durch einen Bauchschuss schwer verletzt. Eine nun folgende kurze Feuerpause benützte Leopolder, um in den Gang einzudringen und über diesen in die Rezeption zu gelangen. Hierbei wurde er von dem plötzlichen Feuerstoß des Terroristen schwer verletzt.«

In Kleins Memoiren liest sich das noch spannender: »Ja, und dann kamen vier, die besser in einem Django-Film aufgehoben waren als in einem Elitekommando der Wiener Polizei. Wenn da was schiefgeht, kostet das nur Geld, dafür stehen die ›Toten‹ nach jeder Einstellung wieder auf. Diese vier kündigten ihr Erscheinen mit einem Riesenspektakel im Treppenhaus an. Ich robbte nach vorn, um zu sehen, was da los ist, und sah vier Bullen mit Stahlhelmen und MPs in den Händen im Treppenhaus stehen. Ich hatte jetzt drei Möglichkeiten. Ich hätte sie trotz ihrer Schutzwesten erschießen können, hätte zwei der Handgranaten rausschmeißen können, was auf dasselbe hinausgelaufen wäre, und ich konnte mich wieder zurückziehen. Ich tat das Letztere. Ich kam also wieder in meine Ecke zurück.«

Nun brach die Hölle los. Beide Seiten feuerten auf kleinstem Raum mit Kriegswaffen aufeinander, bis die Magazine leer waren. Am Ende war auch Klein von Querschlägern in Bauch und Bein getroffen: »Ich zog mein Hemd aus der Hose, besah mir die Scheiße. Ein Loch, das gar nicht wie ein Loch aussah; mehr wie ein Schlitz, das vom Fleisch überlappt wurde und aus dem kein Blut kam. Mir war klar, was das bedeutete, dachte: verdammte Scheiße, und zog mich in die Küche zurück und rauchte erst mal eine Zigarette. Es tat nicht weh, so als wäre nichts passiert.«

Auch im Konferenzsaal spitzte sich die Lage zu. Einer der Terroristen brachte Sprengladungen an. Der algerische Ölminister Abdessalam erklärte die Bereitschaft der OPEC zu Verhandlungen mit dem Terrorkommando. Die Ölminister wurden in drei Gruppen aufgeteilt – Personen aus gegnerischen Staaten, Neutrale und ideologische Freunde. Zu den Feinden zählten der legendäre Scheich Ahmed Zaki al-Yamani aus Saudi-Arabien und der Iraner Jamshid Amouzegar. Carlos hatte die Order, beide zu töten.

Drei OPEC-Angestellte beförderten die Forderungen der Carlos-Truppe nach draußen. Ein Kommuniqué sollte alle zwei Stunden im österreichischen Rundfunk verlesen werden. Am nächsten Morgen um sieben Uhr müsse ein Bus mit geschlossenen Vorhängen bereitstehen und alle Beteiligten zu einer aufgetankten DC-9 am Flughafen Schwechat fahren. Gezeichnet »Der Arm der arabischen Revolution«. Ein pathetischer Name, wie der Palästinenser Wadi Haddad sie liebte.

Der Nachmittag zog sich hin. Iraks Botschafter traf ein und bot seine Dienste als Unterhändler an. Im Bundeskanzleramt tagte ein Krisenstab. Der Zustand Kleins verschlechterte sich zusehends. Schließlich stimmte Carlos seiner Verlegung in ein Krankenhaus zu. Dort wurde er sofort operiert. Um 18.22 Uhr verlas der ORF erstmals ein wirres Carlos-Papier gegen die Nahost-Friedenspolitik und für eine gewaltsame Befreiung Palästinas.

Kreisky stellte Gegenforderungen. Die Geiseln dürften die Terroristen nur freiwillig begleiten. Alle Ortskräfte der OPEC sollten vor dem Abflug freigelassen werden, die Geiseln dann unmittelbar nach der Ankunft am Zielort. Nach langem Feilschen willigte Carlos ein. Der irakische Unterhändler brachte die schriftliche Einwilligung aller Delegationsleiter, das Terrorkommando zu begleiten.

Am nächsten Morgen lief alles nach Carlos' »Drehbuch«. Im Bus saßen 42 Geiseln, unter ihnen zwölf Ölminister, auch der frisch operierte Klein. Um 9.17 Uhr hob die DC-9 der Austrian Airlines mit Ziel Algier ab. Carlos war bester Laune. Er verteilte Autogramme an seine Opfer und beschenkte den Piloten mit kubanischen Zigarren. Nur die Terroristen wussten, dass ihr Auftrag noch nicht erledigt war. Yamani und Amouzegar mussten getötet werden.

In Algier wurde der verletzte Klein sofort in ein Krankenhaus gebracht und ärztlich versorgt. Er sollte dort neun Tage bleiben. Die Neutralen unter den Ölministern durften ebenfalls gehen. Carlos hielt sich aber nicht an die weitere Vereinbarung mit Kreisky. Er ordnete den Weiterflug nach Libyen an. Dort traf er den zweiten Mann des Regimes, Major Jallud, am Flughafen. Der Terrorchef forderte eine größere Maschine zur sofortigen Weiterreise nach Bagdad. Die Libyer lehnten ab, und Carlos tobte.

Die nächste Station war Tunis. Als der dortige Flughafen die Landung verweigerte, ließ Carlos erneut Algier ansteuern. In seinen Händen befanden sich noch zehn OPEC-Vertreter. Inzwischen hatte es bereits erste Gespräche über das Schicksal von Amouzegar und Yamani gegeben. Ihre Regierungen boten 20 Millionen Dollar. Carlos war von dem Gedanken angetan, so schnell so viel Geld zu kassieren, und so wurde seine Revolutionsideologie vom Drang nach schnödem Mammon überdeckt. Die algerische Regierung garantierte die Zahlung der Lösegelder. Carlos erklärte die OPEC-Operation kurzerhand für beendet.

Worum war es nun eigentlich gegangen? Carlos und Wadi Haddad wollten mit ideologischem Kauderwelsch durchsetzen, dass die Ölquellen voll und ganz den Arabern gehören, dass die reichen Ölstaaten den Widerstand der Palästinenser gegen Israel finanzieren sollten und dass der Judenstaat von keiner arabischen Regierung anerkannt werden durfte.

Nach 20 Jahren des Versteckens wurde Hans-Joachim Klein in der Normandie gefasst. Im Oktober 2000 stand er in Frankfurt vor Gericht. Am zweiten Verhandlungstag erzählte er ein Geheimnis. Der Überfall bei der OPEC sei im Auftrag Libyens geschehen. Das libysche »Volksbüro« in Wien habe alle nötigen Informationen und die Waffen geliefert. Er selbst sei nach seiner Genesung mit Gaddafis Privatmaschine von Tripolis nach Mogadischu geflogen worden.

Carlos' Ehefrau Magdalena Kopp relativierte die Aussage in ihrem Buch *Die Terrorjahre*: »Manche Zeitzeugen behaupten, Libyen habe die Fäden gezogen, andere meinen, es sei der Irak gewesen.« Kopp weist den Deal von Algier zurück: »Hätte Carlos so viel Geld bekommen, so hätte er das sicher nicht geheim gehalten. Er selber sagt, dass er sich niemals habe kaufen lassen.« Die Algerier hätten ihn einfach mit der Erstürmung des Flugzeugs erpresst. Und damit, dass sie bei dieser Gelegenheit keine Gefangene machen wollten. Ihre Sicht ist natürlich subjektiv.

Carlos und seine Bande »spielten« immer wieder mit den nahöstlichen Geheimdiensten. Beispiel: Für die Syrer schlugen sie 1982 in Paris gegen die Zeitung *Al Watan al Arabi* zu. Die Bombe tötete eine Passantin, verletzte 63 weitere Menschen. Der Grund für den Anschlag soll ein Assad-kritischer Artikel gewesen sein. In ihren Erinnerungen beschrieb Magdalena Kopp sehr anschaulich die »Doppeldeutigkeiten« und »versteckten Zeichen« im Umgang zwischen Terrororganisation und Geheimdienst. Ihr Mann und seine Mitstreiter »sahen sich als wichtige und bedeutsame Partner der Geheimdienste, mit denen sie gemeinsame politische Ziele verfolgten«.

Die Aussteigerin aus der Szene erinnert sich an viele Kleinigkeiten, zum Beispiel das Abschiedsgeschenk des irakischen Geheimdienstes, nachdem man sich mit Carlos überworfen hatte – ein Kuvert mit 200 000 Dollar. Sie vermutet, »dass man Carlos mit dem Geld einfach beschwichtigen und für einige Zeit ruhigstellen wollte«. Syrer und Jemeniten boten Asyl an, was der Carlos-Trupp dringend brauchte. Auch der libysche Geheimdienst schickte gelegentlich Geld.

In Syrien endete das aktive Leben der Terrorsöldner. Carlos und Kopp privatisierten, während Gehilfe Johannes Weinrich das Gnadenbrot des Luftwaffengeheimdienstes nahm. Er betreute den Fuhrpark der Offiziere, in dem sich vor allem deutsche Luxuslimousinen befanden. Beim Kundendienst von Daimler-Benz in Damaskus flog der von Berlins Justiz gesuchte Deutsche schließlich auf. Auch ein letztes Ausweichen in den Jemen half ihm nur noch für kurze Zeit, eine bescheidene Freiheit zu genießen.

Ungleiche Partner
Allianzen gegen Terroristen

Zum Bild – Der im Libanon entführte deutsche Siemens-Techniker Alfred Schmidt (2. v. l.) wurde im September 1987 vom »Syrischen Allgemeinen Nachrichtendienst« (BND-Deckname »Silberfuchs«) an den Partner Bundesnachrichtendienst übergeben. Links von ihm Siemens-Direktor Hermann Matzkeit, rechts der deutsche Botschafter Hermann Schlingensiepen, Geheimdienstgeneral Hassan Sulaiman alias Hassan al-Khalil, BND-Unterabteilungsleiter 16 Heinrich Hellmann und Hans Neusel, Staatssekretär im Bundesinnenministerium. Ein seltenes Bilddokument, vom damaligen BND-Residenten in Damaskus, Klaus Blome, gefertigt.

Foltern für den Partnerdienst

»Folter ist niemals akzeptabel, genauso wenig übergeben wir Leute an andere
Staaten, die foltern.«
George W. Bush in einem Interview mit der New York Times, *27. Januar 2005*

»Es sollte mittlerweile klar sein, dass Nachrichtendienste und Politiker dem
Wahrheitsgehalt der ihnen übermittelten Informationen indifferent gegen-
überstehen: Sie brauchen diese (geheimen) Informationen, um die ohnehin
von ihnen geplanten Aktionen rechtfertigen zu können, und um die Megaprofite,
welche ihre Partner aus dem Krieg gegen den Terror erzielen, weiter fließen
zu lassen.«
Craig Murray, Rektor der Universität von Dundee
und früherer britischer Botschafter in Taschkent

Ein neues Unwort hat sich seinen festen Platz im Wortschatz der
Politiker, Sicherheitsexperten und Medienvertreter gesichert. Er
kommt aus den USA und heißt »Extraordinary rendition« oder auch
»Irregular rendition«. Beides umschreibt juristisch die Festnahme
und den illegalen Transfer einer Person über Staatsgrenzen hinweg
– eine Entführung. In unmittelbarem Zusammenhang damit steht
der Terminus »Torture by proxy«, also »Folter in Vertretung«. Beides
zählt zu den neuen Spezialitäten der CIA. Mit dem Regierungswechsel zu Barack Obama hat man sie keineswegs aufgegeben.

Seit 9/11 die Nation nachhaltig verändert hat, sehen sich die Amerikaner unter dem Zwang, künftige Anschläge auf dem eigenen Territorium möglichst weit im Vorfeld zu verhindern. Um dieses Ziel
zu erreichen, ist ihnen jedes Mittel recht. Seit 2001 haben sie auch
deshalb weltweit etwa 3000 Menschen verschleppt – rund 100 aus
dem Bereich der EU – und an zumeist entlegene Orte wie Guanta-
namo/Kuba, Bagram/Afghanistan, Stare Kiejkuty/Polen oder Sed-
naya/Syrien gebracht. In offiziellen Gefangenenlagern, Geheim-

gefängnissen und »dark sites« wurden (und werden) sie in eigener Regie gequält und verhört oder auch Objekt einer sehr heiklen Auftragsarbeit. An Weihnachten 2009 brachte ein amerikanischer Fernsehbericht sogar die litauische Regierung in Bedrängnis. Sie musste zugeben, zwei CIA-Geheimgefängnisse in Vilnius und in einem 20 Kilometer entfernten Dorf geduldet zu haben. Eine parlamentarische Untersuchung wurde angekündigt.

Im Gegensatz zu den Balten haben die neuen/alten Partnerdienste der amerikanischen Geheimdienste im Nahen und Mittleren Osten – Ägypten, Marokko, Jordanien, Syrien und Libyen – kein Problem, alle bekannten Variationen von Folter anzuwenden. Handelt es sich bei ihren Opfern um Menschen aus derselben Region oder Kultur, dann verschwinden sowieso sämtliche Hemmschwellen. Es gibt keine Gesetze, die ihre Arbeit einschränken, und keine Kontrollinstanzen, außer den eigenen Vorgesetzten oder dem jeweiligen Staatsoberhaupt. Sie wissen, dass ihnen in den seltensten Fällen Strafe droht. Sollte der GAU eintreten und ihr Regime gestürzt werden, ist die Wahrscheinlichkeit hoch, dass der Nachfolgedespot sie übernehmen wird. Von »Fachpersonal« trennt sich keiner ohne Not. Außerdem gibt es zu viele Gemeinsamkeiten.

Am 30. Dezember 2009 tötete ein jordanischer Selbstmordattentäter in der bestens bewachten CIA-Einsatzstellung Chapman in Khost/Afghanistan sieben amerikanische Agenten – und seinen eigenen jordanischen GID-Führungsoffizier. Der Attentäter, Arzt von Beruf, hatte zuvor als Al-Qaida-Sympathisant in jordanischer Haft gesessen. In Amman war man auf ihn in islamischen Internetforen aufmerksam geworden. Schon nach wenigen Tagen im Gefängnis glaubten seine Vernehmer ihn umgedreht zu haben. Sie schickten den Mann – Humam Khalil Abu-Mutal al-Balawi, 36 – nach Afghanistan und Pakistan, um sich bei Al-Qaida einzuschleusen Er sollte den Vertreter von bin Laden, Ayman al-Zawahiri, finden.

Sein Mittelsmann war Sharif Ali bin Zeid, ein Cousin des jordanischen Königs Abdullah II. Auf ausdrücklichen Wunsch von al-Balawi hatte bin Zeid das Treffen mit der CIA in Khost organisiert. Als außerordentlich wichtig eingestuft, wurde sogar das Weiße Haus in Washington vorab von dem Termin in Kenntnis gesetzt.

Die CIA-Basis Chapman hat große strategische Bedeutung, weil von hier aus Einsätze der Drohnen gesteuert werden. Im Jahr 2009 resultierten zahlreiche Drohnenangriffe auf Informationen, die al-Balawi übermittelt hatte. Viele der anschließend ebenfalls von al-Balawi gelieferten „Erfolgsmeldungen" entpuppten sich als „Ente". Eine katastrophale Blamage.

Zum Meeting am 30. Dezember 2009 kam der Jordanier – in einer afghanischen Militäruniform – vereinbarungsgemäß zu dem Stützpunkt und wurde am Tor nicht kontrolliert. Durch das Zünden seines Sprengsatzes fügte er der CIA die schwerste Niederlage seit dem Attentat auf die US-Botschaft in Beirut im Jahr 1983 zu.

Sharif Ali bin Zeid wurde in Amman beerdigt. Zeitungsfotos zeigen den jordanischen König an seinem Sarg. Bei der Beerdigung von al-Balawi im jordanischen Zarqa dominierte ein Großaufgebot an Staatssicherheit.

Für die amerikanischen Nachrichtendienste ist eine gute und vertrauensvolle Kooperation mit den Jordaniern lebens- und überlebenswichtig. Hauptsächlich über sie bekommen sie Zugang zu streng abgeschirmten Zirkeln der Islamisten. Verständlich, dass der Vorfall in Khost das Verhältnis beider Länder nicht wirklich belastet.

Eine Studie von »Human Rights Watch« vom April 2008 kam zu dem überraschenden Ergebnis, dass die Mehrzahl der Rendition-Opfer dem jordanischen Geheimdienst »General Intelligence Department« (GID) – arabisch *Da'irat al-Mukhabarat al-Amma* – übergeben werden, was die wirkliche Intensität der Zusammenarbeit zwischen den USA und Jordanien dokumentiert und somit den zweiten Strang der Kooperation darstellt. Die eher weltoffen und freundlich wirkenden Hashemiten haben die meiste und intensivste Erfahrung mit dem Quälen von hilflosen Gefangenen. Sie verfügen über so viel Expertise, dass sie derzeit als erste Adresse gelten.

Der Saudi Abu Hamza al-Tabuki zum Beispiel wurde im Dezember 2001 in Afghanistan festgenommen. Amerikaner verhörten ihn in Pakistan. Dann entschieden sie sich für die jordanische Option. Da könne er »freier« befragt werden, vertraute ihm ein Amerikaner an, bevor die Sondermaschine nach Amman abhob. Was ihm dann passierte, schrieb der Saudi nach seiner Freilassung auf: »Terror und

Angst, Folter und Schläge, Beleidigungen und verbaler Missbrauch und Drohungen, mich zu entkleiden und zu vergewaltigen.«

»Human Rights Watch« recherchierte mühsam die Fälle von 14 Gefangenen der CIA, die zwischen 2001 und 2004 an den GID zur Folter übergeben wurden. Es handelte sich nicht um Jordanier, sondern um fünf Jemeniten, drei Algerier, zwei Saudis, einen Mauretanier, einen Syrer, einen Tunesier und einen oder mehrere Tschetschenen. Möglicherweise hat die CIA auch einen Libyer, einen irakischen Kurden, einen Kuwaiter, einen oder mehrere Ägypter und einen Mann aus den Emiraten zur »Spezialbehandlung« geschickt. Genaue Zahlen sind nicht zu ermitteln, das gesamte Thema ist eine absolute Grauzone.

Die Studie der New Yorker Menschenrechtsorganisation hält fest, dass die meisten dieser Terrorverdächtigen in Pakistan und im georgischen Pankisital aufgegriffen worden seien. Einige seien zuerst in einem US-Gefängnis im Irak oder Afghanistan gewesen, andere dort erst nach dem mehrmonatigen Jordanien-Aufenthalt angekommen.

Der Jemenit Ali al-Hajj al-Sharqawi konnte 2003 einen umfangreichen Kassiber aus dem GID-Gefängnis in Wadi Sir schmuggeln. Darin warf er den Vernehmern vor, sie hätten ihn »grenzenlos geschlagen«. »Sie bedrohten mich mit elektrischem Strom, mit Schlangen und Hunden ... Sie sagten, du wirst den Tod sehen ... Sie drohten, mich zu vergewaltigen.« Sharqawi beschrieb eine jordanische Spezialität, die »Falaqa«, eine nahöstliche Form der Bastonade. Dabei wird mit Stöcken auf die Fußsohlen der Gefangenen geschlagen.

Die Methodik der CIA wiederholt sich in beinahe jedem bekannten Fall. Ein Greifkommando holt sich den verdächtigen Islamisten oder übernimmt ihn bereits reisefertig von einem Partnerdienst. Es übergibt den Gefangenen an die sogenannte »Rendition-Gruppe«, deren Mitglieder in furchterregendes Schwarz gekleidet sind. Sie tragen Masken. Niemand kann sie später wiedererkennen. Als Erstes verbinden sie ihrem Gefangenen die Augen. Sie schneiden ihm sämtliche Kleidungsstücke vom Leib und inspizieren die Körperöffnungen. Er bekommt einen Einlauf und Schlafmittel. Dann wird er mit Windeln und einem orangenen Overall neu eingekleidet. Die Reise kann lange dauern.

Für den Flug stehen mehrere Dutzend zivile Maschinen zur Verfügung, deren Daten auf den ersten Blick keine Rückschlüsse auf amerikanische Behörden, schon gar nicht die CIA, ermöglichen. Sie sind im Namen von Tarnfirmen registriert, zum Beispiel der »Bayard Foreign Marketing« aus Portland, Oregon. Eines haben sie gemeinsam: Diese Flugzeuge dürfen problemlos auf amerikanischen Militärstützpunkten landen. Wenn die Gefahr der Enttarnung droht, werden sie einfach abgemeldet und neu registriert. Die bisherigen Flugdaten verschwinden, soweit dies im Computerzeitalter noch möglich ist.

Abu Omar

Der wuchtige Mann mit dem mächtigen Rauschebart und der arabischen Kleidung, die wie ein Pyjama aussah, war nicht zu verfehlen. Am 17. Februar 2003 legte er die kurze Strecke von seiner Wohnung zur Moschee zu Fuß zurück. Es war Zeit für das Mittagsgebet, und er musste als Imam seine Pflichten pünktlich erfüllen. Plötzlich sprangen mehrere Leute westlicher Herkunft auf ihn. Sie spritzten dem gebürtigen Ägypter Reizgas ins Gesicht, um möglichen Widerstand zu brechen, und drängten ihn in einen wartenden weißen Lieferwagen. Mit quietschenden Reifen und riskanten Fahrmanövern brauste der Kastenwagen in Richtung Aviano, wo die US-Luftwaffe einen Militärflughafen unterhält. Dort kam er gegen 16.30 Uhr an.

Die Kidnapper brachten Abu Omar zu einem wartenden Learjet LJ-35. Er startete zwei Stunden später mit Ziel Ramstein in Deutschland. Dort stand ein von der CIA gecharterter Gulfstream-IV-Jet bereit. Am Ende eines langen Tages wankte der Gefangene aus der Privatmaschine. Seine Augen waren verbunden. Er trug Haftkleidung und Fesseln. Abu Omar wusste sofort, wo er war. Die Sprache, diese Gerüche, diese Geräusche … Ägypten.

Nun fehlen viele Details. Der Imam erzählte später, er sei in jener Nacht in das Hauptquartier des Muchabarat gebracht worden. Dort habe ein 14-monatiges Martyrium begonnen. Man habe ihm vorgeworfen, Novizen für den »Heiligen Krieg« anzuwerben. Omar berichtete, er sei sieben Monate lang gefoltert worden, bis zu zwölf

Stunden pro Tag. An einer Metalltür und auf einem hölzernen Gestell – sie nannten es *el-arousa* (»Die Braut«) – habe man ihn »gekreuzigt«. Dabei sei er zusätzlich mit Elektroschocks malträtiert, getreten und geschlagen worden. So wird es auch in einem Bericht von »Amnesty International« beschrieben. Darin findet sich dieses Zitat aus einem Brief Abu Omars: »Ich hing wie Schlachtvieh, den Kopf nach unten, die Füße nach oben, die Hände hinter meinem Rücken gefesselt. Sie haben mir am ganzen Körper Elektroschocks verabreicht, vor allem am Kopf, um mein Gehirn zu paralysieren, an den Brustwarzen und am Penis ...«

Abu Omar wurde in einer kleinen, schlecht belüfteten Zelle zusammen mit Ratten und Kakerlaken festgehalten. Im Sommer war es unerträglich heiß, im Winter setzte ihm die Kälte zu. Der Gefangene durfte sich nur einer einzigen Decke bedienen. Zum Essen gab es meistens hartes Brot. In diesen 14 Monaten konnte er mit der Außenwelt keinen Kontakt aufnehmen, weder mit seiner Familie noch mit Freunden. Er wurde auch nie einem ordentlichen Gericht überstellt. Erst am 20. April 2004 öffnete sich für den Geistlichen wieder die Gefängnispforte. Die Wärter ermahnten ihn noch einmal ernsthaft, mit niemandem über die Internierungszeit zu sprechen.

Abu Omar nutzte die erstbeste Gelegenheit, seine Frau in Mailand anzurufen. Er erzählte ihr von den englisch und italienisch sprechenden Männern in den Flugzeugen und vom ägyptischen Geheimdienst. In der Haft sei er mehrfach beinahe gestorben. Das Gespräch wurde von der italienischen Polizei abgehört. Dort hatte man sich längst Gedanken über das Verschwinden des von ihr bereits monatelang beobachteten Ägypters gemacht. Nun liefen Ermittlungen des polizeilichen Staatsschutzes an – gegen die CIA.

Abu Omar hatte wohl zu viel erzählt. Am 12. Mai 2004 holten ihn die Leute von der Staatssicherheit wieder ab. Sie brachten ihn zum Verhörzentrum in Nasr City und dann in das berüchtigte Istiqbal-Tora-Gefängnis, später in die Haftanstalt Damanhur. Abu Omar wurde meistens von anderen Gefangenen abgeschottet. Die Staatssicherheit lockerte ihren eisernen Griff auch nach 16 gerichtlichen Beschlüssen zur Freilassung des Imam nicht. Das Innenministerium berief sich monoton auf ägyptische Notstandsgesetze, die alle Aktionen der Sicherheitsbehörden sanktionieren. Schließlich kam er im Februar 2007 wieder frei, körperlich behindert und seelisch gebrochen. Seither lebt er in Alexandria. In Italien wurde nämlich ein Haftbefehl gegen ihn erlassen. Der »Krieg gegen den Terror« lässt Abu Omar nicht mehr los. Deshalb forderten seine Frau und er 15 Millionen Euro Schmerzensgeld, um alles besser ertragen zu können.

Immerhin, die italienischen Behörden ermittelten nach zwei Seiten. In einem aufwendigen Verfahren haben sie die Entführung des Geistlichen durchleuchtet und am Ende 33 Verdächtige aufgelistet, 26 Amerikaner und sieben Italiener. Die Mailänder Antiterroreinheit checkte alle Gespräche mit Mobiltelefonen, die am 17. Februar 2003 mittags zwischen 11 und 13 Uhr in der Nähe des Tatorts geführt wurden. Am Ende blieben 300 verdächtige Telefonate übrig. Stets waren gerade gekaufte SIM-Karten im Einsatz, die dann Tage später nicht mehr benutzt wurden.

Die Polizei stellte eine Liste mit 17 Handynummern zusammen. Vier ihrer Nutzer fuhren zur passenden Zeit zum Militärflughafen Aviano, weitere fünf am Nachmittag des 17. Februar. Noch während der Lieferwagen mit der menschlichen Beute rollte, meldeten sie sich telefonisch beim CIA-Stationschef im US-Konsulat Mailand, Robert Sheldon Lady, und im Hauptquartier der CIA in Langley, Virginia.

Die italienischen Ermittler erwiesen sich als cleverer, als es sich die US-Agenten in ihren Allmachtsfantasien vorstellen konnten. Innerhalb von Wochen fanden sie zahlreiche Einzelheiten heraus: Passdaten, Flug- und Hotelreservierungen, Kreditkartenbelastungen, Autobahnmaut. Und eine Party im Hotel »Danieli«, Venedig. Dort hatten einige der Agenten den gelungenen Coup gefeiert. Bei den Hotelbuchungen hatten sie in der Regel ihre Klarnamen benutzt, bei den anderen Zahlungsvorgängen Decknamen. Beides ließ sich nach Kenntnis des Vorgangs zusammenführen.

Peinlich war, dass Robert Lady und der Chefermittler Bruno Megale seit Jahren eng befreundet waren. Ihre Mailänder Büros lagen nur hundert Meter auseinander. Da half es auch nichts, dass Lady bereits vor der Verschleppung Abu Omars den italienischen Militärgeheimdienst SISMI informiert und sein Missfallen über die beabsichtigte Aktion kundgetan hatte. Eine Hausdurchsuchung bei

Lady brachte den Italienern kistenweise Material über die Vorbereitung und die Umstände der Entführung. Die nächste Razzia fand bei SISMI statt. Auch sie bestätigte alle Gerüchte über die Komplizenschaft der italienischen Geheimen mit ihren amerikanischen Freunden. Das Verfassungsgericht in Rom war schließlich gezwungen, die entsprechenden Akten als Staatsgeheimnis einzustufen und sie dem Staatsanwalt in Mailand zu verweigern.

Der mutige Ankläger Armando Spataro forderte am Ende die Auslieferung von 26 amerikanischen Staatsangehörigen, und das Justizministerium verweigerte wiederholt die Weitergabe der Dokumente. Vorübergehend ließ Spataro auch den damaligen SISMI-Abteilungsleiter Gustavo Pignero und den Verantwortlichen für Terrorismus- und Spionageabwehr, Marco Mancini, inhaftieren. Der SISMI-Direktor des Jahres 2003, Nicolo Pollari, wurde mit ihnen angeklagt: der größte anzunehmende Unfall eines Nachrichtendienstes.

Bei seinem Plädoyer im bislang ersten und einzigen Verfahrens gegen das CIA-Rendition-Programm forderte der Staatsanwalt Haftstrafen von bis zu 13 Jahren. Im November 2009, nach zwei Prozessjahren, wurde das Urteil verkündet: acht Jahre Haft für Robert Sheldon Lady und jeweils fünf Jahre für die restlichen Angeklagten. Die Entführer müssen ihrem Opfer und seiner Frau zwei Millionen Dollar Schmerzensgeld bezahlen. Die Amerikaner wurden in Abwesenheit verurteilt und gelten als flüchtig. Die Beziehungen zwischen Italien und den USA sind beschädigt.

Für die Fachwelt interessant ist die Tatsache, dass das Mailänder Verfahren eine Reihe gleichartiger Prozesse auslösen könnte. Überraschend meldeten sich zwei der Angeklagten in den US-Medien zu Wort. Robert Lady räumte ein, dass die Entführung italienische Gesetze gebrochen habe. Das sei aber bei verdeckten Operationen immer der Fall.

Die Angeklagte Sabrina de Sousa, eine frühere »Diplomatin« am Generalkonsulat in Mailand, beklagte gegenüber *ABC News*, dass die Agenten von ihren Auftraggebern allein gelassen und betrogen worden seien und jetzt »für die Fehler bezahlen müssten«. Als es ernst wurde, habe das State Department ihre diplomatische Immunität nicht bestätigt. Sabrina de Sousa hat inzwischen den Staatsdienst verlassen und selbst Klage gegen die Vereinigten Staaten eingereicht.

Maher Arar

Der junge Ingenieur aus Ottawa, am wichtigen Datum 26. September 2002 ganze 32 Jahre alt, ist ein zweiter Fall von »Extraordinary rendition«, der den USA völlig missglückte und zu heftiger Kritik, auch von der befreundeten kanadischen Regierung, geführt hat. Nach geltenden amerikanischen Gesetzen hat sich dagegen nichts Ungewöhnliches ereignet. Einen »Maher Arar« kann es an jedem US-Flughafen immer wieder geben.

Maher Arar, geboren in Syrien und 1988 mit seinen Eltern nach Kanada ausgewandert, kehrte an jenem 26. September 2002 aus beruflichen Gründen vorzeitig von einem Urlaub in Tunesien zurück. Seine bestmögliche Flugverbindung führte über New York. Dort sollte er umsteigen. Ein aufmerksamer Beamter der Einreisebehörde INS entdeckte Arars Namen auf der Liste der Terrorverdächtigen.

Der Fluggast wurde zur Seite gebeten. Zwei Stunden später kamen andere Offizielle und nahmen seine Fingerabdrücke, fotografierten und behandelten ihn erkennungsdienstlich wie einen gemeinen Kriminellen. Die Polizei durchsuchte sein Gepäck, kopierte seinen Reisepass. Maher Arar wurde von einem unguten Gefühl erfasst. Er fragte nach dem Warum und Wieso. Niemand antwortete ihm. Auch das Telefonieren wurde ihm verweigert.

Immer neue Leute kamen, auch das FBI. Arar verlangte nach einem Anwalt. Dazu, so sagten sie ihm, habe er kein Recht. Er sei ja kein amerikanischer Bürger. Der Umgangston wurde härter, zunehmend beleidigend. Die Vernehmer bedienten sich einer Akte, die genaue Details über den jungen Einwanderer enthielt, sogar einen Mietvertrag von 1997. Darauf hatte der Bruder eines Kollegen, Abdullah Almaki, als Bürge unterschrieben. Niemand klärte Arar darüber auf, dass dieser Almaki im Verdacht stand, ein Terrorismussympathisant zu sein. Arar beschlich der Verdacht, dass die Sicherheitsbehörden beider Länder sehr eng zusammenarbeiten. Die eigenen kanadischen Landsleute hätten ihm möglicherweise diese harsche Behandlung beschert.

Der völlig verunsicherte Reisende wurde am Ende an Händen und Füßen in Ketten gelegt und in eine Arrestzelle am Flughafen gebracht. Am nächsten Morgen begann das Verhör erneut. Die INS-Beamten fragten nach bin Laden, Palästina, Irak, den Moscheen in Kanada. Nach weiteren acht Stunden war Arar willenlos und lethargisch. Er unterschrieb ein Dokument, das er nicht durchlesen durfte. Die nächste Nacht verbrachte er im New Yorker Stadtgefängnis. Bei der Einlieferung wurde er intensiv durchsucht, in orange Häftlingskleidung gesteckt und geimpft. Arar merkte, dass man ihn strenger behandelte als alle anderen. Nach zwei Tagen bekam er einen Koran. Nach fünf Tagen durfte er für einen Augenblick mit seiner Schwiegermutter telefonieren.

Tage später teilten ihm die US-Beamten mit, sie würden ihn deportieren. Er könne sich das Ziel aussuchen. Da gab es für ihn keine Alternative: Kanada! Auf keinen Fall wollte er nach Syrien. Auch die kanadische Konsulin beruhigte den inzwischen völlig verzweifelten Arar. Wieder folgte ein Verhör. Warum er nicht nach Syrien wolle? Arar:»Ich sagte ihnen, sie würden mich dort foltern. Ich hatte mich vor dem Militärdienst gedrückt. Ich bin ein Sunni. Der Cousin meiner Mutter saß neun Jahre im Gefängnis, weil man ihn beschuldigte, der Moslembruderschaft anzugehören.«

Am 8. Oktober, morgens um drei Uhr, begann der Horror ohnegleichen. Maher Arar wurde in seiner Zelle geweckt und erneut mit Ketten an Armen und Füßen versehen. Zwei Offizielle verlasen die Entscheidung, ihn nach Syrien auszuweisen. Dazu wurde er zu einem kleinen Flughafen in New Jersey gebracht, wo eine Privatmaschine wartete, ein Gulfstream-V-Jet. Bei einer Zwischenlandung in Washington entnahm er dem Gespräch des Rendition-Personals, dass sich Syrien weigerte, ihn direkt zu übernehmen. Es müsse über Jordanien geschehen. Also wurde er nach Amman geflogen. Arar zitterte wie Espenlaub, als ihn die Amerikaner wiederum morgens um drei Uhr an die Jordanier übergaben.

Sie verbanden ihm die Augen, legten neue Ketten an. In einem Van brachten sie ihn weg. Die Männer vom jordanischen Geheimdienst befahlen ihrem neuen Gefangenen, den Kopf nach unten zu halten. Immer, wenn er etwas sagen wollte, prügelten sie auf ihn ein. Nach einigen Stunden in einer jordanischen Zelle wurde er wieder »verladen«. Arar fragte, wohin sie fahren würden. Sie sagten, zurück nach Montreal. Stunden später wurde er an andere Männer übergeben. Er war in Damaskus angekommen, beim Palästina-Referat des syrischen Militärgeheimdienstes.

Die erste Vernehmung konnte beginnen. Drei Männer stellten viele Fragen über Arars Familienverhältnisse. Wenn er nicht schnell genug antwortete, deuteten sie vielsagend auf einen Metallstuhl, der in der Ecke stand. Nach einigen Stunden brachten sie ihn in eine Zelle – ein Meter mal 1,80 Meter und genauso hoch. Zur Ausstattung der Zelle gehörten zwei Decken, zwei Teller und zwei Flaschen. Eine der Flaschen enthielt Wasser. Die andere war für nachts zum Pinkeln gedacht. Im Zellentrakt gab es Katzen und Ratten – und kein Licht. Der Ingenieur aus Kanada sollte in diesem Loch zehn Monate und zehn Tage verbringen. Er nannte es »sein Grab«.

Am nächsten Morgen wurde er wieder nach oben geholt. Sie schlugen ihn den ganzen Tag mit einem dicken Elektrokabel, manchmal auch nur mit Händen und Fäusten. Alle zwei Stunden gab es eine Pause. Dann konnte er die Schmerzensschreie der anderen hören, die gerade in den Nachbarräumen »bearbeitet« wurden. Eine psychologische Taktik, die jedes Opfer demoralisierte. Abends verabschiedeten sich die syrischen Folterknechte mit den Worten, am nächsten Tag werde es noch schlimmer sein. Er dachte an seine Frau, an ihre beiden kleinen Kinder. In seinem Kopf spielten die Lieder von Leonard Cohen. Das gab ihm Kraft.

Die Syrer wollten von ihrem Opfer ein Bekenntnis hören. Er sei in Afghanistan gewesen und dort in einem Terrorlager ausgebildet worden. Für Arar war das kein wirkliches Problem: »Ich hätte alles gestanden, damit sie aufgehört hätten, mich zu quälen.« Was er nicht wusste: Andere Terrorverdächtige hatten in ähnlich ausweglosen Situationen sein Gesicht auf Fotos erkannt oder ihn denunziert, weil sie dachten, die Vernehmer wollten das so hören. Der alte Effekt, dass Gefolterte alles »gestehen«, um die Qualen zu beenden.

Die Gewalt gegen Arar stoppte drei Tage, bevor der kanadische

Konsul ein erstes Mal den Gefangenen für knappe zehn Minuten treffen durfte. Es war ein sehr emotionales Meeting. Vier Syrer saßen mit steinernen Mienen daneben. Arar hatte nicht den Mut, von Folter zu sprechen.

Wieder einen Monat später kamen die Auftragnehmer der CIA und legten ihrem unfreiwilligen Gast zwei Dokumente zum Unterschreiben vor. Das eine war etwa sieben, das andere drei Seiten lang. Er durfte sie nicht lesen, musste sie jedoch mit Fingerabdruck und Unterschrift abzeichnen. Siebenmal besuchte ihn der Konsul, einmal eine kanadische Parlamentsdelegation. Danach war Maher Arar jedesmal am Boden zerstört. Sie hatten stets über Unwichtiges geplaudert und waren ohne ihn wieder gegangen. Er schlug seinen Kopf gegen die Steinwände, weinte hemmungslos.

Nach einigen Monaten wurde er verlegt, in das Sednaya-Gefängnis. Nun ging es ihm spürbar besser, weil er andere Gefangene um sich hatte und sogar Essen kaufen durfte. Plötzlich war da ein zweiter Kanadier. Arar stand vor ihm und erkannte ihn nur mit Mühe: Abdullah Almaki. Er war durch dieselbe Hölle gegangen, nur viel intensiver. Ein Wunder, dass er noch lebte. Am 5. Oktober 2003 wurde Arar einem Staatsanwalt vorgeführt. Er musste sich sein »Geständnis« anhören. Dann übergaben ihn die Syrer an die kanadische Botschaft. Er war frei.

Sein Fall löste in Kanada eine antiamerikanische »Tsunami-Welle« aus, je mehr die Zeitungen darüber schrieben. Eine Untersuchungskommission der Regierung stellte offiziell fest, dass er in Syrien völkerrechtswidrig gefoltert worden war. Er wurde von allen Terrorismusvorwürfen freigesprochen. Kanada garantierte ihm – gerade auch wegen der eigenen Verwicklung in die amerikanische Aktion – eine Kompensation in Höhe von 10,5 Millionen Dollar.

Maher Arar verklagte die US-Regierung und ihre wichtigsten Köpfe im »Krieg gegen den Terror«, Generalstaatsanwalt John Ashcroft, Homeland-Minister Tom Ridge, FBI-Direktor Robert Mueller … Die Bush-Administration reagierte zynisch, weigerte sich, ihn vom Terrorismusverdacht zu säubern. Von Cofer Black, zeitweise verantwortlich für Terrorismusabwehr im State Department und auch bei der CIA, ist folgender Satz überliefert: »Die syrische Regierung hat uns in Sachen Al-Qaida in der Vergangenheit sehr nützliche Unterstützung geleistet.«

Das Weiße Haus verschanzte sich hinter der sehr dehnbaren Klausel eines »Staatsgeheimnisses« – und schwieg. Die US-Regierung hatte sich bekanntlich schon am 8. Januar 2002 von den Verpflichtungen der Genfer Konvention für den Umgang mit Kriegsgefangenen verabschiedet. Wer immer in das Schema eines vagen, selbst erklärten »Krieges gegen den Terror« passt, ist für die USA rechtlos. Das Verfahren läuft noch, und auch die Obama-Regierung hat sich bislang mit Bewertungen zurückgehalten. Nur einzelne Abgeordnete bezogen Position zugunsten des Gepeinigten. Das Magazin *Time* setzte ihn 2007 bei seiner Liste der 100 »einflussreichsten Menschen der Welt« auf Platz 58.

Mohamed Haydar Zammar

Ein aufgeregter Mann mit 145 Kilogramm Gewicht, einem dichten, schwarzen Bart und Brille, saß sechs Tage nach den Anschlägen von New York und Washington im Landeskriminalamt Hamburg. Mohamed Haydar Zammar, damals 40 Jahre alt und eine bekannte Größe der islamistischen Szene in der Hansestadt, war freiwillig erschienen, um den Ermittlern des Bundeskriminalamts Rede und Antwort zu stehen. Es ging um Zammars Verhältnis zu Said Bahaji und den anderen aus der sogenannten »Hamburger Zelle«. Der polizeiliche Staatsschutz wollte wissen, wie nahe Zammar ihnen gekommen war, was er überhaupt zu 9/11 wusste.

Solange es lediglich darum ging, aus seinem Leben zu plaudern, reagierte Zammar ziemlich friedfertig. Als sich die Zeugenvernehmung immer mehr den »Brüdern« näherte und ein Name nach dem anderen fiel, wurde Zammar zunehmend sperrig. Er fing an, die Aussage zu verweigern. Begründung: »Ich habe Angst, dass Sie mir etwas anhängen wollen … Für den Westen ist jeder, der nach Afghanistan, Pakistan oder Kosovo fährt, ein Terrorist. Deshalb will ich hier gar nichts mehr sagen.« Auch die Belehrung des Vertreters der Bundesanwaltschaft, dass Zammar zur Aussage verpflichtet sei, änderte nichts.

Im Protokoll hieß es später: »Der Zeuge ist weiterhin sehr aufgeregt und führt seine politischen und philosophischen Weltansichten zu Ungerechtigkeiten und der Unterdrückung der 3. Welt weiter aus.« Nun brachten die Ermittler ein größeres Kaliber in Stellung. Mohamed Haydar Zammar wurde nach der Mittagspause richterlich vernommen. Dabei kam auch nicht mehr heraus. Zu konkreten Namen und Orten reagierte er abwehrend. Sein Glaubensbekenntnis lautete: »Ich bin zunächst Muslim. Für mich gilt das Gottesgesetz. Das Gesetz, das mich hier zur Aussage verpflichtet, ist kein islamisches Gesetz. Deswegen fühle ich mich daran nicht gebunden.« Das mussten die deutschen Beamten in Hamburg akzeptieren. Im Stillen dachten sie sich: Wenn du jetzt im Nahen Osten wärst, dann würdest du mit dieser Taktik nicht weit kommen.

Der 1961 in Syrien geborene und seit seinem zehnten Lebensjahr in Deutschland wohnende Hüne, Kfz-Schlosser von Beruf, fühlte sich nach dieser unerfreulichen Begegnung mit dem Rechtsstaat in Deutschland nicht mehr wohl. Er brauchte Tapetenwechsel, und so beantragte er einen Monat später einen neuen, vorläufigen Reisepass, um nach Marokko fliegen zu können. Das Bundeskriminalamt observierte den Vorgang.

Im Prinzip hätte Zammar gewarnt sein müssen, da er bereits Monate vorher in Jordanien mehrere Tage inhaftiert und zu seinen Kontakten im Land wie auch in Afghanistan befragt worden war. Er befand sich im Visier der Geheimdienste in der arabischen Welt. Auch er zweifelte sicher nicht daran, dass diese sich austauschen. Er hatte guten Grund, sich hier wie dort nicht mehr sicher zu fühlen.

Der Stellenwert von Zammar geht aus einem »Behördenzeugnis« des Landesamtes für Verfassungsschutz in Hamburg hervor. Darin heißt es wörtlich: »Bereits 1991 erhielt er auf eigenen Wunsch hin in einem Mujahedin-Ausbildungslager in Pakistan eine militärische Ausbildung (an gängigen Infanteriewaffen und Sprengmitteln) und nahm anschließend an Kampfeinsätzen in Afghanistan teil. Er hatte angeblich persönlichen Kontakt zu Usama Ben Ladin, den er bewundert. Außerdem sympathisiert er mit allen Mujahedin.« Bei der Festnahme von mutmaßlichen arabischen Terroristen in Turin habe man auch Zammars Adressen und Telefonnummern gefunden.

Die Hamburger Staatsschützer hielten ihn für einen Anwerber von Al-Qaida, das BKA für einen »aktiven Gefährder«. Der Leiter der BKA-Terrorismus-Abteilung in Meckenheim, Manfred Klink, sagte später aus, Zammar sei »ein ganz gefährlicher islamistischer Fundamentalist (gewesen), von dem man jederzeit erwarten konnte, dass er sich an der Planung neuer Terroranschläge beteiligt, dass er hier mitwirkt, seine aktive Rolle hier einnimmt«.

Am 27. Oktober 2001 flog die Zielperson Zammar über Amsterdam nach Casablanca. Die Bundesanwaltschaft kannte jeden Schritt seiner Reisevorbereitungen, wollte sie aber nicht verhindern. Die deutschen Behörden gingen davon aus, dass Zammar seine in Marokko lebende zweite Ehefrau besuchen wollte. Es hieß sogar, er wolle sich von ihr scheiden lassen. Sein Rückflug war für den 8. Dezember gebucht.

Das BKA informierte die holländischen und die marokkanischen Kollegen über Zammars Reise. Auch das amerikanische FBI wusste Bescheid. So kam es, wie es kommen musste: Der Deutsch-Syrer wurde am 8. Dezember 2001 in Casablanca festgenommen. Eine erste Information für die deutschen Behörden kam vom FBI. Darauf versuchten sie auf diplomatischen und polizeilichen Kanälen, mehr zu erfahren. Das führte zu vielen widersprüchlichen Angaben. Interessant war die Meldung des BND, dass die Marokkaner ihren Häftling Zammar an die Amerikaner übergeben hatten. Dazu wollten sich beide Seiten nicht äußern. Tatsache ist, dass sich Zammar für 23 Tage in der Hand des marokkanischen Geheimdienstes DGST befand und niemand die Deutschen informierte.

Nach einem halben Jahr vielsagenden Schweigens brachte die *Washington Post* den Fall Zammar öffentlich ins Rollen. Die US-Zeitung stellte den Qaida-Rekrutierer ausführlich vor und kam zu dem Schluss, er befinde sich in Gewahrsam. Nun wurde es auch von der CIA offiziell bestätigt. Am 12. Juni 2002 erklärten die Amerikaner, Zammar sei in Syrien. Inzwischen deutet vieles darauf hin, dass die deutschen Behörden Zammars Schicksal schon Anfang 2002 kannten. Bereits am 9. März hatten die Syrer einer BND-Delegation ein erstes Vernehmungsprotokoll des in Deutschland Vermissten übergeben.

Im Übrigen reagierten die Syrer patzig. Die Vizeaußenministerin versicherte der Deutschen Botschaft am 22. Juni 2002, man kenne Zammars Aufenthaltsort nicht. Für die Deutschen gebe es auch keine Veranlassung, den Mann konsularisch zu betreuen, da er syrischer Staatsbürger sei. Zammar hatte im März 1982 die deutsche Staatsbürgerschaft erhalten. Das ignorierte Damaskus mit Vorsatz.

Im Juli besuchte eine syrische Geheimdienstdelegation unter der Leitung von General Assef Shaukat die deutschen Partner und das Bundeskanzleramt. Assad-Schwager Shaukat wurde dabei auf Zammar angesprochen, tat jedoch so, als habe er den Namen noch nie gehört. Die Deutschen waren so entzückt über Shaukats Visite, dass sie sofort das Verfahren gegen zwei wichtige syrische Spione einstellten und sie Stunden vor ihrer Hauptverhandlung laufen ließen.

Niemandem fiel ein, als Gegenleistung die Überstellung von Zammar zu verlangen. Viel wichtiger erschien eine neue »umfassende nachrichtendienstliche Zusammenarbeit«. Das sollte an diesem Fall erprobt werden. Also schickten die deutschen Partner umfangreiche Fragenkataloge für die weiteren Vernehmungen nach Damaskus. Eine intensive Reisetätigkeit hochrangiger Beamter begann. Wie so oft, brachte das nur Reisekosten.

Umso intensiver lief zwischen den deutschen Ämtern die Diskussion an, ob Zammar in Syrien möglicherweise gefoltert würde und ob man dabei gewonnene Erkenntnisse nutzen dürfe. Dass Zammar im totalitären Syrien körperlich zu Schaden kommen müsse, waren sich die hohen Amtsträger einig. Um das eigene Gewissen zu beruhigen, bagatellisierten sie das Problem, und vor allem BND-Präsident August Hanning versuchte, die Tatsache der Folter kleinzureden. Er konnte damit leben.

Hanning wörtlich im späteren BND-Untersuchungsausschuss des Bundestages: »Es gibt eine Fülle von Vorwürfen. Das betrifft die ganze Region, nicht nur Syrien.« Das könne aber nicht dazu führen, »dass man mit allen Staaten, die mit Foltervorwürfen belastet sind, Beziehungen nicht aufnimmt bzw. die Möglichkeit – wie in diesem Fall, wenn die Chance besteht, Gefahrenabwehr zu betreiben, sehr konkret –, diese Chance nicht wahrnimmt. Ich glaube, dass das ein falscher Weg wäre und im Hinblick auf die innere Sicherheit dieses Landes nicht verantwortet werden kann«. Die Syrer waren bestimmt gerührt.

Schließlich ließen sie sich erweichen und gestatteten einer fünf-köpfigen Delegation – zwei Mitarbeiter des BND, zwei vom Verfassungsschutz und einer vom BKA –, Mohamed Haydar Zammar in Damaskus zu befragen. Im Hauptquartier des syrischen Militärgeheimdienstes wurden ihnen vier Termine eingeräumt. Einer der beiden BND-Vertreter berichtete später dem Bundestagsausschuss: »Er wirkte schlank, jedoch zumindest im Gesicht und an den Händen, also bei den Körperteilen, die man bei der Kleidung auch sehen konnte, nicht abgemagert.« Zammar habe drei Tage lang »körperlich unversehrt, geistig präsent und psychisch stabil« gewirkt. Von aktuellen Misshandlungen habe man nichts gemerkt. Sie unterschlugen Zammars vorsichtige Hinweise, dass er sowohl in Marokko als auch in Syrien geschlagen worden war.

Ein Teilnehmer des Verfassungsschutzes erklärte beim BND-Untersuchungsausschuss: »Wir haben, was die Person Zammar betrifft, eine ganze Reihe von Erkenntnissen gewonnen, … die uns vorher nicht bekannt waren, zu Kontakten ins islamistische Milieu, die uns zum Teil nicht bekannt waren, zu hochwertigen Kontakten. Er hat sich geäußert zu Reisen in den Sudan, zu al-Qaida-Kontakten dort … Er hat Hinweise gegeben zu Personen aus dem Umfeld des 11. 09. Er hat Ermittlungsansätze geliefert zu einzelnen Personen. Aufgrund dieser Hinweise konnten dann Mitarbeiter von mir weitere Ansätze verfolgen. Also, in der Summe, würde ich sagen: ein durchaus erheblicher Erkenntniszugewinn für uns.«

Das war's für lange Zeit.

Im März 2005 ging »Amnesty International« in einem Bericht auf Zammars Schicksal ein. Darin hieß es, er sei von den Amerikanern nach Syrien verschleppt worden. Dort werde er unter absolut menschenunwürdigen Bedingungen im Far-Falestin-Gefängnis festgehalten. Am 8. Juni 2005 durfte er einen kurzen Brief an seine Familie schreiben und dem Roten Kreuz zur Weiterleitung geben.

Im November 2006 stimmte Syrien schließlich der konsularischen Betreuung des Gefangenen zu. Für die Woche darauf war sein Prozess vor dem Obersten Staatssicherheitsgericht in Damaskus angesetzt. Der mittlerweile beinahe schlanke Islamist wurde der Mitgliedschaft in der Moslembruderschaft angeklagt. Man warf ihm seine Reisen zu Ausbildungslagern in Afghanistan und Bosnien vor, seine Verbindungen zur »Hamburger Zelle«. Manches beruhte auf den Unterlagen aus Deutschland.

Am 11. Februar 2007 wurde der Hamburger zum Tode und zu mehreren langen Haftstrafen verurteilt. Das Gericht gewährte sogleich einen großzügigen Bonus und kam schließlich zu einer Gesamtfreiheitsstrafe von zwölf Jahren.

Der während seiner ganzen Jihadisten-Laufbahn von latentem Pech verfolgte Zammar wird sie wohl absitzen müssen, bis auf Weiteres in Zelle 13 der »Palästina-Abteilung«. 1,85 mal 0,85 mal 2,00 Meter. Mit verdorbenem Essen und permanenten Schlägen, wenn die kleinen Sadisten vor Ort oder die Vorgesetzten beim Partnerdienst des BND es für nötig halten auch mit harter Folter. Besonders häufig verabreichen sie Elektroschocks oder auch das berüchtigte *Dulab* – Gefangene werden in einen alten Autoreifen gedrückt, damit an die Decke gehängt und bis zur Bewusstlosigkeit geprügelt. Für Syrien hat »Amnesty International« 38 verschiedene Arten perverser Quälerei dokumentiert. Mohamed Haydar Zammar wird viel erzählen können, wenn er zurückkehrt.

Ibn Sheikh al-Libi

Er zählte lange zu den »Verschwundenen« unter den vielen Gefangenen in Amerikas »Krieg gegen den Terror«. Der gebürtige Libyer und ehemalige Kommandeur von Osama bin Ladens Ausbildungslager Khaldan geriet im Dezember 2001 in den Gewahrsam pakistanischer Streitkräfte und wurde von ihnen den US-Invasionstruppen übergeben. Die Amerikaner erkannten sofort, dass sie einen Mann aus der Führungsebene in Händen hielten. Für solche »Juwelen« erschien ihnen Guantanamo zu liberal. Das Internierungslager auf Kuba befand sich zwar außerhalb der US-Gesetzgebung, doch gab es dort immer viele unbequeme Zeugen, die CIA und Pentagon letztem Endes nicht einschätzen konnten.

So kam Ali Mohamed Abdelaziz al Fakhiri, den seine »Brüder« immer nur als »Ibn Sheikh al-Libi« kannten, in das Rendition-Programm. Die CIA übergab ihn im Januar 2002 an die ägyptischen Partner zur weiteren »Therapie«. Ein Ergebnis der danach folgenden Verhöre gab es in der berühmt-berüchtigten UN-Rede des amerikanischen Außenministers Colin Powell zu bestaunen. Tage vor dem US-Überfall auf den Irak lieferte Powell mit gefälschten Informationen die Kriegsgrundlage. Dazu zählten auch Informationen »eines Terroristen aus der Führungsebene«, der »für eines von Al-Qaidas Trainingslager in Afghanistan verantwortlich gewesen war«.

Von diesem Mann wollten die Amerikaner also erfahren haben, Saddam Hussein habe angeboten, zwei Mitglieder von Al-Qaida im Gebrauch von »chemischen und biologischen Waffen« auszubilden. Ein typisches Geständnis, um die Folter zu stoppen. Bei der CIA heißt es, der prominente Gefangene habe widerrufen, nachdem er sich von den Quälereien der Ägypter wieder erholt hatte. Da war es aber längst zu spät, um Powell und den völkerrechtswidrigen Krieg gegen den Irak aufzuhalten. Da dies in der Bush-Administration niemand wollte, kam es längst nicht mehr darauf an, ob die Information stimmte. Den politischen Kollateralschaden hatte letztlich Colin Powell, aber auch das kümmerte im Weißen Haus niemanden.

Das Magazin *Newsweek* lieferte eine realistische Erklärung, wie das vermeintliche Geständnis von al-Libi zustande gekommen war. Er habe gegenüber den ägyptischen Vernehmern ausgesagt, er wisse nichts über Verbindungen zwischen den Irakern und Osama bin Laden. Das habe den Auftragsfolterknechten gar nicht gefallen. Also kündigten sie ihm sein »Begräbnis« an. Die Leute des ägyptischen Geheimdienstes steckten al-Libi in eine Kiste, die ihm keinerlei Spielraum ließ. Nach 17 Stunden räumten sie ihm »eine letzte Chance« ein, »die Wahrheit zu sagen«. 15 Minuten lang schlugen sie ihn brutal zusammen. Also lieferte al-Libi eine Story, die allen gefiel.

Als er mutmaßlich sein gesamtes Wissen preisgegeben hatte, wurde al-Libi stillschweigend in seine Heimat abgeschoben – nach Libyen. Dort hatte er seine Islamistenkarriere als Mitglied der lokalen »Islamischen Kampfgruppe« (LIFG) begonnen. Noman Benotman, ein libyscher Exilant, informierte *Newsweek* und lieferte dem Blatt zahlreiche Details. Ibn Sheikh al-Libi, sagte er, sei im Gefängnis und sehr krank. Er leide an Tuberkulose und Diabetes.

Am 10. Mai 2005 gab die libysche Zeitung *Oea* den Tod des Gefangenen al-Libi bekannt. Er sei in seiner Zelle im Abu-Salim-Gefängnis tot aufgefunden worden. Die libyschen Behörden hätten Selbstmord festgestellt. So wurde es im Mai 2009 vom libyschen Generalstaatsanwalt bestätigt. Al-Libi sei vorher noch zu lebenslanger Haft verurteilt worden.

Al-Qaida-Vize Ayman al-Zawahiri thematisierte den Fall im Oktober 2009. Er sagte, al-Libi sei in Pakistan, Afghanistan, Ägypten und Libyen grausam gefoltert worden. In Tripolis habe er die Qualen nicht überlebt. Dafür drohte Zawahiri (»Ihr Kriminellen, ihr Mörder, ihr Vampire …«) den Amerikanern mit Vergeltung.

Dafür wird er viel Zeit haben, weil Präsident Barrack Obama am »Extraordinary-Rendition«-Programm seines Vorgängers festhalten will. Die amerikanischen Verbindungsbeamten zu den entsprechenden Geheimdiensten sollen aber darauf achten, dass nicht mehr gefoltert wird. Das Weiße Haus beantwortete bislang nicht, welchen Nutzen dann die Überstellung der Gefangenen in verbündete Schurkenstaaten noch hat.

Ägypten
Brutale Gewalt gegen das eigene Volk

Zum Bild – Jeden Freitag, zur Gebetsstunde, fühlt sich der Staat bedroht und macht mobil gegen das Volk. Am Rande der Kairoer Al-Azhar-Moschee, dem »Vatikan des Islam«, sammeln sich Hundertschaften von paramilitärischen Polizeikräften und zivile Greifer des Staatssicherheitsdienstes, um möglichen Demonstrationen der Islamisten zu begegnen. Meistens handelt es sich um Moslembrüder, die danach in den berüchtigten Gefängnissen des Landes verschwinden. Viele von ihnen kommen erst Wochen und Monate später, schwer misshandelt und in der Seele gebrochen, zu ihren Familien zurück. Der repressive Staat sichert zuverlässig den Nachwuchs des islamistischen Untergrunds.

Der Muchabarat vom Nil war stets janusköpfig. Zum einen arbeitete er – relativ erfolgreich – als echter Nachrichtendienst. Er beschaffte dem jeweiligen »Pharao« der Neuzeit lebenswichtige Geheiminformationen – was aber weder Gamal Abdel Nasser noch Anwar al Sadat noch Hosni Mubarak befähigte, Israel militärisch zu besiegen. Im Inneren begegnete der Dienst dem Volk mit ungebremster Gewalt. Seit Jahrzehnten wird jegliche islamische Opposition von der Staatssicherheit gejagt, mit Gefängnis und Folter geahndet. Unter den Frommen wächst so eine Generation nach der anderen mit Hass auf Regierung und Staat heran.

Die Anfänge des heutigen ägyptischen Geheimdienstapparats reichen bis 1955 zurück. Es war eine Zeit des Umbruchs. Die britischen Kolonialtruppen standen 1952 noch am Suezkanal. Dort wurden sie in einen Guerillakrieg verwickelt. Kairo brannte, und die Regierung stürzte. Schließlich übernahmen die Streitkräfte in der Nacht zum 23. Juli 1952 mittels eines unblutigen Staatsstreichs die Macht. König Faruk, der letzte ägyptische Monarch, war gezwungen, abzudanken und ins Exil zu gehen.

An der Spitze der Putschisten standen die »Freien Offiziere« unter Leitung des 34-jährigen Obersten Gamal Abdel Nasser. Ihr Exekutivkommando bildete, nachdem alles entschieden war, einen »Führungsrat der Revolution«. Zu seinen Zielen gehörte ein Ägypten ohne fremde Mächte. Im Oktober 1954 war der nächste Schritt vollzogen, ein Vertrag mit den Engländern über deren Abzug. Nasser sprach in Alexandria vor 10 000 Arbeitern.

Plötzlich feuerte ein Mitglied des damals schon mächtigen Geheimbundes Moslembruderschaft (MB), Mahmud Abdel Latif, neun Schüsse auf den Redner ab. Er traf ihn nicht, lieferte aber Nasser den (bestellten?) Grund, die Organisation der Moslembrüder vollends zu zerschlagen. Nassers bereits existierende Geheimpolizei griff durch und schaffte es, die 1928 gegründete Vereinigung für die nächsten 16 Jahre zu paralysieren. Der »Pharao« füllte seine Gefängniszellen mit Moslembrüdern.

Nasser wusste, dass er einen schlagkräftigen Geheimdienst brauchen würde, um sein Regime zu stabilisieren. 1955 beauftragte er mit dieser Aufgabe seinen Vertrauten Zakaria Mohy El-Dien. Der wichtigste Muchabarat Ägyptens, das »Generaldirektorat für Staatssicherheits-Untersuchungen« (GDSSI oder *Mubhath al-Dawla*), wurde vom schattenhaften Salah Nasr organisiert. Ab 1957 stand er für zehn Jahre an der Spitze der rasch wachsenden Behörde. Keiner wusste viel von ihm, weil alles streng geheim war.

Die Mehrheit der Sicherheitskräfte konzentrierte sich auf die Moslembrüder. Das war nicht neu, denn der Konflikt loderte bereits seit 1948. Damals war die Organisation vom Staat verboten worden. Als unmittelbare Reaktion tötete ein 23-jähriger Aktivist den Ministerpräsidenten Mahmud Fahmi al-Nukraschi. Am 12. Februar 1949 schlug das System zurück. Ein Streifenpolizist erschoss den obersten Führer der MB, Hassan al-Banna, auf offener Straße.

Sein Nachfolger hieß Hassan al-Hudaibi, war 23 Jahre alt und Richter. Er wurde erstmals 1951 der Öffentlichkeit präsentiert und sollte bis 1972 den Geheimbund leiten. Al-Hudaibi und seine Mitstreiter, viele von ihnen Teil der akademischen Elite Ägyptens, sahen sich den von Hassan al-Banna formulierten Zielen verpflichtet. Sie lauteten: Beseitigung aller westlichen Einflüsse in der islamischen Welt, Abwehr der Lockerung islamischer Sitten und Traditionen, Rückkehr zur reinen Lehre des Propheten, Schaffung eines islamischen Gottesstaates auf Erden.

Dafür ließen sie sich einsperren und von den zahllosen Folterknechten des linksnationalistischen Regimes quälen. Amir Hassan al-Hudaibi saß bei dem Mammutprozess um das Attentat auf Nasser auch auf der Anklagebank. Er wurde zum Tode verurteilt, später allerdings zu lebenslanger Haft begnadigt. Für sechs Moslembrüder, unter ihnen der Attentäter, blieb es bei der Todesstrafe.

Die Überlebenden waren unbeugsam. Omar el-Telmisani, der Hudaibi als Oberster Führer folgte, sagte im Gespräch mit dem Autor: »Ich bin 1954 wie eine geschlachtete Kuh aufgehängt worden. Sie haben mich auf einen Stuhl gestellt, gefesselt und an der Decke festgebunden und dann den Stuhl weggenommen, sodass ich in der Luft hing. Die jungen Leute, die solche Folter erleben mussten, konnten sich einfach nicht vorstellen, dass derartige Taten von Gläubigen ausgedacht und ausgeführt werden konnten.« Omar el-Telmisani erlebte es 17 Jahre lang. Bis zu seinem natürlichen Tod im Jahr 1987 war er ein Zeitzeuge von hoher Autorität.

Anders erging es dem Chefideologen Sayed Qutb, der nach 1954 den Großteil seines Lebens im Gefängnis verbrachte und 1966 in Kairo hingerichtet wurde. Er gilt heute als einer der bedeutendsten islamistischen Theoretiker des 20. Jahrhunderts. Seine Schriften haben unzählige Muslime radikalisiert. Schicksale wie das von Sayed Qutb verhindern Aussöhnung schon im Ansatz.

Im Laufe der Jahre entstanden auch der *Muchabarat al-Amma*, der dem Präsidenten direkt zur Verfügung steht, und der *Muchabarat al-Khabiya*, ein dem Verteidigungsminister untergeordneter Militärgeheimdienst. Dieser splittete sich wiederum nach Waffengattungen. Jede Teilstreitkraft braucht einen eigenen Geheimdienst. Häufig wird für die Sicherheitsarchitektur der arabische Oberbegriff *Amn al-Dawla* (»Staatssicherheits-Untersuchungssektor«, abgekürzt SSIS) gebraucht. Assoziiert sind spezielle »Nationale Sicherheitsgerichte« oder auch »Oberste Staatssicherheitsgerichte« (*Mahkamat Amn al-Dawla al-Ulya*). Sie befassen sich nur mit politischen Delikten. Oder das, was die Mächtigen in Ägypten dafür halten.

Während Nasser die Moslembrüder mit großer Brutalität unter Kontrolle hielt, begann der GDSSI damit, neue Agenten für den Einsatz gegen Israel zu rekrutieren. Manche von ihnen wurden später sogar als »jüdische Emigranten« ins Nachbarland geschickt – und enttarnt, nachdem Israel die Methodik erkannt hatte.

Ein typisches Beispiel führt Yaacov Caroz, einst Vize des legendären Mossad-Chefs Isser Harel, in seinem 1978 erschienenen Buch *The Arab Secret Services* an. Es ist die Geschichte des Armeniers Kaburak Yacobian, geboren 1938, Fotograf von Beruf. Im Dezember 1959 wurde er vom ägyptischen Geheimdienst angeworben. Ein ganzes Jahr dauerte die Ausbildung für diesen riskanten operativen Job.

Er musste nicht nur das geheime Handwerk lernen, sondern sich auch eine jüdische Existenz überstülpen. Yacobian wurde im Krankenhaus beschnitten. Er las Bücher über Judaismus und sogar aktuelle Zeitungen aus Israel. Mehrere Male besuchte er in Kairo die Synagoge und prägte sich die religiösen Riten ein.

Die neue Legende las sich spannend und war eine echte Herausforderung. Yacobian kam 1935 als Sohn eines jüdischen Flüchtlings aus der Türkei in Saloniki zur Welt. Da auch der ägyptische Geheimdienst nicht perfekt ist, stand später in den falschen Papieren zu lesen: Saloniki, Türkei. Dem Fallführer war entgangen, dass Griechenland Saloniki bereits 1912 erobert und integriert hatte. Weiter lautete die Legende: Der Vater war eines Tages spurlos verschwunden, die Mutter in Kairo verstorben. Die detailverliebten Ägypter übergaben ihrem neuen Agenten das Foto ihres »Grabsteins«.

Ab sofort hieß er Isaak Kuchuk, Spitzname Zaki. Mit diesem Namen bekam er Fotokopien von »Dokumenten« aus der Jüdischen Gemeindeverwaltung Kairo und vom lokalen Rabbinat. Es sollten bewusst keine Originale sein, damit die Fälschung Bestand hatte. Im Herbst 1960 sprach »Zaki« beim Büro der Vereinten Nationen in Kairo vor und beantragte Flüchtlingsstatus. Die ägyptischen Behörden, so klagte er, hätten seine Aufenthaltserlaubnis nicht mehr verlängert.

Zaki wies sich mit seinen ägyptischen Papieren aus. Als er Wochen später einen positiven Bescheid bekam, beantragte er bei der brasilianischen Botschaft ein Einwanderungsvisum. Das erhielt er im März 1961. Kaburak Yacobian alias Isaak Kuchuk verließ Ägypten und reiste auf einem spanischen Schiff von Genua nach Rio de Janeiro.

Geschickt schlich er sich unterwegs in das Vertrauen eines jungen Israeli aus dem Kibbuz Brur Hayil ein. Der Mann war mit Ehefrau und zwei Töchtern unterwegs und wollte Verwandte in Brasilien besuchen. Am Ziel lernte Zaki über ihn neue Juden kennen und den Vertreter der »Jewish Agency« in Brasilien. Nach einigen gemeinsamen Tagen entwickelte sich bei dem Israeli jedoch Misstrauen, weil ihm Zakis Wissen über Judaismus nicht stimmig genug war. Als sie auf einen orthodoxen Juden trafen, bei dem die Fransen eines Gebetsschals unter der Jacke hervorlugten, konnte Zaki damit nichts anfangen. Das prägte sich seinem neuen Freund ein.

Seinem Einsatzplan gemäß meldete sich Zaki beim Residenten

des ägyptischen Geheimdienstes, Salem Aziz el Said, der sich mit der Handelskammer seines Landes tarnte. Er wies Zaki an, sich einen brasilianischen Ausweis zu besorgen und ganz normal als Fotograf zu arbeiten. Zum Jahresende sprach Zaki bei der »Jewish Agency« vor und beantragte seine Übersiedlung nach Israel. Auch das klappte. Während der langen Reise, zurück in den Nahen Osten, stoppte Zaki in Genua, um seinen Verbindungsführer zu treffen und letzte Einzelheiten abzustimmen. Er sollte sich beim israelischen Militär melden, bevorzugt bei einer Panzereinheit.

Zakis erster Fehler nach der Ankunft in Israel war, dass er sich bei seinem Freund aus dem Kibbuz meldete. Dieser war immer noch skeptisch, was die Authentizität des »Juden« aus Saloniki betraf, und deshalb vertraute er sich der Spionageabwehr (Shabak) an. Zaki meldete sich derweil im Kibbuz Negba zu einem Sprachkurs. Sechs Monate lebte er dort. Danach bekam er eine kleine Wohnung in Ashkelon. Zaki ging freiwillig zur Armee, wurde aber dann in einer Einheit beschäftigt, die für den GDSSI in Kairo keinerlei Informationen bot. Also stieg er nach einem Jahr wieder aus.

»Isaak Kuchuk« wusste nicht, dass sein Leben mittlerweile vom israelischen Dienst gesteuert wurde. Seine Akte wuchs und bekam immer wieder interessante Eintragungen. Den Kontakt mit Kairo hielt er über Tarnadressen in Europa. Briefe schrieb er mit unsichtbarer Tinte. Als Zaki ein junges Mädchen aus dem Kibbuz heiraten wollte, zog der *Shabak* die Notbremse. Die notwendigen letzten Beweise für seine Doppelexistenz fanden sich bei der Durchsuchung seiner Wohnung. Der verhinderte Späher wurde zu 18 Jahren Gefängnis verurteilt, aber bereits im März 1966 nach Ägypten zurückgeschickt; zusammen mit zwei anderen Ägyptern. Israel tauschte sie gegen drei Landsleute aus, die aus Versehen die Waffenstillstandslinie zum Gazastreifen überschritten hatten.

Den Fall gab es auch umgekehrt, und das sehr prominent. Wolfgang Lotz, geboren 1921 in Mannheim, war ein Jude, der wie ein Arier aussah. 1933 flüchtete er mit seiner Mutter nach Israel, trat der Hagana bei, 1948 der neuen, regulären Armee und 1956 dem Mossad. Die israelische Führung quälte der Gedanke, Ägypten könnte weit reichende Raketen bauen und damit den Judenstaat überholen. Man wusste, dass sich zahlreiche deutsche Rüstungstechniker nach dem Krieg abgesetzt hatten und nun für die Ägypter arbeiteten.

Ohne große Umbauten wurde aus dem jüdischen Offizier ein Ex-Nazi-Offizier. Wolfgang Lotz kam mit derselben Begründung wie viele andere vor ihm. In Deutschland werde man als Nationalist gnadenlos verfolgt, und die Nazis seien ja nicht so übel gewesen. Die Ägypter empfingen ihn mit offenen Armen. Bald betrieb Lotz ein Pferdegestüt. Über den Reitsport kam er der deutschen Gemeinde, der Kairoer Society und dem Militär näher. Er spionierte im herkömmlichen Sinne, fand die deutschen Techniker heraus, schickte ihnen Briefe und Päckchen mit Sprengstoff. Es gab auch Tote.

Im Februar 1965 flog Agent Lotz auf. Die Abwehr feierte ihren Erfolg. Der Staatssicherheitsgerichtshof in Kairo verurteilte ihn zu lebenslanger Haft. Nach exakt drei Jahren wurde Lotz vorzeitig freigelassen und gegen ägyptische Offiziere ausgetauscht, die seit dem Sechstagekrieg von 1967 in Israel saßen. 1978 zog der »Champagnerspion« – sein vielsagender Spitzname – nach München. Dort starb er 1993. Der gut aussehende Deutsche war ein Glücksfall für beide Geheimdienste. Die Israelis nutzten seine Erfolge, und die Ägypter freuten sich, dass er ihnen nicht entwischt war. Lotz feierte sich in seinen Memoiren.

Der Schattenkrieg nahm gelegentlich sogar Dimensionen an, die vom »heißen Krieg« nicht mehr zu unterscheiden waren. So passierte das bei der Operation »Al Haffar«: 1970 observierte der ägyptische Geheimdienst den Transport einer Ölplattform vom Hersteller in Kanada zum israelisch besetzten Sinai. Die Ägypter platzierten Sprengsätze und zerstörten die Ladung.

Im Vorfeld des Yom-Kippur-Krieges vom 6. Oktober 1973 gelang den Ägyptern ein echter Geheimdienstcoup. Sie schafften es, bis zur letzten Minute ihre Vorbereitungen zu verbergen. Für die ansonsten sehr wachsamen Israelis sah es nach dem üblichen Herbstmanöver aus. Der GDSSI hatte dafür jedoch außergewöhnliche Tarnmaßnahmen erarbeitet. Mit schwierigen logistischen Bewegungen wurden die Einheiten verteilt, wenn die Aufklärungssatelliten über die Region flogen. In Sadats Reden und Interviews streuten die Agenten falsche Informationen und Hinweise ein. Kairoer Krankenhäuser wurden Tage vor Kriegsbeginn evakuiert. Das begründeten die Ägypter mit einer Tetanusinfektion. Alles klappte wie geplant, und doch war der Krieg am Ende verloren.

Von wirklich großen Geheimdiensterfolgen wurde aus Ägypten bislang nicht berichtet. Das liegt am grundlegenden Dilemma der Branche, dass Israelis nur in absolut existenziellen Notlagen für arabische Dienste arbeiten. Unter normalen Umständen sind die Gräben zwischen beiden Lagern zu tief. Deshalb gab es in den vergangenen Jahrzehnten nur wenige Fälle, in denen die arabischen Staaten Quellen in Israel gewinnen konnten. Umgekehrt ist es dagegen der Normalfall.

Die aktuellen ägyptischen Geheimdienste haben sich, im Vergleich zu den frühen Jahren, kaum verändert. Außerdem unterscheiden sie sich mental wenig von den Kollegen in anderen arabischen Staaten. Yossi Kuperwasser, israelischer General und lange Zeit Chef der Auswertung beim militärischen Nachrichtendienst *Aman*, äußert sich zum Profil eines Geheimdienstes in der arabischen Welt: »Sein erster und wichtigster Job ist die Sicherung des Regimes. Und da sind sie alle ziemlich gut. Bei Operationen außerhalb des eigenen Landes, aber immer noch in der arabischen Welt, sind sie auch ziemlich gut. Was sich außerhalb von Familienbeziehungen, Clans, religiösen Verbindungen abspielt, beschert ihnen dagegen viele Fehlerquellen.«

Die Ägypter verfügen seit 1998 über eigene Satelliten vom Typ »NileSat«, seit Februar 2007 sogar über den ganz speziellen Spionagesatelliten »EgyptSat 1«. Das hat die Balance in der Region ein Stück zu ihren Gunsten verschoben.

Auf der anderen Seite praktizieren sie täglich die archaische Seite des Geschäfts. Noch immer verhaften sie regelmäßig Moslembrüder oder demonstrierende Studenten, verwahren sie in überfüllten Zellen und nehmen sich viel Zeit, um sie zu quälen. Folter, das stellt auch der prominenteste Kenner des ägyptischen Sicherheitsapparats, Dia Rashwan vom »Al Ahram Zentrum für strategische Studien« fest, ist eine Säule der staatlichen Repression. Von Elektroschocks bis »Waterboarding«, von extremen Temperaturen und Lärm vom Tonband bis zur Übertragung von Krankheiten ist der Fantasie der Peiniger keine Grenze gesetzt. Unzählige Beweise und Zeugenaussagen liegen den Menschenrechtsorganisationen vor.

Eine neue Dimension brachte das von der CIA entwickelte »Outsourcing der Folter«. Es begann am 18. Dezember 2001, als maskierte Männer die beiden ägyptischen Asylbewerber Mohammed Zery und Ahmed Agiza in Stockholm überwältigten. Sie streiften ihnen Windeln über, dazu einen orangefarbenen Overall und setzten sie unter Drogen.

Mit verbundenen Augen, Hände und Füße in Ketten, wurden sie mit einem »Gulfstream-V-Jet« nach Kairo geflogen und dem Muchabarat übergeben. Die Ägypter bemühten sich, den erschrockenen Schweden zu versichern, die beiden Verschleppten würden »human behandelt«. Zery kam nach zwei Jahren – und massiver Folter – frei, Agiza wurde zu 25 Jahren Haft verurteilt. Sein Verbrechen: Er hatte den ärztlichen Standeskollegen Ayman al-Zawahiri gekannt, bin Ladens Stellvertreter.

Dieselbe Prozedur musste Mamdouh Habib, ein in Ägypten geborener Australier, erleiden. Er wurde vom Rendition-Team der CIA aus Pakistan verschleppt. Nach einer dreijährigen Leidenszeit kam er ohne Anklage wieder frei. Einfach so.

Am 9. Januar 2002 wurde Mohammed Said Iqbal Madni, ein 24-Jähriger mit ägyptischen und pakistanischen Wurzeln, Sohn eines islamischen Geistlichen, in Jakarta festgenommen und von den Amerikanern in bewährter Weise nach Kairo gebracht. Der ägyptische Geheimdienst quälte ihn drei Monate, bis er gestand, »mit Osama bin Laden zu arbeiten«.

Dann flogen sie ihn nach Afghanistan. Am 191. Tag seiner Haft versuchte er, sich das Leben zu nehmen. Bereits geistig verwirrt, brachten die Amerikaner ihn schließlich in das Lager Guantanamo. Nach sechseinhalb Jahren wurde er entlassen, ein menschliches Wrack. Von den ursprünglichen Vorwürfen ist nichts geblieben. Häftling ISN 743 war, wie die Recherchen amerikanischer Journalisten ergaben, ein Opfer von Geschwätz und Denunziation. Von Verantwortung und Menschenrechten spricht keiner, am wenigsten die Ägypter.

An der Spitze des Kairoer Staatssicherheitsdienstes steht heute ein Mann, dem eine glänzende politische Zukunft vorausgesagt wird, möglicherweise sogar die Nachfolge des in Kürze abtretenden Präsidenten Hosni Mubarak: Omar Suleiman, die tragende Säule des Regimes, ist ein Nachrichtendienstler wie aus dem Lehrbuch. Geboren 1935 im armen Süden des Landes, fand er seinen Weg rasch an die Universität und zum Militärgeheimdienst. 1993 erreichte er rechtzeitig den Chefposten. Das Land am Nil wurde gerade von einer islamistischen Gewaltwelle erschüttert.

Omar Suleiman sorgte dafür, dass sich das Regime mit eiserner Faust Respekt verschaffte. Die nächste antiislamistische Welle folgte nach einem misslungenen Anschlag auf Hosni Mubarak im Jahr 1995. Am 11. September 2001 konnte jeder Insider voraussagen, was kommen würde. Omar Suleiman erfüllte erneut sein Soll.

Seither gilt er als engster Vertrauter des Präsidenten. Er reist als persönlicher Emissär des alternden »Pharao«, vermittelt zwischen Israelis und Palästinensern, Hamas und Fatah. Der Londoner *Daily Telegraph* bezeichnete ihn vollmundig als »einen der mächtigsten Spionagechefs der Welt«.

Er ist der bestmögliche Beweis, dass der Geschäftszweig »Folterkeller« seinen Betreibern während des selbstbestimmten »Kriegs gegen den Terror« keineswegs schadet.

Palästina
Die gesponserte Regionalliga

Zum Bild – PLO-Chef Jassir Arafat in seinen aktivsten Tagen und auf einem seiner Lieblingsfotos. Es entstand zur Zeit der israelischen Belagerung von Beirut und vor dem Abzug der palästinensischen Kämpfer aus dem Libanon. Gerade die militärischen/terroristischen Auseinandersetzungen zwischen Israel und den Kindern oder Enkeln der Vertriebenen des schicksalhaften Jahres 1948 waren stets auch ein blutiger Krieg der Geheimdienste.

Seit Jahrzehnten leben aus ihrer Heimat vertriebene Palästinenser in Flüchtlingslagern. Viele der ehemaligen Barackensiedlungen und Zeltlager sind inzwischen zu regulären Städten geworden oder zumindest zu Vorstädten. Die Menschen selbst haben sich dagegen wenig geändert, existieren von einem Gedenktag zum nächsten und beobachten die Welt durch ihre beschauliche Auswahl an Fernsehkanälen. Abstruse Verschwörungstheorien bis zur kleinsten Verästelung hin durchzuspielen, ist für sie eine beliebte Freizeitbeschäftigung.

Weder politische noch wirtschaftliche Strukturen erlauben die reale Autonomie des künstlichen Gebildes Westbank, und noch weniger die des bitterarmen Gazastreifens. Fühlen die Israelis sich dazu veranlasst, ziehen sie ihre Leine straff an und verordnen den besetzten Gebieten blanke Not. In den auf dem Papier autonomen Gebieten gibt es aber auch eine vom Westen alimentierte »Palästinensische Nationalverwaltung« (PA), die sich mehr und mehr Geheimdienste leistet. Ungeübte kommen beim Zählen dieser verschiedenen Organisationen längst nicht mehr mit.

Alles war ziemlich einfach gestrickt in der sogenannten guten alten Zeit, die auch für die Palästinenser niemals gut war. Eine halbe regungs- und ereignislose Ewigkeit dauerte es von der ersten Vertreibung im Jahr 1948 bis in die Sechzigerjahre. Die Regierungen benachbarter arabischer Staaten beanspruchten für sich, die Stimme der Vertriebenen zu sein. Manchmal erhoben sie diese Stimme. In der Regel ging es ihnen dann um ein politisches Manöver und Eigennutz. Bis es endlich gelang, die Palästinenser politisch und militärisch zu organisieren, vergingen auf diese Weise lange 20 Jahre.

Schließlich, im Jahre 1964, erwachte so etwas wie Hoffnung – durch die »Palästinensische Befreiungsorganisation«, die PLO, als Nachfolgerin der »Palästinensischen Nationalbewegung« aus vorisraelischen Zeiten. Als Kompromisskandidat der Linken und der Rechten, der Frommen und der Säkularen kristallisierte sich nach ersten Rudelkämpfen der Ingenieurstudent Jassir Arafat heraus. Geboren in Kairo, lebte er in Kuwait. Nahöstlichen Geheimdiensten war er als Studentenfunktionär geläufig. Allerdings mussten sie noch ein bisschen recherchieren, um ihre Kenntnisse auf den aktuellsten Stand zu bringen.

Alles begann irgendwie neu und zum ersten Mal. Die Konservativen unter den Palästinensern glaubten immer noch an die melodramatischen Propagandasprüche der arabischen Potentaten und integrierten die neu gegründete »Palästinensische Befreiungsarmee« (PLA) in die wenig überzeugenden Streitkräfte Syriens, Ägyptens und des Irak. Erstmals tagte der 400-köpfige »Palästinensische Nationalrat« (PNC) in Ostjerusalem. Eine erste »Palästinensische Nationalcharta«, eine Art Verfassung, wurde verabschiedet. Somit bestand die PLO nun aus einem 600 Köpfe zählenden Exilparlament, dem Zentralrat, zusammengesetzt aus 100 Mitgliedern, und einem Exekutivkomitee, welches 18 Personen zählte. Genug, um eine stabile Bürokratie zu schaffen. Nicht genug für echte demokratische Strukturen.

Es fehlte aber noch ein Geheimdienst, der alles überwachte und wie ein Hirtenhund die Herde zusammenhielt. 1968, als Arafat offiziell übernahm, entstand auch der auf ihn zugeschnittene Muchabarat. Im August 1968 sandte er zehn seiner engsten Vertrauten nach Kairo. Sechs Wochen lang drückten sie die Schulbank des ägyptischen Geheimdienstes, um die Grundmechanismen des Geschäfts durchzuexerzieren. Schließlich ging es für sie darum, eigenständig geheime Operationen vorzubereiten und danach wieder heil nach Hause zu kommen. Es kam darauf an, Kundschafter nach Israel zu schicken und Informationen zu sammeln. Der Lehrplan beinhaltete auch Observation und Kommunikation, die hohe Kunst der gewaltfreien Vernehmung und den Umgang mit leichten Waffen.

Mohammed Daud Odeh alias Abu Daud, der im Zusammenhang mit dem Anschlag auf die Olympischen Spiele von München noch ziemlich bekannt werden sollte, absolvierte den ersten Lehrgang mit besten Noten. Beim palästinensischen Geheimdienst *Jihaz al-Rasd* (sinngemäß »Beobachtung und Schutz«) übertrug man ihm den Bereich Nordjordanien. Bald darauf wurde er schon nach Amman entsandt. Abu Daud richtete das Hauptquartier des *Rasd* ein. Zu Anfang arbeiteten nur zwei Abteilungen – eine für Spionageabwehr und eine für Aufklärung. Bereits im Mai 1969 gab es neue Aufgaben für Abu Daud. Drei andere Experten für konspirative Aufgaben übernahmen den *Rasd*: Ali Hassan Salameh, Sohn eines berühmten, 1948 getöteten Aktivisten, Farid el-Dajani und Atef Bseiso. In der Fatah-Führung war Salah Khalef alias Abu Iyad für den *Rasd* zuständig.

Amin al-Hindi, ein Fatah-Mann aus diesem Umfeld und ehemaliger Student der Volkswirtschaft in Frankfurt am Main, erinnerte sich im Gespräch mit dem Autor: »Wir bekamen viele Bewerbungen. Nicht wenige der Leute hätten dann als Doppelagenten gearbeitet. Wir konnten die geplante Infiltration aber abwehren. Zwei bis drei Dutzend Mitarbeiter reichten uns, und so verloren wir auch nicht den Überblick.« Trotzdem wuchs das Personal bald auf 300 bis 400 Mitarbeiter.

1970 teilte sich der Weg. Der *Rasd* blieb bei der Fatah, während die PLO ein »Sicherheitsbüro« bekam *(Aun el Markazi)*. An seiner Spitze stand Mohammed Yussuf al-Najjar, der später während einer spektakulären Kommandoaktion der Israelis in Beirut erschossen wurde.

Aufgrund der PLO-Niederlage im »Schwarzen September« von Amman (1970) zog sich der gesamte Sicherheitsapparat nach Beirut, in das Viertel um die Arabische Universität, Fakhani, zurück. Arafats Leute sollten dort in den nächsten zwölf Jahren einen »Staat im Staate« errichten. Von Beirut aus kümmerten sich 1000 Geheimagenten der PLO um die Sicherheit der eigenen Organisation und die ihres Führungspersonals. Daraus entstand alsbald »Force 17«, die Truppe von Arafats Personenschützern. Ein simpler Hintergrund: »17« war Arafats interner Telefonanschluss in Fakhani.

Keiner wusste zu jener Zeit, woher die größere Gefahr für den Guerillaführer kam – vom Dissidenten Abu Nidal oder von den Hit-Teams des Mossad. Beide zusammen löschten nahezu die ganze Gründungsgeneration der PLO aus.

Jihaz al-Rasd unterhielt freundliche Kontakte zu zahlreichen Befreiungsbewegungen und Terrororganisationen, aber auch zu den

Geheimdiensten des Ostblocks. Die Grenzen waren absolut fließend. Zwischendurch gab es auch mal mutige Gäste aus dem Westen, zum Beispiel vom deutschen BKA. Hieraus sollte eigentlich ein Sicherheitsabkommen entstehen, welches aber im realen alltäglichen Leben nie funktionierte. Zwischen bundesdeutschen Beamten und palästinensischen Freischärlern taten sich Abgründe auf, wenn sie sich als ganz normale Kollegen benehmen sollten. Schließlich wollte die eine Seite alle Israelis ins Meer treiben.

Der 31-jährige Amin al-Hindi wurde 1971 Stellvertreter von Abu Iyad. Zwar nahm er an gewöhnlichen Entscheidungsprozessen des *Rasd* nicht teil, zog jedoch an den dicken Fäden. Er saß mit am Tisch, wenn es um die ganz großen Konzepte ging. Nach 1974 schwärmte Arafat von der »Einheitssicherheit«. 1982 reduzierte er es auf die Formel »Sicherheit für die PLO«. Im Januar 1991, nachdem einer von Abu Nidals Killern die führenden PLO-Sicherheitschefs Abu Iyad und Abu el-Hol ermordet hatte, rückte Amin al-Hindi als Leiter der »Sicherheit« nach. Mehr denn je suchte der General politische Kontakte, deren Aufbau und Pflege in einer von tausend Geschichtchen und Gerüchten beeinflussten Mentalität und Kultur am Ende nichts weiter als Geheimdienstarbeit ist.

Über den Terrorflügel des *Rasd*, genannt »Schwarzer September« (arabisch *Munazzamat Ailul al-aswad),* spricht Amin al-Hindi auch im Alter nicht gern. Seine Kommandos, die in den Siebzigerjahren gegen Araber wie Israelis bombten und schossen, wurden als Vergeltung für »München« nach und nach von einer Sondereinheit des Mossad aufgerieben. Die Rache der Israelis war alttestamentarisch und wurde auch nach Jahren noch konsequent betrieben.

Als bislang letzter Gegner fiel ihnen 1992 Atef Bseiso in Paris zum Opfer. Erstaunlich, dass Abu Daud und Amin al-Hindi bis heute überlebt haben. Beim Stichwort »Olympiade München« versteift sich der Architekt der palästinensischen Sicherheitsdienste. »Es hatte seine Berechtigung«, sagt er auch heute. »Die Welt sollte wissen, woher unsere Leute kamen. Die Palästinafrage musste zum Thema werden.« Da ist er wieder, der messerscharfe Grat zwischen Terrorismus und Freiheitskampf. Die arabische Sprache hat hierfür zwei völlig unterschiedliche Begriffe.

Am 1. Juli 1994 kehrte Arafat nach 27 Jahren im Exil in den Gazastreifen zurück. Gleich darauf gründete er den heutigen Muchabarat *(Al Mukhabarat Al-Ameh)* mit anfangs 3000 Mitarbeitern in der Westbank und in Gaza; inzwischen soll sich der Personalstand verdoppelt haben. Amin al-Hindi übernahm von Anfang an die Leitung und trug 1998 aktiv zur Entstehung des von US-Präsident Bill Clinton geförderten Wye-River-Memorandums bei. Er selbst zählte, neben Arafat und Netanyahu, zu den Unterzeichnern des umfangreichen Vertrages. Es war vergebliche Mühe, weil Israel am Ende nicht bereit war, die Vereinbarung umzusetzen.

Inflationär entstand ein palästinensischer Geheimdienst nach dem anderen. Nach dem Vorbild der extrem sicherheitsbesessenen arabischen Despoten wollte auch Arafat keine Lücke lassen. So wuchs, basierend auf den Abkommen von Kairo und Oslo II, ein massiver Apparat mit zahlreichen unterschiedlichen Polizeiabteilungen und fünfstelliger Personalstärke heran.

Der Geheimdienstsektor besteht vor allem aus der zivilen Staatssicherheit, die sich um Abwehraufgaben kümmert, Informationen im In- und Ausland beschafft und Kontakte zu Partnerdiensten unterhält. Amin al-Hindi war im Juli 2004 angesichts des herrschenden Chaos und der Unfähigkeit zu Reformen in der Palästinensischen Selbstverwaltung amtsmüde. Er kündigte seinen Rücktritt an, wurde aber von Präsident Mahmud Abbas noch bis April 2005 gehalten. Dann übernahm sein Vize Tarek Abu Radschab, der gerade ein Attentat schwer verletzt überlebt hatte, die Position. Der elegante Pensionär Amin al-Hindi ist heute noch unentbehrlich. Er berät seinen Präsidenten in Sicherheitsfragen.

Der Militärgeheimdienst *(Al-Istikhbarat Al-Askariyya)* steht unter dem Kommando des Arafat-Neffen Musa. 500 bis 600 Mann suchen für ihn nach Feinden des Regimes, Saboteuren aller Art und auch nach gegnerischen Agenten. Die »Special Security Force« *(Al-Ahm ak-Khass* oder SSF) arbeitet direkt unter dem Präsidenten. Einige Dutzend Agenten sammeln Informationen über Oppositionsgruppen im Ausland. Unter der Leitung von General Abu Yusuf al-Wahidi beobachten sie auch alle anderen Dienste, untersuchen die weitreichende Korruption des Regimes. Der SSF gilt als wichtig.

Die »Präsidentensicherheit« (*Al-Amn al-Riasah*) ist gleichfalls eine Einrichtung nach Geheimdienstschema. Sie gilt als Nachfolge- organisation der mit Arafats Rückkehr in die besetzten Gebiete auf- gelösten *Force 17*. Heute besteht sie aus rund 3000 Kämpfern und wird von Faisal Abu Sharah kommandiert. Die »Präsidentensicher- heit« kümmert sich nicht nur um Personenschutz, sondern auch um Terrorismusabwehr und Maßnahmen gegen Oppositionelle.

Der »Palästinensische Präventive Sicherheitsdienst« (PPSS) ist in den letzten Jahren in Verruf geraten. Diese Organisation war ge- schaffen worden, um Terrorismus zu bekämpfen. Unter Rashid Abu Shoubac und Samir Mashrahawi im Gazastreifen und Jibril Rajoub, genannt JR, in der Westbank entwickelte sich der PPSS mehr und mehr zu einem Solidaritätsverein der Radikalen. Die Organisation war in Terroraktionen gegen Israel verwickelt, was sich nicht mehr verbergen ließ. Im August zog Sicherheitsminister Mohammed Dahlan, der den PPSS in Gaza bis 2002 geführt hatte, die Notbremse. Er legte beide Hälften zu einer Behörde zusammen und ordnete strenge Aufsicht an.

Trotzdem kam es in der jüngsten Vergangenheit bei den paläs- tinensischen Geheimdiensten immer wieder zu Exzessen. Wie bei den länger etablierten Kollegen in den anderen arabischen Ländern wird intensiv gefoltert, werden Andersdenkende rigoros wegge- sperrt, nimmt die Zahl der Entführungen zu. Die palästinensische Selbstverwaltung führte eine strikte Pressezensur ein, eine Aufgabe des PPSS. Die generelle Überwachung der Bevölkerung nimmt zu.

Daran ändert auch ein von Arafat geschaffenes Kontrollorgan nichts. Unter der Flagge vermeintlicher Reformen hatte er einen »Nationalen Sicherheitsrat« erfunden. Ihm gehören der Präsident, die Chefs der Sicherheitsdienste, ein Mitglied des Exekutivkomitees der PLO und die Minister für Finanzen, Äußeres und Inneres an. Dieses zusätzliche, in der Verfassung nicht vorgesehene Organ hat sich bislang noch keine Verdienste erworben.

Eine überraschende Studie der in den Autonomiegebieten prä- senten Konrad-Adenauer-Stiftung sparte nicht mit Kritik: »Die Viel- zahl der Sicherheitsdienste und der Mangel an Kontrollmechanismen ließ die palästinensischen Autonomiegebiete in ein sicherheits-politisches Chaos stürzen. Es gibt keine klaren Abgrenzungen der Aufgaben bzw. Funktionen. Daraus resultieren Überschneidungen der Kompetenzen, woraus wiederum ›Kompetenzgerangel‹ zwischen den verschiedenen Sicherheitsdiensten entsteht … Verschärft wird der Wettbewerb darüber hinaus auch durch persönliche Feindselig-keiten der leitenden Offiziere.«

In eine zusätzliche Krise gerieten die palästinensischen Geheim-dienste, als die Islamisten der Hamas am 25. Januar 2006 die Parla-mentswahlen im Gazastreifen gewannen und den problematischen Landstrich am Mittelmeer übernahmen. Die ohnehin geografisch höchst unterschiedlichen Bereiche Westbank und Gazastreifen drifteten nun auch politisch auseinander. Das bisherige Geheim-dienstsystem der palästinensischen Autonomiebehörde war im Gaza-streifen lahmgelegt. Hamas-Kämpfer jagten die Offiziellen der Fatah, töteten seither viele von ihnen. Es entstand ein neuer Geheimappa-rat, der allein den Islamisten dient. Aktuell arbeiten die Reste der Geheimdienste in beiden Teilen Palästinas mit größerer Energie gegeneinander als gegen den gemeinsamen Feind. Das schafft unge-wollte Entspannung mit den Israelis.

Nach der Übernahme von Gaza gab Hamas bekannt, man habe sehr aufschlussreiche Dokumente über einen aktiven Spionagering der Fatah gefunden. Die säkularen Rivalen würden auf Rechnung der USA in arabischen Staaten, unter ihnen die Emirate und Saudi-Arabien sowie Ägypten, nachrichtendienstlich arbeiten. Hamas, die selbst an einer Versorgungsleitung des iranischen MOIS hängt, weiß, was ein solcher Vorwurf in der bunten Welt der arabischen Konspi-rationstheorien bedeutet.

Um die Fatah flächendeckend zu diskreditieren, reicht schon eine Teilwahrheit. Es ist allgemein bekannt, dass Arafats PLO seit Jahrzehnten gute Beziehungen zur CIA unterhält. Der erste Verbin-dungsmann war Ali Hassan Salameh, der dies problemlos mit sei-ner Führungsfunktion beim »Schwarzen September« vereinbaren konnte. Der hervorragende Nahostfachmann Bob Ames – er wurde von einer Hisbollah-Bombe getötet – diente als Bindeglied auf ame-rikanischer Seite. Da kam es schon vor, dass Salameh und seine Frau, eine ehemalige Schönheitskönigin, von der CIA zur USA-Rundreise eingeladen wurden.

Jassir Arafat selbst hatte kein Problem, bereits 1973 den amerikanischen Troubleshooter Vernon Walters, der in der Diplomatie wie im Geheimdienst verankert war, zu treffen. Jahre später empfing die Symbolfigur des palästinensischen Widerstands CIA-Direktor George Tenet in Ramallah und führte ihm persönlich die Sehenswürdigkeiten der Westbank vor. Tenet erklärte damals öffentlich, dass die CIA »seit vielen Jahren mit der israelischen Regierung und den Palästinensern zusammenarbeitet«.

2001 wurden Vereinbarungen unterzeichnet, die den Austausch von Geheimdienstinformationen zum Inhalt hatten. Im Gegenzug lieferten die Amerikaner teure Technik und schulten die neuen Kollegen. Das ging so weit, dass der britische *Guardian* schrieb, CIA-Verantwortliche würden die palästinensischen Sicherheitsleute »als ihren Besitz betrachten«. Keine Frage, dass dies von den Israelis seit Beginn der Kooperation mit großem Misstrauen beobachtet wird. Es ist anzunehmen, dass die Israelis US-Hilfsgelder für den palästinensischen Sicherheitsbereich besonders intensiv beobachten und ihre eigenen Kalkulationen anstellen.

Der Congressional Research Service in Washington legte zu diesem Komplex im Juni 2009 eine Studie von 32 Seiten vor. Für das Haushaltsjahr 2009 wurden von der US-Regierung insgesamt 270 Millionen Dollar bereitgestellt. Präsident Obama hatte für 2010 bereits weitere 100 Millionen Dollar zugunsten der palästinensischen Sicherheit beantragt.

Eine Zeitzeugin ganz besonderer Art ist die ehemalige CIA-Residentin Melissa Boyle Mahle, die zwischen 1995 und 2001 als Verbindungsfrau zwischen den beiden Welten und Kulturen diente. Sie hatte beinahe täglich mit zwei von neun palästinensischen Diensten zu tun. Im Gespräch mit dem Autor erinnerte sie sich freimütig an jene Zeit: »Diese Nachrichtendienste waren nach arabischer Tradition ausgerichtet. Wir gaben ihnen eine stärker westliche Form. Dafür bauten wir ihnen Häuser, versorgten sie mit Computern, Funkgeräten und Autos. Wir wollten ihnen auch Waffen liefern, aber da schritten die Israelis ein. Unsere Ausbildung zur Entschärfung von Sprengkörpern war etwas kontrovers, weil man sie auch umgekehrt verwenden konnte.«

Die energische Amerikanerin musste sich immer wieder gegen den nahöstlichen Schlendrian und die Disziplinlosigkeit ihrer Partner auf palästinensischer Seite durchsetzen:»Ein großer Teil meines Daseins hatte nichts mit klassischer Geheimdienstarbeit zu tun, zum Beispiel der Führung von Agenten. Ich saß einfach da und fragte die Chefs der palästinensischen Dienste: Was habt ihr diese Woche erledigt? Ich ließ mir Bericht erstatten und wir hakten gemeinsam ab. Ich musste ihnen auch viel Grundwissen beibringen, ihre analytischen Fähigkeiten verbessern. Da kam häufig Widerstand auf, weil die Palästinenser sich dagegen sperrten, wie sie es nannten, ›Israels Arbeit‹ zu tun. Es war ein dauerndes Ringen.«

Dass sie dabei mit dem Rücken zur Wand stand und die Israelis – Amerikas wichtigste Alliierte im Nahen Osten – zum Feind bekam, lag in der Natur der Sache:»Die Israelis kooperierten in vielen Fällen mit der Führungsebene der palästinensischen Sicherheit. Lieber hätten sie jedoch die Arbeitsebene gesteuert. Doch da saßen wir. Bald kannten sie mich alle und wussten, dass ich nicht so leicht aus der Spur zu bringen war. Es gab nicht so viele schwangere Blondinen, die in obskuren Hinterzimmern mit arabischen Geheimdienstlern tagten und heftig darüber disputierten, warum ein bestimmter Mann nicht festgenommen worden war und warum man die Konten einer speziellen Organisation nicht beschlagnahmt hatte.«

Die attraktive Agentin Melissa Boyle Mahle wurde vorzeitig abgezogen. Das kostspielige Experiment, aus einer Terrortruppe einen gleichberechtigten Geheimdienst zu schaffen, hat seither Rückschläge erlitten. Von der Clinton-Administration mit viel Enthusiasmus angeschoben, begegnete ihm George W. Bush von Anfang an mit Ablehnung. Der Israelfreund torpedierte die geheimdienstliche Umarmung der Palästinenser. Seither stagnieren die Beziehungen, werden vielleicht nur aufrecht erhalten, weil der Iran bei Hamas »missioniert«. Dem viel gepriesenen Friedensprozess bringt das auch nichts.

Irak
Aufstieg und Fall der dunklen Macht

Zum Bild – Der irakische Despot Saddam Hussein auf dem Höhepunkt seiner Macht, inmitten der engsten Getreuen. Er kommandierte ein gigantisches Netz von Geheimdiensten, Militärs und Polizeien und war krankhaft misstrauisch, was seine persönliche Sicherheit betraf. Nichts haben die Iraker mehr gefürchtet als den Muchabarat. Daran hat sich bis heute wenig geändert.

»Saddams Irak ist ein Wunderland des Terrors, ein blutgetränktes Land, wo die Fangarme eines oktopusähnlichen Sicherheitsapparats in jede Ecke und in jede Ritze reichen, und wo niemand vor dem notorischen Muchabarat sicher ist.«
Ali Karim, ein ehemaliger politischer Gefangener

Was immer sich Syrer oder Iraner an Geheimdienst- und Unterdrückungsstrukturen einfallen ließen, das konnten die Staatsdiener des Saddam Hussein besser. Das System des Despoten vom Tigris war perfekt. Nirgendwo in der Region wurde das Volk stärker geknebelt, überwacht und misshandelt. Die wenigen Bücher, die sich damals mit dem Land kritisch beschäftigten, trugen Titel wie *Republik der Angst*. Beschreibungen des Alltags normaler irakischer 08/15-Bürger erinnerten an Berichte aus finstersten Zeiten des osteuropäischen Stalinismus.

Das Zweistromland, ein Puzzleteil aus der Konkursmasse des Osmanischen Reiches, begann seine lange Reise in die Gegenwart im Jahr 1958. Abdul Karim Qasim traute sich und stürzte zusammen mit anderen die reformresistente Monarchie. König Faisal und seine Entourage wurden dabei getötet.

Qasim wird als bescheidener und eher schüchterner Nationalist geschildert. Er war also definitiv nicht aus dem richtigen Holz geschnitzt, um Religion und Stamm, Familie und Volksgruppe unter einen Hut zu zwingen. Mit dem ersten Putsch der erstarkten Baath-Partei im Jahr 1963, dem Qasim zum Opfer fiel, rächte sich diese Schwäche. Die neuen Machthaber ließen ihn kurzerhand hinrichten. Es war Zeit für eine neue Generation. Allerdings verfügte diese noch nicht über eine Führungsfigur, die auf nichts und niemanden Rücksicht nehmen musste und vom ersten Tag an über Leichen gehen konnte. Dies war nun jedoch nur eine Frage der Zeit.

Insgesamt sollte es weitere sechs Jahre und mehrere Umstürze dauern, bis es zum entscheidenden Wechsel im irakischen Machtgefüge kam. In der Zwischenzeit starb Präsident Abdel Salam Aref bei einem Hubschraubercrash und die Kurden begehrten gegen die Zentralregierung in Bagdad auf. Niemand hatte ihrem Drang nach Unabhängigkeit eine Lösung entgegenzusetzen. Der (rein rechnerisch) reiche Ölstaat Irak kam jedenfalls nicht zur Ruhe.

Saddam Hussein, der politische Taktiker aus dem Provinzstädtchen Tikrit, nutzte diese Jahre, um seine Anhänger und Gehilfen – die alle irgendwie zur Verwandtschaft gehörten – zu formieren. In der Stunde Null wollte er stark genug sein, zumal er davon ausging, dass er nur einmal die Chance haben würde, nach der Macht zu greifen. 1968 kehrten die nationalistischen Baathisten zusammen mit den von Ägypten beeinflussten Nasseristen in die irakischen Regierungspaläste zurück. Ein Jahr später setzten sich die Baath-Parteigänger durch und befreiten sich von den Mitstreitern. Ab sofort regierten sie allein. Diese Phase sollte bis zum März 2003 dauern.

Saddam Hussein, ein Zivilist, der gern Uniformen trug, war noch lange nicht Präsident des Irak, aber immerhin schon der starke Mann, den keiner mehr umgehen konnte. Stolz trug er den Titel Vizepräsident und arbeitete einem entfernten Verwandten, General Ahmad Hassan al-Bakr, zu. Er war auch nie ein Dämon; zu dem haben ihn die westlichen Medien und die einst mit ihm verbündeten US-Regierungen gemacht. Saddam war ein skrupelloser und eiskalt berechnender Machtpolitiker, der die Iraner, die Kurden, die Israelis und manche mehr hasste. Die Amerikaner bewunderte er, wollte sein wie sie. Er passte gut in die politische Landschaft der radikalen Friedensgegner.

Seine erste politische Etappe sah vor, den Irak zum mächtigsten Land der Region zu machen. Politikwissenschaftler Jochen Hippler schrieb dazu: »Er sollte zur Vormacht am Golf und zur Führungsmacht der arabischen Welt werden, um die Rolle des Hauptgegners von Israel spielen zu können. Es ist bemerkenswert, mit welcher Konsequenz die irakische Führung diese Ziele verfolgt hat. Zuerst wurden die innenpolitischen Voraussetzungen geschaffen – Stabilisierung, Ausschaltung jeglicher Opposition sowie die Entwicklung von Wirtschaft und Infrastruktur. Parallel erfolgte eine massive Aufrüstung der Armee.«

Nachdem sich die Iraker während der Achtzigerjahre vom Westen instrumentalisieren und ins Gefecht gegen die Ajatollahs schicken ließen, hat man sich ihrer immer wieder gern bedient. Die unvermeidbaren Folgen wollte lange niemand wahrhaben. Der Nahostanalytiker Hans-Heino Kopietz aus London beschreibt die Entwicklung folgendermaßen:»Der Westen hat einen irakischen Frankenstein geschaffen, der sich dann gegen ihn richtete und nicht mehr kontrolliert werden konnte.«

Hauptsächlich richtete er sich aber gegen die eigenen Landsleute. Während der Herrschaft der Baath-Partei wurden schätzungsweise drei Millionen Iraker getötet. Vier bis fünf Millionen, also 15 Prozent der Bevölkerung, flüchteten ins Ausland. Die Hauptverantwortung daran trugen die Geheimdienste. Wenn es im Nahen Osten einen Muchabarat-Staat gab, dann war dies der Irak.

Saddam Hussein machte sich ohne zu zögern an den Aufbau eines gigantischen Systems von Geheimdiensten und Sicherheitsbehörden aller nur denkbaren Art. Während seiner Regierungszit bestand der Kern des Apparats aus vier Organisationen:

- Irakischer Allgemeiner Geheimdienst (IIS oder *Muchabarat*), zuletzt geleitet von Tahir Abdel-Jalil al-Habbush
- Irakisches Direktorat des Militärgeheimdienstes (DGMI oder *Al Istikhbarat al-Askariya*), letzter Leiter: Fanar Zibin Hassan al-Tikriti
- Irakisches Direktorat für allgemeine Sicherheit (DGS oder *Amn al-Amm*), zuletzt unter dem Kommando von General Taha Abbas al-Ahbabi
- Irakische Organisation für spezielle Sicherheit (SSO oder *Amn al-Khas*), zuletzt unter der Führung von Saddam Husseins Sohn Qusay.

Den Militärnachrichtendienst gab es bereits seit 1921, und er wurde von den Irakern als gnadenlos gefürchtet. Seine Agenten operierten im In- und Ausland. Zum Ende seines Daseins bekam der Staatssicherheitsdienst zusätzlich die Aufgabe übertragen, die UN-Waffeninspektoren zu verwirren, also die Spuren möglicher Waffenprogramme zu verwischen und falsche Fährten zu legen. Darüber hinaus ging er dem ganz normalen Geschäft der Dienste nach. Er sammelte Informationen und verwahrte sie in seinen Beständen. Von dort wurden die Privilegierten versorgt, die Größen der Baath-Partei und der Regierung. Nicht selten intervenierte der »Rais« (Führer) und sorgte dafür, dass eine bestimmte Meldung in der Grauzone des streng Geheimen blieb, also niemand mehr Zugriff hatte. Saddams stete Suche nach dem besonderen Detail war bekannt.

Der IIS bestand aus 20 Abteilungen, von denen jede für sich genügend Stoff produzierte, als sei sie ein eigener Geheimdienst. Da gab es Abteilungen für die Rüstungsindustrie, zur Überwachung der eigenen Mitarbeiter, zum Schutz der eigenen Liegenschaften und des Transports von Waffen. Die »äußere Abteilung« trug Informationen über politische, wirtschaftliche und militärische Entwicklungen zusammen, aber sehr gern auch Neuigkeiten über irakische Oppositionelle im Ausland.

Die Spionageabwehr verdächtigte grundsätzlich jeden Ausländer, mit fremden Geheimdiensten in Verbindung zu stehen, und vermutlich auch einen Großteil der eigenen Landsleute. Es folgten Abteilungen für Geheimoperationen (und ihre technischen Hilfsmittel), für Funkaufklärung, die Entwicklung von neuen, heimtückischen Waffen und speziellen Giften für Tötungseinsätze, für Sicherheitstechnik (vor allem zum Schutz staatlicher Einrichtungen), für Sprengstoffe und für Undercovereinsätze, die im Einzelfall als staatsterroristisch einzustufen waren.

Der IIS wurde mit zahlreichen politischen Morden oder auch mit gescheiterten Anschlägen in Verbindung gebracht. Dazu zählen die Fälle namhafter Regimegegner, wie Sheikh Talib al-Suhail al-Tamimi in Beirut (April 1994), Ajatollah Mehdi al-Hakim im Sudan (Januar 1988) und Ayad Habashi in Rom (Oktober 1986). Zu den Attentatszielen der Iraker gehörten auch der frühere US-Präsident George H. W. Bush, der irakische Expremier Ayad Allawi und der Emir von Kuwait.

Ende November 2009 wurde mit großer Verspätung bekannt, dass Saddam Hussein im Jahr 2000 einen Anschlag auf das Gebäude von Radio Free Europe/Radio Liberty in Prag »bestellt« hatte. Er wollte die Sendungen für den Irak »mit Gewalt beendet wissen«, so der

Sprecher des heutigen tschechischen Nachrichtendienstes BIS, Ján Šubert.

Zwei irakische Agenten hätten das Bürohaus von einem privaten Appartement auf der gegenüberliegenden Straßenseite aus beschießen wollen. Die tschechischen Behörden seien ihnen aber durch die Ausweisung eines als Diplomaten getarnten Agenten zuvorgekommen.

Der Militärgeheimdienst interessierte sich vor allem für die Streitkräfte der Nachbarstaaten und auch der Kurden. Innerhalb des Militärs hatten die Mitarbeiter des DGMI exekutive Befugnisse. Sie waren auf jeder Ebene der Befehlskette vertreten. Unter den 6000 Mitarbeitern fanden sich die vergleichsweise wenigsten Verwandten von Saddam.

Er kalkulierte, dass Angehörige des eigenen Clans am ehesten in Versuchung kommen könnten, ihn beerben zu wollen. Hinzu kam, dass sie dann beim Militär automatisch über Waffen verfügten. Saddam kannte sich aus, hatte er doch in den Sechzigerjahren mehrere Putsche erlebt.

Das »Direktorat für allgemeine Sicherheit« (DGS) war auf politisch Andersdenkende angesetzt, auch auf die bewaffnete Opposition. Es verfügte über 8000 hauptamtliche Mitarbeiter. Die 1984 geschaffene SSO kümmerte sich vor allem um den Personenschutz der irakischen Elite. Der chronisch misstrauische Saddam – ein Meister der Verschwörungstheorien – war bei der Auswahl seiner Leibwächter übervorsichtig. Wenigstens von dieser Seite schien ihm keine Gefahr zu drohen.

Das andere Arbeitsfeld der SSO – sie wird aus heutiger Sicht als wichtigster Geheimdienst der Saddam-Ära eingestuft – war die Jagd auf Dissidenten und jegliche »Feinde des Staates«. Zu den Vollmachten der 2000 SSO-Agenten zählten Festnahmen, brutale Verhöre und auch das sofortige Töten der Gegner. SSO-Einheiten wurden 1991 zur Niederschlagung der schiitischen Unruhen im Süden und gegen die Kurden im Norden eingesetzt. Von 1964 bis 1966 hatte Saddam selbst den »Spezialapparat« geleitet. Er kannte also sogar das »Tagesgeschäft«.

Auch im total überwachten Irak tummelten sich Terroristen aus zahlreichen Ländern. In den frühen Siebzigerjahren und nach 1990 saß Abu Nidal mit seiner Organisation in Bagdad. Dort kam er auch unter mysteriösen Umständen ums Leben. Immer wieder beherbergten die irakischen Geheimdienste Politkriminelle von anderen Splittergruppen der PLO, zum Beispiel Abu el-Abbas, den Entführer des Kreuzfahrtschiffes »Achille Lauro« (1985).

Großzügig spendete Saddam – im Einzelfall bis zu 25 000 Dollar – für die Angehörigen von palästinensischen Selbstmordattentätern, die meistens der Hamas angehörten. Die iranischen Volksmudschahedin (MKO) konnten ihr eigenes Ausbildungslager, Camp Ashraf, betreiben, und auch die Kämpfer der kurdischen PKK waren im Irak willkommen. Alle diese Aktivitäten durften während Saddams Zeit nicht bekannt werden, weil die Iraker um jeden Preis journalistische Fragen zu den Umständen der Anwesenheit arabischer oder kurdischer Gäste vermeiden mussten. Es hätte für sie Gesichtsverlust und massiven internationalen Ärger bedeutet.

Von einem Tag auf den anderen brach die irakische Schattenarmee, vermutlich die stärkste im Nahen und Mittleren Osten, zusammen. Strukturen, die als unbesiegbar und für die Ewigkeit errichtet galten, waren komplett zerstört. Bilder vom Ende des alten Ostblocks wiederholten sich. Journalisten konnten im März und April 2003 ungehindert durch die fluchtartig verlassenen Büros der irakischen Geheimdienste gehen, sich am Briefpapier und an herumliegenden Akten bedienen.

Die Filetstücke der Dokumente waren ohnehin längst verschwunden. Amerikanische Geheimdienste und das US-Militär hatten sich systematisch bedient. Ein Großteil der Materialien (»Operation Iraqi Freedom Documents«) wurde über Jahre hinweg von der »Iraq Survey Group« in Fort Leavenworth ausgewertet. So ergab sich ein ziemlich authentisches Bild über das System Saddam.

Der amerikanische Statthalter in Bagdad, L. Paul Bremer, ging sogleich daran, neue irakische Geheimdienststrukturen aufzubauen. So wurden der »Iraqi National Intelligence Service« (INIS) und das »General Security Department« (GSD) mit heißer Nadel gestrickt. Die »Kinder« hatten viele Väter: »Central Intelligence Agency« (CIA), »Iraqi National Congress« (INC), »Iraqi National Accord« (INA), »Iraqi Governing Council« (IGC), »Defense Intelligence

Agency« (DIA), und auch Irakische Oppositionsgruppen saßen mit am Planungstisch, weil sie auf eine lange Erfahrung in Geheimdienstarbeit zurückblicken konnten, arbeiteten sie doch seit vielen Jahren mit CIA und DIA zusammen. Der »Iraqi National Congress« beispielsweise stand mit einem Monatssalär von 300 000 Dollar auf der Gehaltsliste des Pentagondienstes DIA.

Hinter den Kulissen ging sofort das Hauen und Stechen um die besten Posten im neuen Sicherheitsgefüge los. Die Position des Innenministers stand als Erstes zur Disposition. Der Zuschlag ging an den Schwager von Iyad Allawi, dem Vorsitzenden des »Iraqi National Accord«. Sein Name war Nouri Badran. Das Weiße Haus sprach im Zusammenhang mit den neuen Sicherheitsbehörden von wichtigen Instrumenten im »Krieg gegen den Terror« und versicherte den Irakern, sie würden ganz schnell in ihre Hände übergeben werden.

Im gleichen Moment bremsten die Amerikaner Ahmad Shalabis INC aus. Seit Jahren war der Lobbyist stark protegiert worden. Zu seinen wichtigsten Gönnern gehörten das Pentagon und Minister Donald Rumsfeld. Als die Amerikaner schon während des Vormarsches in den Irak die Gefahren seiner propagandistisch geprägten Falschmeldungen erkannten, erkaltete das Verhältnis rasch.

Am 8. März 2004 unterzeichnete Administrator Bremer die Gründung des INIS. Bis Juni waren bereits 1000 Bewerber eingestellt. Die neue Behörde sollte 3000 Mitarbeiter bekommen, unter ihnen maximal fünf Prozent Ehemalige. Saddams Fachpersonal konnte in dieser Aufbausituation nicht komplett ausgeschlossen werden, wusste doch kaum einer der Neuen, wie Geheimdienst wirklich geht. Die amerikanischen Paten trösteten sich mit dem Gedanken, dass ihre Mustergesetze eine normative Kraft des Faktischen schaffen würden und dass sich dem auch die besiegten Gegner nicht würden verschließen können.

Schließlich fiel die Wahl für den Chefposten des neuen zentralen Geheimdienstes auf Mohammed Abdullah Shewani vom INC. Er war früher Brigadegeneral der Saddam-Armee gewesen und hatte in London die Seite gewechselt. Wieder tagten die Runden und verabschiedeten hehre Ideale. Der neue Geheimdienst müsse die Menschenrechte strikt beachten und dürfe selbst niemanden festnehmen. Das müsse er der Polizei überlassen. Häufig fiel das Wort »Ethos«, und alle anwesenden Iraker nickten wissend. Die Amerikaner setzten eine zivile Kontrollinstanz für den Geheimdienst durch, und natürlich strenge Regeln.

Als wichtigste Aufgaben der neuen irakischen Dienste wurde die Bekämpfung der Freischärler und der organisierten Kriminalität beschlossen. Im Juni 2004 stellte sich die Übergangsregierung vor, an ihrer Spitze Iyad Allawi. Er wusste, worauf es den Besatzern in diesem sensiblen Bereich ankam, und verkündete sofort die Gründung eines Aufsichtsgremiums aus Ministern. Er selbst nahm den Vorsitz ein. Der Direktor des INIS und der Nationale Sicherheitsberater wurden als Berater verpflichtet.

Das erste Problem für den neuen Geheimdienst war die katastrophale Sicherheitslage in Falluja. Mohammed Shewani (»Einer der größten Fehler der Koalition war die sofortige Auflösung von Saddams Armee und seinen Sicherheitsbehörden.«) organisierte zusammen mit einem pensionierten irakischen Oberst und mit viel amerikanischem Geld eine irakische Fallujah-Brigade, die mit den U.S. Marines vorrücken sollte. Der Enthusiasmus war groß, aber am Ende verbrüderte sich die Eliteeinheit mit den Aufständischen – und wurde wieder aufgelöst.

Ähnlich lief es mit dem Iran. Von Anfang an versuchten die Teheraner Geheimdienste ihre neuen irakischen Kollegen als Informanten anzuwerben. Dabei interessierten sie sich vor allem für die politische Entwicklung innerhalb der Regierung, für das Innenleben des Sicherheitsapparats und die Präsenz der US-Truppen. Im Vergleich zu den anonymen Hit-Teams, die landesweit Mitarbeiter der neuen irakischen Dienste beseitigen, ist das eher harmlos.

Der »Schattenkrieg« um den Irak hat längst begonnen. Die iranischen Dienste trainieren und bewaffnen nicht nur ihre schiitischen Glaubensbrüder, sondern auch aufständische Sunniten. Dazu müssen sie immer mehr Ausbilder und Agenten schicken. Im Gegenzug haben Iraker und US-Truppen Dutzende dieser Iraner – zumeist Mitglieder der paramilitärischen Quds-Einheiten und des Ramazan-Korps der Pasdaran – gefangen.

Auch Angehörige der libanesischen Hisbollah befinden sich unter den Festgenommenen. Längst hat eine Gratwanderung vieler offizieller Iraker begonnen, die es sich weder mit Teheran noch mit Washington verderben wollen. Als fünf mutmaßliche Agenten des VEVAK 2009 in Irbil festgenommen wurden, versicherten kurdische Behörden sofort, die Iraner seien als geladene Gäste gekommen.

Mittlerweile haben sich die neuen irakischen Geheimdienste eingerichtet. Um in einem feindseligen Umfeld operieren und alle Aufgaben einigermaßen erfüllen zu können, orientieren sie sich längst wieder an den Praktiken des Saddam-Regimes. Sie prügeln und foltern, brechen die Gesetze – vor allem jene gegen Korruption. Das war schon immer so: Wer in Bagdad politisch das Sagen hat, steht über dem Gesetz. Und reichen die neuen Gesetze nicht, dann greift die Regierung schon einmal auf Saddams Regeln zurück.

Premierminister Nouri al-Maliki regiert inzwischen absolut selbstherrlich und soll – ganz Araber – längst einen eigenen, persönlichen Geheimdienst für sich und seine Parteifreunde von der schiitischen *Dawa* gegründet haben. Zwei Militäreinheiten – die Antiterrortruppe und die Bagdad-Brigade – wurden laut Medienberichten ohne die erforderliche Parlamentsentscheidung Malikis Befehl unterstellt. Die Berater des Premiers, schrieb der Londoner *Guardian*, würden schon längst eine Parallelregierung betreiben.

Auch Saddam hat einmal klein angefangen.

Saudi-Arabien
Der lange Schatten des Prinzen

Zum Bild – Prinz Turki bin Faisal al Saud, die graue Eminenz der arabischen Geheimdienstchefs, stand 25 Jahre lang dem saudischen *Al Mukhabarat Al A'amah* vor, international bekannt als »General Intelligence Directorate«. Er rüstete afghanische Mudschahedin auf und verhandelte mit Osama bin Laden, sparte nie mit Petrodollars, um Gefahren vom Königshaus abzuwenden. Dafür wurde er mit den Botschafterposten in London und Washington belohnt.

Die graue Eminenz ist überall und nirgendwo. Während jahrzehntelang amtierende arabische Geheimdienstchefs in ihren Ländern als kleine Könige leben und nur vom Präsidenten oder Monarchen ausgehebelt werden können, hat Prinz Turki bin Faisal al Saud eine absolut einmalige Sonderstellung. Eine vergleichbare Persönlichkeit gibt es in der Grauzone des Muchabarat und in der gesamten islamischen Welt nicht. Das zeigt ein Blick auf seine Biographie, aber auch auf die Parallelen seiner Amtszeit mit den zeitgeschichtlichen Ereignissen, die ihn berührten.

Prinz Turki wurde am 15. Februar 1945, im heiligen Mekka, in die bestmöglichen Umstände seiner Welt hineingeboren. Sein Großvater war König Faisal Bin Abdul Aziz, ein Visionär, der nach dem Untergang der Osmanen die einmalige Chance der Familie erkannt hatte. Ihm treu ergebene Beduinen eroberten die große, beinahe menschenleere arabische Halbinsel. Die ultrakonservative Lehre der Wahhabiten im Rücken, sicherte der listige Abdul Aziz seine Beute. Er schuf Saudi-Arabien. Das Öl kam später, und es wurde als gottgegeben begrüßt. Die Heimat der heiligen Stätten des Islam war weit entfernt von dem, was die meisten Europäer oder gar die Amerikaner sich vorstellen konnten. Von 1945 bis heute führte ein langer, sandiger Weg zum Übermorgenland der inzwischen auch stark gewachsenen Familie Saud.

Obwohl er erst zum zehnten Geburtstag des Königreiches zur Welt kam, ist Prinz Turki der Gründergeneration zuzurechnen. Der Mann mit dem zerfurchten Gesicht eines zähen Wüstenbewohners erlebte die kargen Jahre des Aufbaus, das Wirtschaftswunder, die Vorteile der jahrzehntelangen Isolation von der lärmenden Welt. Er kommt aus einer spätmittelalterlichen Gesellschaft, die mit ihren Tieren lebte, mit Sandstürmen und einem tief empfundenen Glauben. Als die breiten Autobahnen und Blechlawinen nicht mehr aufzuhalten waren, die riesigen, gekühlten Shopping Malls und die schrankgroßen Fernseher, mit denen sich endlos zappen lässt, auch die Handys, da war er längst erwachsen.

Turkis Vater, Prinz Faisal, war seiner Zeit voraus. Der Provinzgouverneur regierte sehr ausgewogen und ging nie den Scharfmachern auf den Leim. Er dachte sozial, was für die weitverzweigte Familie häufig ein Fremdwort war. Faisal sprach von Reformen und Zukunftstechnologie. Er dachte über das Öl hinaus. Seine Söhne sollten den Teil der Welt kennenlernen, den man damals für die Zukunft hielt. Für den 14-jährigen Prinzen Turki bedeutete das erst einmal Laurenceville, New Jersey. Die Vorschule wartete auf ihn – ein absoluter Kulturschock.

Als die Zeit kam, Abdul Aziz zu beerben, zog Turkis Vater den Kürzeren und verabschiedete sich aus der Tagespolitik. Doch das letzte Wort war noch nicht gesprochen. Während Turkis erstem Jahr an der Washingtoner Georgetown University wurde er eines Tages – so berichtet es der amerikanische Autor Steve Coll – auf dem Campus angesprochen: »Hast du schon die Nachrichten gehört? Dein Vater ist König geworden!« Er hatte noch nicht.

Prinz Turki legte eine Bildungspause ein. Später erklärte er, so Biograf Coll, es sei wegen der arabischen Niederlage im Sechstagekrieg von 1967 gewesen. Die arabische Welt sei in totale Depression verfallen und habe nur noch das Gefühl des Versagens gekannt. Turki schloss seine Ausbildung später in England ab. Zu Hause, in Riad, holte ihn sein Vater Faisal II. als Berater an den Königshof. In dieser Zeit wurden Mädchenschulen eingeführt und der erste Fernsehsender in Betrieb genommen. Weitere Reformen standen an. Bei den Konservativen löste das heftige Kritik aus. In der Konsequenz wurde Turkis Vater 1975 von einem seiner Neffen erschossen. Ein klares Votum gegen saudische Reformpolitik.

Die wichtigste Entscheidung in Turkis Leben folgte zwei Jahre später. Sein Onkel Kemal Adham Al Saud, der Präsident des saudischen Geheimdienstes *Al Mukhabarat Al A'amah*, trat ab. Prinz Turki hatte bereits eine Weile mit ihm gearbeitet, ihm sogar als Stellvertreter zur Verfügung gestanden. Der 32-Jährige wurde zum neuen Chef berufen – für die nächsten 25 Jahre.

Der Beginn von Prinz Turkis schier endloser Amtszeit hätte nicht turbulenter sein können. Innerhalb der nächsten beiden Jahre besetzten militante Islamisten die Moschee von Mekka. In komplizierten Gefechten, an denen sich sogar französische Antiterrorexperten beteiligen durften, wurden sie in den weitverzweigten Kellern aufgerieben. Ein Albtraum für die Saudis. Der Schah des Iran wurde vom Volk verjagt und Imam Khomeini kehrte zurück. Der greise Geistliche wollte die Schiiten zu neuer Stärke führen und dann die Golfregion dominieren. Starke Sowjetstreitkräfte marschierten in Afghanistan ein, um das Überleben eines befreundeten Regimes zu sichern. Die Ölkrise war überwunden. Der Bodenschatz warf nie gesehene Profite ab, Saudi-Arabien boomte ohnegleichen.

In dieser Zeit übernahm Turki Al Faisal einen Geheimdienst, den es seit 1955 gab. Die Familie hatte bereits in den historischen Kriegen erkannt, wie vorteilhaft es war, die Geheimnisse des Gegners zur rechten Zeit zu kennen. Also gründeten sie erst einmal ein Büro für »Allgemeine Untersuchungen«. Dann entstanden Ableger in Dschidda und Dhahran. Während der Amtszeit von König Faisal folgte die weltweite Expansion durch Residenturen in den saudischen Botschaften und ein dichtes Netz von Büros im eigenen Land.

In den frühen Achtzigerjahren, also bereits unter Prinz Turki, wurde der Geheimdienst professionell ausgebaut. Es entstanden neue Abteilungen, zum Beispiel für verdeckte Operationen, und die modernste Technik jener Zeit zog ein. An Geld fehlte es nie. Deshalb konnten sich die saudischen Geheimen alles leisten. An ihre Grenzen sollten sie erst später beim Umgang mit menschlichen Quellen im Bereich des Islamismus stoßen. Dabei lernten sie Gegner kennen, denen Geld nichts bedeutet. Eine unglaubliche Erfahrung für einen Elitesaudi.

Turki und ein kleiner Stab enger Vertrauter bereisten die Welt. Sie ließen sich vergleichbare Nachrichtendienste vorführen und übernahmen dann doch die Strukturen und Methoden der CIA. Das begründete auch eine lange und enge Zusammenarbeit.

Der Geheimdienstchef Prinz Turki war ein Wanderer zwischen den Welten, der sich überall auskannte und ganz selten lange Überzeugungsarbeit leisten musste. Sanft, aber mit Nachdruck, belesen, historisch gebildet, listig, und dies alles in bestem Englisch. Der königliche Spross tauchte jedes Jahr hinter den Kulissen des Weltwirtschaftstreffens von Davos auf. Auch mit Geld und gehobenem

Luxus kennt er sich aus, ist selbst ausgesprochen vermögend. Er war Arbeitgeber und Arbeitnehmer in Personalunion und bedachte sich großzügig. Gleichzeitig sorgte er dafür, dass der saudische Wohlstand jeden erfasste, der für ihn arbeitete. Prinz Turki glaubte stets an die Macht der diskreten Umschläge mit Geldbündeln aller Währungen, und der Erfolg gab ihm recht.

Nur mit einem konnte er nicht auf dieser Basis verkehren: dem zehn Jahre jüngeren Landsmann Osama bin Laden. Beide waren nicht von Anfang an Gegner, da sie sich seit Anfang der Achtzigerjahre derselben Sache verpflichtet hatten. Sie wollten um jeden Preis die Sowjets aus Afghanistan vertreiben. Dabei ging es nicht primär um machtpolitische Gelüste, sondern um religiöse Pflichten.

Bald nach der Invasion begannen die Amerikaner, afghanische Mudschaheddin aufzurüsten. Diese Runde des Kalten Krieges sollte nicht an den Osten gehen. Große Mengen an Waffen wurden über Pakistan in das Kampfgebiet gebracht. Die Kosten übernahmen neben den Amerikanern vor allem die Saudis. Sie lieferten das Geld in dicken Kisten und durch ihre Botschaft in Washington. Die CIA kümmerte sich um den Rest. Fremdfinanzierung war ihr geläufig.

Gleichzeitig riefen die Wahhabiten zum »Heiligen Krieg« gegen die »Ungläubigen« auf islamischem Boden auf. In Scharen reisten junge, hoch motivierte Araber nach Zentralasien, um sich den Sowjets entgegenzustellen. Unter ihnen befand sich auch der damals noch keine 30 Jahre alte Osama bin Laden, ein Sohn des führenden Bauunternehmers Saudi-Arabiens.

1968 war der Vater bei einem Flugzeugabsturz ums Leben gekommen. Die älteren Söhne hatten das Steuer übernommen. Auch Osama war im Laufe der Jahre als Geschäftsführer eingetreten. Meistens fiel er aber nicht durch kühne Bauprojekte, sondern durch überzogene Frömmigkeit auf. Er spendete reichlich an islamische Wohlfahrtsverbände und muslimische Bruderschaften. Niemand bettelte bei ihm vergeblich.

1979 schloss bin Laden seine Studiengänge für Wirtschaftswissenschaften und Bauingenieurwesen an der König-Abdul-Aziz-Universität ab. Das brachte ihn auf den Posten des Projektmanagers Führungsaufgaben der Bin-Laden-Gruppe.

Dann rollten bereits die Panzerkolonnen über den verschneiten Hindukusch. Osama bin Laden, den der radikale palästinensische Prediger Abdullah Azzam maßgeblich beeinflusste, wollte seinen Pflichten als guter Muslim nachkommen – und zog in den Krieg. In den Achtzigerjahren verbrachte er den Großteil seiner Zeit in Pakistan und Afghanistan, führte selbst Gruppen arabischer Freiwilliger an die Front. Er galt als besonders tapfer, in der Sache kompromisslos.

Hier trafen sich die Lebenslinien der beiden Saudis aus Mekka. Der Jüngere war ja letztlich auch durch die Solidaritätsappelle des Älteren in den Krieg gezogen. In einem seiner seltenen Interviews berichtete Prinz Turki, dass er Osama bin Laden mehrfach getroffen hat, legt aber Wert auf die Einschränkung, dass dies stets mit dem Jihad gegen die Sowjets zu tun hatte. Später präzisierte er die Angaben zu den Treffen. Es seien fünf gewesen. Nach Gründung der Terrororganisation Al-Qaida seien sie nicht mehr zusammengekommen.

Bin Laden habe sich anfangs sehr sanft und unauffällig gegeben, nur mit wenigen gesprochen. Er sei richtiggehend scheu oder auch schüchtern gewesen. Auch er wuchs mit der selbstgestellten Aufgabe. Prinz Turkis Urteil: »Da gab es eine bemerkenswerte Wandlung. Jetzt befindet er sich in einer wahnhaften, wahnsinnigen Phase, wo er glaubt, dass er von Gott geschickt wurde und jeder andere mit dem Teufel im Bunde ist.«

Ohne Zweifel gab es eine Phase der Kooperation zwischen dem saudischen Geheimdienst und Osama bin Laden. Turkis Stabschef war Ahmed Badeeb, ein ehemaliger Lehrer bin Ladens. Er war angeblich jede Woche in Sachen Afghanistan unterwegs, reiste sehr häufig in die pakistanische Frontstadt Peshawar. Badeeb gehörte für eine Weile zu den Strippenziehern, bin Laden zu den Marionetten des »Großen Spiels« der Amerikaner am Hindukusch. Es deutet nichts darauf hin, dass der hochgewachsene Saudi jemals direkt mit den US-Hintermännern gearbeitet hat.

Enge, persönliche Kontakte mit Gleichgesinnten knüpfte der spätere Terroristenführer eher beim 60 000 Mann starken pakistanischen Militärgeheimdienst *Inter Services Intelligence* (ISI). Die

Pakistaner gehen beim westlichen Nachbarn seit Jahrzehnten ihren strategischen Interessen nach. In Afghanistan führen sie einen stillen Stellvertreterkrieg gegen den Erzfeind Indien. Sie wollen sich den Rücken freihalten und deshalb mitbestimmen, wer in Kabul das Sagen hat. Also unterstützten sie in den Achtzigerjahren die Mudschaheddin, tolerierten deren Präsenz, solange es notwendig war. Letztlich verdiente der Frontstaat kräftig mit, weil viele Gelder und auch Waffen in Pakistan versickerten.

Auch in der nächsten Runde, als Osama bin Laden längst zum hauptberuflichen Terroristen geworden war – und Pakistans Sympathie dringend benötigte –, mischte Islamabad kräftig mit. Premierministerin Benazir Bhutto ließ die in Pakistans Koranschulen gezüchteten Taliban als Strafe gegen die Bruderkrieg führenden und schwer steuerbaren afghanischen Mudschaheddin von der Leine.

Die Taliban räumten gründlich auf und eroberten das Land zur eigenen Nutzung. Von Mitte der Neunzigerjahre bis Ende 2001 durften sie, von Pakistan und Saudi-Arabien massiv gefördert, eine islamistische Schreckensherrschaft entfalten. Osama bin Laden nutzte das mit und versteckte sich hinter den Taliban. Afghanistan war ein sicheres Rückzugsgebiet – bis der 11. September 2001 alles änderte.

Prinz Turki in einem Gespräch von 2004 mit dem Nachrichtenmagazin *Der Spiegel*: »Wir haben die Taliban nicht finanziert. Wir haben ihre Regierung aber anerkannt, weil sie einen Ordnungsfaktor darstellte. Die Männer um Mullah Omar haben uns auch zugesichert, dass sie Terroraktionen gegen Saudi-Arabien von afghanischem Gebiet aus nicht zulassen würden«.

Die Terrorunterstützer Pakistan und Saudi-Arabien – 15 der 19 sichtbaren Täter waren Prinz Turkis eigene Landsleute – gerieten unter amerikanischen Druck. ISI-Chef General Mahmud Ahmed, der sich fatalerweise am 11. September zu Konsultationen mit den US-Partnern in Washington befand, bekam eine letzte Chance, die Taliban zur Auslieferung von Osama bin Laden zu bewegen.

Dann musste er auf Geheiß von Militärdiktator Pervez Musharraf sein Amt aufgeben. Der zackige Mahmud, so hieß es, habe jegliche Distanz zu den Islamisten vermissen lassen, sie 1989 sogar vor amerikanischen Luftangriffen gewarnt. Auch mit der mutmaßlichen

Finanzierung der Qaida-Operationen von 9/11 wurde er in Verbindung gebracht.

Der General war letztlich ein Bauernopfer, da sein Abgang und die anschließende Militärpartnerschaft mit den USA im »Krieg gegen den Terror« Präsident Musharraf noch für eine Weile rettete. Mahmud fiel weich, als Generaldirektor einer Staatsfirma, und darf sich heute seinem Steckenpferd, der islamischen Missionierung, widmen. Es kann als bislang unerforschtes Phänomen gelten, warum sich ehemalige ISI-Chefs einer Überdosis Religion unterziehen.

Kollege Turkis Karriere schlug überraschende Haken. Er konnte auf Dauer alle Gerüchte abwehren, in die Anschläge von New York und Washington in irgendeiner Weise verwickelt gewesen zu sein. Auffällig ist trotzdem, dass er am 31. August 2001, also elf Tage vor dem magischen Datum, seinen Abschied vom saudischen Geheimdienst erklärte. Erst Monate zuvor hatte König Fahd Prinz Turkis Amtszeit um weitere vier Jahre verlängert. Aus »gewöhnlich gut informierten Kreisen« in Riad hieß es lediglich, Turkis Entscheidung sei sehr persönlich gewesen und habe familiäre Gründe gehabt. Die Nachfolge übernahm Prinz Nawaf, ein Onkel.

Nach dem 11. September wurde 31 Angehörigen der saudischen Königsfamilie im Privatjet die sofortige Abreise aus den USA gestattet. Sie sollten vor Racheaktionen bewahrt werden. Es hieß danach, Turki habe diese Rettungsaktion organisiert und selbst begleitet.

2002 klagten Angehörige der 9/11-Opfer gegen Prinz Turki, Verteidigungsminister Prinz Sultan und Prinz Mohammed bin Faisal. Sie forderten Schadensersatz. Die Vorwürfe gegen Prinz Turki basierten auf Verhandlungen, die er mit Al-Qaida geführt hatte. Er habe ein Stillhalteabkommen geschlossen. Al-Qaida würde nicht mehr versuchen, die saudische Monarchie zu stürzen, Riad keine Terroristen ausliefern.

Überraschend zum saudischen Botschafter in London ernannt, trat er diese Position am 28. Januar 2003 an. Außenminister Saud al-Faisal, sein Bruder und bereits 30 Jahre im Amt, war damit sein Vorgesetzter.

Im März 2004 folgte der nächste Frontalangriff seiner Gegner. In der *Chicago Tribune* und anderen Medien war von Erkenntnissen die Rede, die auf den Bundesnachrichtendienst zurückgeführt wurden. Zwei auf Videoproduktionen spezialisierte Tarnfirmen des saudischen Geheimdienstes mit Interessen in Indonesien und auf dem Balkan, so hieß es, seien während der Amtszeit von Prinz Turki mit Al-Qaida-Verdächtigen in Deutschland vernetzt gewesen. Sturm im Wasserglas.

Am 19. Januar 2005 stellte ein US-Gericht die Immunität des Landes Saudi-Arabien, seiner Minister und Botschafter gegen Klagen im Zusammenhang mit 9/11 fest.

Am 20. Juli 2005 die nächste Überraschung: Das saudische Königshaus bat die USA, Prinz Turki als neuen Botschafter in Washington zu akzeptieren. Er sollte den seit 22 Jahren amtierenden Prinz Bandar bin Sultan, einen Dauergast im Weißen Haus und eine Institution in Washington, ablösen.

Prinz Turkis Antrittsbesuch bei Außenministerin Condoleezza Rice fand am 13. September 2005 statt. Er engagierte sich erkennbar stark für seine neue Aufgabe, traf sich häufig mit Politikern beider Lager und bereiste 37 Bundesstaaten. Und plötzlich wieder eine völlig undiplomatische Überraschung: Am 12. Dezember 2006 berichtete der Washingtoner Journalist Steve Clemons, dass in der Gerüchteküche vom Rücktritt des Prinzen Turki al-Faisal als saudischer Botschafter gemunkelt wurde. Es sei eine Reaktion auf lange, ermüdende Diskussionen mit reformfeindlichen Kräften im eigenen Land. Am nächsten Nachmittag trat er, nach Medienberichten, bereits die Heimreise an.

Offiziell verließ Turki die amerikanische Hauptstadt im Februar 2007. Es gab keine Abschiedszeremonie, keine der üblichen Runden in diplomatischen Zirkeln. Er war einfach weg. Seinen Mitarbeitern soll er gesagt haben, er wolle mehr Zeit mit seiner Familie verbringen. Eine weitere, diesmal politische Theorie kam zur Sprache. Turki habe von der militärischen Lösung beim Umgang der USA mit dem iranischen Atomproblem abgeraten. Er sei ein starker Befürworter von Verhandlungen gewesen.

Bandar habe dagegen die Hardliner um George W. Bush bestärkt. Eine andere Erklärung: Turki sei zu einem kurzfristigen Besuch des US-Vizepräsidenten Dick Cheney in Riad von seinem Onkel, König

Abdullah, nicht eingeladen worden, sein Vorgänger Prinz Bandar schon. Anscheinend leistete sich Riad den Luxus eines offiziellen und eines inoffiziellen Botschafters.

Viele Verschwörungstheorien haben den Abgang des interessantesten aller saudischen Prinzen begleitet. Auch die gut informierten Analytiker konnten sich keinen Reim darauf machen. Die Voraussage, er werde seinen kranken Bruder Saud beerben, trat nicht ein. Prinz Turki ist einfach da, und doch immer unterwegs. Er widmet sich heute Nebenschauplätzen, für die er früher nie Zeit hatte. Turki ist Mitbegründer der König-Faisal-Stiftung und Vorsitzender des König-Faisal-Zentrums für Forschung und islamische Studien. Er verantwortet das »Prince Charles Visual Islamic and Traditional Arts Centre«, ist Vizechef der C100-Gruppe, die zum Weltwirtschaftsforum in Davos gehört. Im April 2008 gab die »International Crisis Group« die Aufnahme von Prinz Turki in ihren Beirat bekannt.

Im Januar 2009 meldete sich Prinz Turki mit einem Artikel in der *Financial Times* zu Wort. Darin forderte er eine neue amerikanische Nahostpolitik. Die US-Administration müsse entschiedene Schritte unternehmen, um das Leiden und Abschlachten der Palästinenser zu stoppen. Die Friedensaussichten und die Stabilität der ganzen Region seien in Gefahr, aber auch die saudisch-amerikanische Freundschaft.

Im Februar 2009 tauchte er auch für Insider völlig unvermittelt in Berlin auf. Im Namen seiner Regierung führte er »Sicherheitsgespräche« zur Lage in Pakistan und Afghanistan. Konkret soll es um Koordination zwischen Berlin und Riad gegangen sein. Am 28. April meldete die *Washington Times*, Prinz Turki habe einen raschen Abzug der fremden Truppen aus Afghanistan gefordert, weil sie »nicht willkommen« seien.

In der Zwischenzeit hat der saudische Geheimdienst seine wichtigste Aufgabe in der Bekämpfung des islamistischen Terrors gefunden. Die Zusammenarbeit zwischen dem alles dominierenden GIS und den bisher eher vernachlässigten Geheimdienstabteilungen des Verteidigungsministeriums, des Innenministeriums und der Nationalgarde wurde stark verbessert. Das gilt auch für die internationalen Kontakte.

Das Königshaus scheint mit der Arbeit des aktuellen GIS-Präsidenten, Prinz Mugrin Bin Abdul Aziz, zufrieden zu sein, da es dessen Amtszeit gerade verlängert hat. Prinz Mugrin kam von der Luftwaffe, war in England und den USA ausgebildet worden. Nach einer Zwischenstation als Gouverneur der Provinz Medina trat er am 22. Oktober 2005 an die Spitze des Nachrichtendienstes und seiner rund 30 000 Mitarbeiter, die angeblich 100 000 Informanten betreuen. In die aktuellen Schlagzeilen kam Prinz Mugrin, als ihm der König zum Jahresende 2009 die Aufgabe übertrug, den eskalierenden Konflikt an der saudisch-jemenitischen Grenze zu lösen. Die Streitkräfte beider Staaten befinden sich in einem offenen Krieg mit islamistischen Rebellen. Der Auslöser für die Saudis war ein Mordanschlag auf Innenminister Prinz Nayef im August 2009. Der Chef des Dienstes war gehalten, mit allen Mitteln Vergeltung zu üben.

Das letzte bekannte Budget der saudischen Sicherheitsbehörden betrug im Jahr 2006 zwölf Milliarden Dollar. Damit ist der Geheimdienst des Königs Abdullah im internationalen Vergleich der Reichste von allen.

Regelmäßige Erfolgsmeldungen – von Mai 2003 bis Oktober 2006 wurden 845 Verdächtige mit Verbindung zu Al-Qaida festgenommen, 246 erwiesene Al-Qaida-Mitglieder gefangen oder getötet –, eine mustergültige Webseite des Geheimdienstes und demonstrative Offenheit gegenüber dem Westen stimmen die saudische Opposition in London skeptisch.

Ihre bekanntesten Vertreter, unter ihnen der ehemalige oberste Richter am Gerichtshof von Dschidda, Muhammad Massari, glauben nicht an die hoch professionellen PR-Aktionen einer Monarchie, die vor wenigen Jahren bereits am Rande des Abgrunds zu stehen schien, aber durch den amerikanischen »Krieg gegen den Terror« neue Vitalität erhielt. Im Gespräch mit dem Autor forderte Massari die Beseitigung der saudischen Monarchie – und sei es mit Gewalt. Das Königshaus, sagte er, sei nicht reformierbar, seine Zeit längst vorbei. »Die Vorbereitungen für den Bürgerkrieg sind längst angelaufen.« Der Staatssicherheitsdienst wird aufhorchen.

Alte Agenten
sterben einsam
Der Fall Ashraf Marwan

Zum Bild – War der steinreiche Ägypter Ashraf Marwan ein Agent des israelischen Mossad oder ein besonders geschickter Operateur seines eigenen Geheimdienstes? War er möglicherweise ein Doppelagent, der beiden Seiten diente? Hat er den Jom-Kippur-Krieg von 1973 verraten? Wurde er deshalb 2007 in London ermordet oder ist er nur unglücklich gestürzt? Viele Fragen, deren Antworten Ashraf Marwan offensichtlich mit in den überraschenden Tod genommen hat.

Der Ägypter Ashraf Marwan war nicht das, was man sich klischeehaft unter einem Spion vorstellt, auch wenn ihn die *New York Times* als »effektivsten Spion in der Geschichte des Nahen Ostens« feierte. In das Raster der großen Verräter passte er auch nicht. Das eigentliche Problem liegt aber darin, dass er die wichtigsten Antworten auf die Fragen seines Lebens mit in den Tod genommen hat.

Die Geschichte spielt 1969, 1973, 2002 und 2007.

1969 kam der gut aussehende Ägypter, damals gerade erst 24 Jahre alt, wegen eines hartnäckigen Magenleidens nach London und suchte einen Arzt in der Harley Street auf. Ashraf Marwan wusste, dass sich kurz zuvor in dieser Praxis König Hussein von Jordanien und der Leiter der israelischen Staatskanzlei heimlich getroffen hatten. Höflich überreichte er dem Doktor seine Röntgenbilder, dazu aber auch einen Umschlag mit vielen offiziellen Stempeln seiner Regierung. Er bat darum, diese Dokumente beim Mossad abzugeben. Der Medicus nickte nur. Eine weitere Krankenakte anzunehmen, hätte auch nicht anders ausgesehen.

Die Papiere kamen beim israelischen Geheimdienst an und wurden nach allen Regeln der Kunst geprüft. Handelte es sich bei diesem »walk-in spy« (in Deutschland: »Selbstanbieter«) um einen Provokateur oder gar um einen Doppelagenten, der gefälschtes Material in Umlauf bringen sollte? Offensichtlich nicht. Interessant waren auch die Personalien. Warum sollte sich der Schwiegersohn des ägyptischen Präsidenten Gamal Abdel Nasser ohne Not auf solche hochgefährlichen Spielchen einlassen? Der junge Mann hatte offensichtlich beste Kontakte.

Die Leute vom Ägypten-Referat – sie saßen damals noch in einfachen Gründerzeithäusern jenseits der Kaplan-Straße in Tel Aviv – wollten ihn sich leisten. Bereits drei Tage später kamen die Israelis auf Ashraf Marwan zu. Er hatte längst ungeduldig gewartet. Die Geschäftsbeziehung war rasch geknüpft. Und die Quelle begann zu sprudeln. Sie lieferte Material, von dem jeder Nachrichtendienst nur träumen konnte. Ein Mossad-Agent jener Tage erinnert sich:

»Es war, als ob wir jemanden gehabt hätten, der in Nassers Bett schlief«.

Sie nannten ihn mal »Babylon«, dann »Engel«, meistens aber »den Verwandten«. Der Schwiegersohn war nicht billig, da Topmaterial immer teuer ist. Auf die Woche umgerechnet, bekam er – laut heutigen Medienberichten – in den ersten vier Jahren der Beziehung jeweils 100 000 Dollar. Insgesamt also 20 Millionen, eine astronomische Summe. Die Israelis kauften ein Haus in der Nähe des feinen Londoner Hotels »Dorchester«. Das verwanzten sie, damit ihnen bei den regelmäßigen Treffen mit dem »Verwandten«, an denen nicht selten der Mossad-Direktor persönlich teilnahm, kein einziges Wort entging.

Der Hauptgegner Israels war über Nacht total transparent geworden. Es gab nichts, was die Entscheidungsträger in Jerusalem und Tel Aviv, vom Premierminister bis zu den oberen Rängen der Ministerien und Sicherheitsbehörden, nicht wussten. Für den absoluten Ernstfall, zum Beispiel einen immanenten neuen Nahostkrieg, war das Codewort »Radish« vereinbart worden, also »Rettich«.

Im April 1973 erreichte den Führungsoffizier des Mossad-Kronjuwels eine Nachricht, in der das Wort »Rettich« vorkam. Die Israelis waren elektrisiert und lösten internen Alarm aus. Premierministerin Golda Meir schickte sofort ihren Mossad-Direktor Zvi Zamir mit der nächsten El-Al-Maschine nach London. Der 48 Jahre alte, hagere, asketisch und farblos wirkende polnische Emigrant hatte bereits eine steile Karriere im Militär hinter sich. Er kam aus dem Widerstand gegen die Engländer. Im Unabhängigkeitskrieg brachte er es zum Brigadegeneral. Danach erhielt er das Kommando über die Givati-Brigade, die auch heute noch zur Infanterieelite des Landes zählt.

Abgesehen vom Sinai-Feldzug des Jahres 1956 war Zamir als Chef der Ausbilder eingesetzt. Dann übernahm er den Befehl über das Südkommando. Zwischen 1966 und 1968 wurde er kurzzeitig als Militärattaché nach London und in die skandinavischen Staaten entsandt. Zurück in Israel, übernahm er für fünfeinhalb Jahre den Mossad. Eine überraschende Personalentscheidung, da Zvi Zamir so gänzlich ohne Geheimdiensterfahrung war. Seine guten Bezie-

hungen zur regierenden Arbeiterpartei dürften ihm den Prestige-
posten – der auch ein Schleudersitz sein kann – eingebracht haben.
Zvi Zamir war ein schwacher Mossad-Chef nach einer Reihe von
starken, aber für ihre Regierungschefs viel zu selbstbewussten Männern der Gründerzeitgeneration. Seine größte Niederlage war das
Debakel bei der Olympiade von München, das er selbst als macht-
loser Augenzeuge verfolgte. Nun, genau ein halbes Jahr später, diese
Aussicht auf einen Riesenerfolg. Ashraf Marwan kam pünktlich in
das »sichere Haus« der Israelis und verkündete, am 15. Mai 1973 würden Ägypten und Syrien den Judenstaat in die Zange nehmen.

Zvi Zamir kehrte aufgeregt nach Hause zurück und stellte mit
anderen alle Weichen für die große Mobilmachung. Israel rief
Zehntausende Reservisten zu den Waffen, verstärkte die Verteidi-
gungslinien im Sinai und um den Golan. Drei Monate dauerte der
Alarmzustand, kostete den kleinen Staat 35 Millionen Dollar. Als der
15. Mai kam, hielten alle den Atem an – und nichts passierte. Die
Eingeweihten begannen, Zvi Zamir und seine »Jahrhundertquelle«
zu belächeln. Er muss sich ähnlich ohnmächtig gefühlt haben wie
in jenen Stunden, als er die Abschlachtung der israelischen Sportler
in Fürstenfeldbruck vom Logenplatz im Tower des Militärflughafens
beobachtete.

Am 5. Oktober 1973 meldete sich der »Verwandte« wieder mit
dem Alarmwort »Radish«. Alles wiederholte sich. Zvi Zamir nahm
die Maschine nach London. Man kann sich vorstellen, wie eindring-
lich er die Quelle befragt haben muss, ob diesmal wirklich jeder Irrtum auszuschließen sei. Howard Blum, der Autor eines Buches über
den Jom-Kippur-Krieg von 1973, schrieb über die weiteren Abläufe:
»Syrien massierte Panzer und Raketen im Norden, Ägypten leitete
Militärmanöver am Suezkanal ein. Die Russen begannen damit, ihre
Familien aus der Region zu evakuieren. Am selben Nachmittag gab
General Eli Zeira, der Chef des israelischen Militärgeheimdienstes,
bei einem Stabsmeeting bekannt, dass ein koordinierter Angriff
durch Ägypten und Syrien geringste Wahrscheinlichkeit hätte – ge-
ringer als gering.«

Die Spannung steigerte sich. Zvi Zamir traf den Topinformanten
noch einmal gegen Mitternacht. Die beiden sprachen weniger als

eine Stunde miteinander. Um 3.40 Uhr, so sagen es die Akten, rief er einen seiner Mitarbeiter an und teilte ihm mit, die Syrer und die Ägypter würden simultan bei Sonnenaufgang angreifen. Es war Jom Kippur, der höchste jüdische Feiertag. Ein Tag, an dem das Leben in Israel komplett zum Stillstand kommt. Nur Golda Meirs Kabinett traf sich in jener Nacht zur Krisensitzung. Verteidigungsminister Moshe Dayan soll in deren Verlauf zum Stabschef der Armee gesagt haben: »Auf der Basis von Informationen, die uns Zvika schickt, mobilisieren wir nicht eine ganze Armee.« Mit vielen Bedenken entschieden sie sich schließlich morgens um vier Uhr, Panzerbrigaden zum Suezkanal zu verlegen.

Es kam, wie von Zvi Zamir und seinem »Verwandten« vorhergesagt. Der vierte arabisch-israelische Krieg begann am Morgen des 6. Oktober 1973. Erst nach 48 Stunden stoppten die bedrängten Israelis die siegessicheren Invasoren. Ein rettendes Element war der rasch eintreffende amerikanische Nachschub. Schließlich gelang es den Israelis, die Syrer von den Golanhöhen zu treiben und die Ägypter auf dem Sinai abzudrängen. Am 24. Oktober endete der Krieg mit einem Waffenstillstand.

In Israel begann die Zeit der Abrechnungen, und sie dauert bis heute an. Wer war verantwortlich für das Geheimdienstdesaster? Haben die Ägypter über ihren Agenten Ashraf Marwan von Anfang an Desinformation betrieben, damit die Israelis kein zweites Mal ihre Truppen mobilisierten? Gab es eine große Regie, die Israel beinahe in die Niederlage getrieben hätte? Der Mossad führte seine eigene Untersuchung (»Agranat-Kommission«) durch und kam zu dem Schluss, dass der Topinformant »koscher« war. Er konnte kein Doppelagent sein.

General Zeira wurde sofort in Schimpf und Schande entlassen und betreibt seither Ursachenforschung. Er nimmt kein Blatt vor den Mund und erläuterte den Journalisten immer wieder seine Theorien. Dabei nannte er keineswegs den Namen Ashraf Marwan, umschrieb ihn aber so exakt, dass findige Rechercheure herausfinden konnten, wer gemeint war. So erklärt es jedenfalls Howard Blum, der Marwan in seinem Buch über den Jom-Kippur-Krieg 2003 erwähnte. Nachdem das Werk erschienen war, hatte sich Zvi Zamir aus dem Ruhestand gemeldet und seinen Exkollegen Zeira als »Verräter« beschimpft.

Der »Verwandte« arbeitete noch einige Jahre weiter, als sei nichts gewesen. Seit dem Tod seines Mentors und Schwiegervaters Nasser 1970 beriet er dessen Nachfolger Anwar al-Sadat in politischen Fragen. Danach leitete der promovierte Chemieingenieur für einige Jahre die staatliche Rüstungsindustrie des Landes.

In Band zwei der KGB-Erinnerungen des Überläufers Wassili Mitrochin gibt es eine interessante Passage über Ashraf Marwan. Die Sowjets, heißt es, hätten nach dem 1973er-Krieg mit großem Misstrauen die Annäherung der Ägypter an die USA beobachtet. Besonders missfallen hätte ihnen der Besuch des CIA-Chefs William Colby im Oktober 1974. In Moskau beschloss man, sich zu rächen. Das KGB entschied, Ashraf Marwan, der als Verbindungsmann zwischen dem ägyptischen Geheimdienst und der CIA erkannt war, zu beschädigen.

Eine Desinformationskampagne wurde vorbereitet. Flächendeckend sollte Marwan als Agent der CIA diskreditiert werden. Um dies zu koordinieren, flog Vladimir Kasakow, der Chef des Ersten Direktorats (Nordamerika), im Mai 1975 nach Kairo. Über ihre Mittelsmänner sorgten die Sowjets dafür, dass Zeitungen im Libanon, in Syrien und Libyen über den »CIA-Agenten« Marwan berichteten.

Da dies möglicherweise nicht reichen würde, brachten sie auch in Umlauf, Marwan habe beträchtliche Schmiergelder angenommen und Gelder aus Saudi-Arabien und Kuwait veruntreut, die Ägypten für Waffenkäufe erhalten habe. Und darüber hinaus habe der umtriebige Staatsdiener eine Affäre mit First Lady Jihan Sadat gehabt. Der KGB sah es als seinen Erfolg an, als Marwan 1976 von Sadat als dessen persönlicher Beauftragter für Außenbeziehungen abgelöst wurde.

Nach dem Ausflug in die Militärtechnologie entschied Ashraf Marwan, dass es an der Zeit sei, weniger zu arbeiten und mehr zu leben. Er kaufte sich für geschätzte fünf Millionen Pfund ein Apartment in Londons exklusivster Wohngegend um den St.-James's-Square und verließ Kairo. Marwan sollte die Achtziger- und Neunzigerjahre über unbehelligt von der Vergangenheit bleiben. Geschäftlich war er nie ganz untätig, stieg sogar zeitweise als Partner von »Harrods«-Inhaber Mohamed al-Fayed ein.

Dass Ashraf Marwan ein ungestörtes Leben führte, daran änderte auch General Eli Zeiras Buch *Mythos gegen Realität: Der Jom-Kippur-Krieg – Niederlagen und Erfahrungen* nichts. Es war bereits 1993 erschienen, hatte aber den Ägypter nicht namentlich geoutet.

Kurz vor der Jahrtausendwende konnte General Zeira seinen Zorn aber nicht mehr verbergen. Gegenüber israelischen und ausländischen Medienvertretern stellte er ganz klar fest, dass es Ashraf Marwan gewesen sei, der dem Mossad die ägyptischen Aufmarschpläne verraten habe. Marwan sei aber zugleich ein ägyptischer Doppelagent gewesen, der Israel hereingelegt habe. Die israelischen Journalisten wussten nicht, was sie mit dieser überraschenden und etwas konfusen Story anfangen sollten. Also schwiegen sie erst einmal und warteten ab.

Im Jahr 2002 kam der israelische Historiker Aharon Bregman ins Spiel. Er unterrichtet am renommierten Londoner King's College. Bregman sprach mit der ägyptischen Zeitung *Al Ahram* und erwähnte dabei den Fall Marwan. Das könnte das Todesurteil für den Londoner Pensionär gewesen sein. Fahrlässigkeit sollte man bei ihm ausschließen. Bregman gehörte der israelischen Armee sechs Jahre an. Er zog in den Libanonkrieg von 1982 und hielt am Ende den Rang eines Majors. In der Knesset arbeitete er vorübergehend als Parlamentsassistent.

2007 geschah es, am 27. Juni um 13.40 Uhr. Ashraf Marwan stürzte vom Balkon seiner Wohnung, 24 Carlton House Terrace in Mayfair. Er war sofort tot. Die Metropolitan Police geht von Mord aus. Zeugen wollen Sekunden vorher zwei Männer mit nahöstlichem Aussehen und eleganten Anzügen neben ihm im vierten Stock gesehen haben. Sie sollen sich kurz vergewissert haben, wo er aufgeschlagen war, und dann gegangen sein. Die Haushälterin befand sich in der Küche und bekam nichts mit. Das Seltsamste an diesem Fall: Die Schuhe des alten Mannes waren verschwunden.

Marwans Ehefrau Mona besuchte gerade ihren Sohn Gamal und dessen Familie in Kairo. Er ist der Schwiegersohn des früheren ägyptischen Außenministers und derzeitigen Generalsekretär der Arabischen Liga, Amr Moussa. Eine Familie mit Einfluss.

Das einsame Ableben des bis zuletzt geheimnisvollen Wanderers zwischen den Welten sorgte für neue Fragen und ließ die Gerüchte wieder hochkochen. Tief betroffen erhob Zvi Zamir die Stimme. »Ich habe keine Zweifel, dass Berichte, die über ihn in Israel veröffentlicht wurden, zu seinem Tod geführt haben«, diktierte der ehemalige Mossad-Chef einem Journalisten der Tageszeitung *Haaretz* in den Block. Ein solcher Fall werde die Fähigkeit Israels, derart hoch qualifizierte Quellen künftig noch zu rekrutieren, ernsthaft in Frage stellen.

Zvi Zamir berichtete, dass er und zwei gleichfalls pensionierte hohe Offiziere des Militärgeheimdienstes *Aman* – General Amos Gilboa und Oberst Yossi Langotsky – vier Jahre zuvor Verteidigungsminister Shaul Mofaz um ein Ermittlungsverfahren gegen General Zeira gebeten hatten. Mofaz habe sie an den Generalstaatsanwalt verwiesen. Darauf hätten sie ihren Antrag dort hinterlassen. Es sei nichts passiert.

Im Gegenzug hatte Zeira den erbosten Zamir wegen Verleumdung verklagt. Darüber urteilte der Oberste Gerichtshof Wochen vor Marwans Tod. Der Richter kam zu dem Schluss, dass Zeira den Namen des Informanten an die Presse verraten hatte. Auch hier passierte nichts weiter.

Zvi Zamir, der in der Vergangenheit meistens geschwiegen hat, legte noch eins drauf: »Das Verteidigungs- und Geheimdienst-Establishment, den Verteidigungsminister und die Ankläger eingeschlossen, haben sich als impotent erwiesen.«

An der exklusiven Bestattung Ashraf Marwans, am 1. Juli 2007 in Kairo, nahmen Präsidentensohn Gamal Mubarak, Geheimdienstchef Omar Suleiman und der höchstrangige Geistliche des Landes, Sheikh Mohammed Sayed Tantawi, teil. Der Sarg war in die ägyptische Flagge gehüllt. Am nächsten Tag wurde Hosni Mubarak von Journalisten befragt, auch nach Ashraf Marwan und seiner Bedeutung für Ägypten. Mubarak bezeichnete den auch im Tod noch Gefeierten als »Patrioten«. Er habe patriotische Taten vollbracht, die man jetzt noch nicht offenbaren könne. Ein seltsamer Kontrast zu der Frage, ob Ashraf Marwan als Mossad-Agent gearbeitet hatte.

Seit Langem war bekannt gewesen, dass Ashraf Marwan dabei war, seine Memoiren fertigzustellen. Die Londoner Polizei durchsuchte sofort die Wohnung des Toten. Sie fand kein Manuskript. Bis heute tauchte es nicht auf, wurde also auch nicht veröffentlicht. Wieder war allen Spekulationen Tür und Tor geöffnet.

Alte Agenten sterben einsam. Auf beiden Seiten. Ein anderer Fall, wie aus dem Lehrbuch der Schattenarmeen, ereignete sich im Dezember 2009 im feinen Wiener Hotel »Imperial«. General Saad Kheir, von 2000 bis 2005 Chef des jordanischen Staatssicherheitsdienstes (GID), wurde von einem Zimmermädchen tot aufgefunden. Der Arzt stellte eindeutig Herzversagen fest. Geheimdienstexperte David Ignatius, der ihn persönlich kannte, verfasste für die *Washington Post* einen ungewöhnlich herzlichen Nachruf: »Kheir war einer der größten arabischen Nachrichtendienstoffiziere seiner Generation.« CIA-Direktor George Tenet habe ihn sogar einen »Superstar« genannt.

Der knorrige Geheimdienstler, dem Ignatius einen Charme »irgendwo zwischen Humphrey Bogart und Omar Sharif« bescheinigt, hatte Terrortrupps wie ANO und später Al-Qaida infiltriert. Gerade bei Abu Nidal war es ihm gelungen, eine Vertrauensbasis zu schaffen, um dann Misstrauen und Missgunst zu streuen. Im Endeffekt mordeten sich die Terroristen dann gegenseitig. Ignatius glaubt, dass der General zwar die berüchtigte »Fingernagelfabrik« der Jordanier leitete, selbst aber nicht foltern musste, weil er durch seine psychologischen Tricks zum Ziel kam.

Das verschaffte ihm ein überlebensgroßes Ego, und so glaubte er irgendwann den Ruf von Politik und Big Business zu hören. Dabei überschätzte sich Kheir – und unterschätzte seinen König Abdullah II. Dieser feuerte ihn trotz seiner zahlreichen Verdienste. Saad Pascha wurde zu einem einsamen Mann, der nachts durch Amman streifte und in seinem Lieblingsrestaurant über die vergangene Dienstzeit grübelte. Er kritisierte die Regierung für ihre Komplizenschaft beim amerikanischen Einmarsch im Irak und verstand so vieles nicht mehr. Als er starb, war er gerade erst 56 Jahre alt.

Ausblick
Nord-Süd: Ein neuer Kalter Krieg

Zum Bild – Wenn der Kalte Krieg in seine heiße Phase gerät, dann werden auch die Geheimen ins Visier genommen. Als Dokument seiner Dominanz über das brutale Regime des Diktators Saddam Hussein veröffentlichte das Pentagon diese beiden Bilder. Sie zeigen ein Hauptquartier des irakischen Militärgeheimdienstes vor und nach dem Luftangriff der U.S. Air Force.

»Gebt mir die Berliner Mauer zurück
Gebt mir Stalin und Paulus
Gebt mir Christus
Oder gebt mir Hiroshima
...
Ich habe die Zukunft gesehen, Baby
Sie ist mörderisch.«
(Aus The Future *von Leonard Cohen, dessen Lieder dem Gefangenen
Maher Arar in seiner syrischen Folterhaft – siehe Seite 221 – immer wieder
halfen, neue Kraft zu schöpfen.)*

Erklärungen von Behörden demokratischer Staaten sind in der Regel dröge in der Darstellung, geizig beim Informationswert, übervorsichtig mit Schlussfolgerungen. Es könnte sich ja einer beleidigt oder gar falsch interpretiert fühlen; besonders schlimm, wenn es sich dabei um ein befreundetes Land handelt. Behörden sichern sich im Alltagsgeschäft juristisch ab, bevor sie etwas sagen. Jedes Statement von Gewicht geht durch mehrere Kontroll- und Zensurinstanzen. Der Minister muss sich bei seinen Vorlagen darauf verlassen können, dass sie ihn am Ende nicht das Amt kosten. Aktuelle Beispiele gibt es genug.

Deshalb erstaunt es, dass Behörden auch anders können. Das lässt im Einzelfall auf ein erhebliches Maß an Gereiztheit und auf professionelle Verärgerung, aber auch positiv auf Selbstbewusstsein schließen. Meistens hat sich Zorn aufgestaut. Die Objekte von polizeilichen Observationen und Ermittlungsverfahren haben zum Beispiel überzogen oder scheren sich nichts darum, dass es in Mitteleuropa Gesetze gibt, die sich nicht mit denen in ihrer Heimat decken. Dort stehen sie aber sowieso über dem Gesetz und dürfen sich alles erlauben. Die Rede ist von Geheimdiensten aus Ländern der islamischen Welt.

Und vom aktuellen Jahresbericht des Bundesamtes für Verfassungsschutz (BfV) in Köln. Darin steht über die Iraner zu lesen, dass sie an ihrer Botschaft in Berlin eine Geheimdienstresidentur unterhalten, dass sie sehr intensiv ihre eigenen Landsleute beobachten und deren Gesinnung herauszufinden versuchen. Und dass sie die logistische Unterstützung für »nachrichtendienstliche Operationen der MOIS-Zentrale in Teheran« liefern.

Über die syrischen Geheimen heißt es wörtlich: »Sie unterliegen keiner rechtsstaatlichen Kontrolle.« In Mitteleuropa sind die Agenten des totalitären Regimes hinter Landsleuten her, die anderer politischer Auffassung sein könnten oder möglicherweise etwas wissen, was das Assad-Regime interessiert. In diesem offiziellen Papier der Bundesrepublik folgt dann der wichtige Satz: »Zielpersonen der Dienste müssen bei Heimreisen mit intensiven Nachstellungen, Vorladungen, Inhaftierungen und – in Einzelfällen – auch mit psychischer und physischer Folter rechnen«.

Die BfV-Autoren wissen, wovon sie reden, haben ihre Kollegen doch den Hamburger Abu Zammar, auf den diese Beschreibung passt, in Damaskus im Foltergefängnis besucht und ihm nicht weiterhelfen können oder wollen.

Fehlt noch Libyen, wo erst vor 15 Jahren ein wichtiger deutscher Verfassungsschützer von angeblichen Straßenräubern erschlagen wurde. Da sind die staatlichen Autoren gnadenlos: »Pseudodemokratische Strukturen mit fehlender Legitimität, der ineffektive Verwaltungsapparat, politische Prozesse, die nicht nachvollziehbar sind, und Korruption machen das System innen- und auch außenpolitisch unkalkulierbar.«

Die Staatsschützer haben festgestellt, dass europaweit viele libysche Späher auf der Jagd nach eigenen Staatsbürgern sind, die möglicherweise unfreundlich über Muammar al-Gaddafi denken. Bei den Libyern ist es komplizierter als mit den anderen Landsmannschaften und Stämmen der Region. Sie reiben sich innerhalb der Berliner Botschaft (dem »Volksbüro«) in Machtkämpfen auf, und dabei mischen die vielfältigen Geheimdienste an vorderster Front mit.

Traurige Tatsache ist, dass diese radikalen Staaten völlig überdimensionierte, sündhaft teure Geheimdienstapparate unterhalten, und dass sie der Meinung sind, es stünde ihnen legal zu, weltweit gegen unbotmäßige Landsleute auch mit Mord und Totschlag vorzugehen. Darüber hinaus halten sie es für völlig normal, mit verdeckten Mitteln Hochtechnologie zu beschaffen, die ihnen von den Herstellerländern aus guten Gründen versagt wird. Die Rede ist von den Grundlagen der Massenvernichtungswaffen oder auch weit reichender Raketen.

Wer sie von der Entwicklung verbotener Kriegstechnologie oder der Vernichtung von Exilpolitikern abhalten will, riskiert einen internationalen Konflikt mit den Schergen der radikalen Regime, mit verständnislosen Regierungen und manchmal sogar mit ihren »Schutzmächten«.

Bei den »einfacheren Fällen« kann es um Leute wie den Bonner Zahnarzt Atef N. gehen, der möglicherweise für einen syrischen Geheimdienst gearbeitet hat, um den gebürtigen Iraner Daniel James, der für die Teheraner Dienste bei der ISAF-Truppe in Kabul spionierte, um den Deutsch-Iraner Said Sadeghi E., der über eine Schweizer Tarnfirma für die Rüstungsindustrie in Teheran verbotenes Material beschaffte, oder um einen iranischen Juden, den die Mullah-Geheimdienste auf Israel angesetzt hatten. Die Liste der Fälle wird täglich länger.

Es kann aber auch – und so passierte es viel zu oft – um Terroristen gehen, die im Auftrag der nah- und mittelöstlichen Geheimdienste unterwegs waren und vor oder nach ihren Taten durch westliche Sicherheitsbehörden gefasst wurden. Das betrifft vor allem den Iran. Die Klerikaldespoten sind in solchen Fällen außerordentlich findig. Sie nehmen Geiseln und versuchen sie gegen ihre reisenden Killer auszutauschen. Das ist ein höchst asymmetrisches Geschäft, weil es sich bei den »Handelsobjekten« zumeist um absolut harmlose Geschäftsleute oder Touristen handelt, auf der anderen Seite jedoch um hartgesottene Kriminelle, die möglicherweise den früheren Premierminister Bakhtiar erstochen oder den Kurdenführer Ghassemlou erschossen haben.

Im Herbst 2009 soll der Iran nach unbestätigten Meldungen eine Liste mit den Namen von elf Personen vorgelegt haben. Acht von ihnen wurden wegen illegaler Technologieexporte aus den USA, England, Frankreich, Deutschland und Kanada verurteilt. Zwei von ihnen sind besonders sensible Fälle: der in Saudi-Arabien verschwundene Atomtechniker Shahram Amiri und einer seiner Kollegen. Aus französischen Geheimdienstkreisen wurde mittlerweile bekannt, dass Amiri eine neue Heimat gefunden hat. Stunden, bevor sie in den Iran flogen, informierte er am Frankfurter Airport eine Gruppe von UN-Experten über die Nukleargeheimnisse des Regimes, speziell über die Anlage von Ghom, in der er gearbeitet hatte.

Auf der Liste findet sich schließlich auch der in Istanbul desertierte Exgeneral Ali-Reza Asgari. Der Iran möchte sie alle zurückhaben und bietet im Gegenzug die Freilassung von drei jungen amerikanischen Bergwanderern, die sich im Juli 2009 im kurdischen Grenzgebiet verlaufen haben und dabei von iranischen Einheiten aufgegriffen wurden.

Das hat nichts mit der Logik der etablierten Agententauschgeschäfte zwischen dem alten Ostblock und dem Westen an der Glienicker Brücke in Berlin zu tun. Im damaligen Kalten Krieg gab es für solche Aktionen auch eine rechnerische Balance. Die Handlanger der nahöstlichen Geheimdienste entführen dagegen ein amerikanisches Verkehrsflugzeug, um am Ende für einige Dutzend unschuldige Passagiere 766 libanesische Kämpfer aus einem israelischen Gefängnis freizupressen.

Diese beispielhaften Fälle, und viele andere, sind Teil eines neuen Kalten Krieges, der schon lange nicht mehr auf der Ost-West-Schiene läuft, sondern sich eine neue Nord-Süd-Achse geschaffen hat. Es geht um die militante Ausbreitung des Islam und um die Milliardenerträge aus dem in wenigen Jahren zusammenbrechenden Ölgeschäft, um den ewigen Nahostkonflikt zwischen Israel und den Arabern, um Amerikas gesetzlosen »Krieg gegen den Terror« und Aktion wie Reaktion der Gegenseite, um daraus resultierenden grenzenlosen Hass und die neue Festungs- und Sicherheitsmentalität in Europa und den USA. Es geht um Wohlstand und Armut, um die Arroganz starker Armeen und das Bewusstsein derer im Süden, dass sie nichts zu verlieren haben – und es auf ihr individuelles Leben längst nicht ankommt.

Auf einer Sonderschiene laufen immer noch schmutzige, menschenverachtende Geheimdienstgeschäfte. Dafür gibt es ein prominentes Vorbild. Am 29. Oktober 1965 wurde der marokkanische Oppositionsführer Mehdi Ben Barka am hellichten Tag vor der Brasserie Lipp auf dem mondänen Pariser Boulevard Saint-Germain in ein Auto gezerrt und verschleppt. Das Hit-Team soll von einem CIA-Agenten angeführt, aus Angehörigen des französischen Auslandsdienstes SDECE und angereisten Marokkanern bestanden haben. Einer der fünf verdächtigen Araber, General Hosni Benslimane, ist heute noch Kommandeur der Königlichen Gendarmerie.

Im Juni 2001 packte der ehemalige marokkanische Agent Ahmed Boukhari über die Hintergründe der spektakulären Tat aus. Mehdi Ben Barka sei über den Pariser Flughafen Orly nach Rabat transportiert worden. Man habe ihn in das Folterzentrum Dar el-Mokri gebracht. Seine übel zugerichtete Leiche sei später in Säure aufgelöst worden. Der marokkanische Geheimdienst habe das in einem Video für König Hassan II. festgehalten. Die französischen Ermittlungen zur Affäre Ben Barka wurden nie eingestellt. Erst 2007 unterzeichnete ein Untersuchungsrichter fünf Haftbefehle gegen tatverdächtige Marokkaner. Das passierte pikanterweise am ersten Tag eines Staatsbesuchs des französischen Präsidenten Nicolas Sarkozy beim nordafrikanischen Partner.

Die Amerikaner haben keinen Sinn für historische Parallelen, da sie auch die Analogie zwischen Vietnam und Afghanistan beziehungsweise Irak nicht erkennen (wollen). Genauso wenig merken sie, in welche gefährliche Abhängigkeit das Outsourcing von Folter und Mord demokratische Staaten führen kann. Ganz zu schweigen von den eigenen Verbrechen in Guantanamo, Abu Ghraib und Bagram.

Der gefährliche, skrupellose Kurs jenseits aller in Jahrzehnten mühsam erworbener moralischer und ethischer Werte eskalierte mit dem 11. September 2001. Er ließ die bisher sorgsam bewachten Dämme gegen staatlich sanktionierte Grausamkeiten brechen. Er belebte das Geschäft der Geheimarmeen im Nahen und Mittleren Osten und förderte eine kriminelle Kooperation mit üblen Schurkenstaaten, die noch vor wenigen Jahren undenkbar war.

Auf alle Fälle verhindert er, dass die Demokratien des Westens sich auch gegen Staatsterroristen verbünden und bei der Entführung von Bürgern, die zur falschen Zeit an der falschen Stelle waren beziehungsweise bei Anschlägen, sofort reagieren. Der Minimalkonsens würde aus dem Abbruch der diplomatischen Beziehungen und der Handelskontakte bestehen. Das hat es bisher nur in einigen seltenen Ausnahmefällen gegeben. Würde es als Regel festgeschrieben, dann wäre der Freiraum für die Geheimdienste des Nahen und Mittleren Ostens bei ihren Operationen in Europa und den USA spürbar begrenzt. Wo immer sie zuschlagen wollen, sie würden es sich vorher zweimal überlegen.

Empfehlenswerte Literatur

Allgemeines

Ali, Tariq: Fundamentalismus im Kampf um die Weltordnung. Die Krisenherde unserer Zeit und ihre historischen Wurzeln. Kreuzlingen/München 2002.

Caroz, Yaacov: The Arab Secret Services. London 1978.

Fisk, Robert: The Great War for Civilisation – The Conquest of the Middle East. London 2005.

Kahana, Ephraim/Suwaed, Muhamad: Historical Dictionary of Middle Eastern Intelligence. Lanham MD 2009.

Krieger, Wolfgang: Geschichte der Geheimdienste. Von den Pharaonen bis zur CIA. München 2009.

Miniter, Richard: Disinformation. 22 Media Myths That Undermine the War on Terror. Washington 2005.

Oren, Michael B: Power, Faith and Fantasy. America in the Middle East 1776 to the Present. New York 2007.

Todd, Paul/Bloch, Jonathan: Globale Spionage. Geheimdienste und ihre Rolle im 21. Jahrhundert. Berlin 2003.

Weiss, Walter M.: Die arabischen Staaten. Geschichte, Politik, Religion, Gesellschaft, Wirtschaft. Heidelberg 2007.

Irak

Makiya, Kanan: Republic of Fear. The Politics of Modern Iraq. Berkeley/Los Angeles 1998.

Sumaida, Hussein with Jerome, Carole: Circle of Fear. Toronto 1991.

Iran

Archiv für Forschung und Dokumentation Iran – Berlin e.V./Verein iranischer Flüchtlinge in Berlin e.V.: Mykonos-Urteil. Berlin 1998.

Avebury, Eric/Wilkinson, Robert: Iran: State of Terror. An Account of Terrorist Assassinations by Iranian Agents. London 1996.

Bergman, Ronen: The Secret War with Iran. The 30-year Clandestine Struggle Against the World's Most Dangerous Terrorist Power. New York 2008.

Dietl, Wilhelm: Die BKA Story. München 2000.

Dietl, Wilhelm: Heiliger Krieg für Allah. Als Augenzeuge bei den geheimen Kommandos des Islam. München 1983.

Dietl, Wilhelm: Schwarzbuch Weißes Haus. Außenpolitik mit dem Sturmgewehr. Erftstadt 2004.

Dietl, Wilhelm: Waffen für die Welt. Die Milliardengeschäfte der Rüstungsindustrie. München 1986.

Ghaffari, Reza: Weinende Tulpen. Gefangen im Gottesstaat Iran. Aschaffenburg 1999.

Iran Human Rights Documentation Center: Condemned by Law. Assassination of Political Dissidents Abroad. New Haven CT 2008.

Iran Human Rights Documentation Center: Covert Terror. Iran's Parallel Intelligence Apparatus. New Haven CT 2009.

Iran Human Rights Documentation Center: Murder at Mykonos. Anatomy of a Political Assassination. New Haven CT 2007.

Iran Human Rights Documentation Center: No Safe Haven. Iran's Global Assassination Campaign. New Haven CT 2008.

Jafarzadeh, Alireza: The Iran Threat. President Ahmadinejad and the Coming Nuclear Crisis. New York 2007.

Makiam, Hassan: Die Ergebniss der Taten der Einzeltäter und die Serienmorde. Teheran (nur in persischer Sprache).

Melman, Yossi mit Javedanfar, Meir: The Nuclear Squinx of Tehran. Mahmud Ahmadinejad and the State of Iran. New York 2007.

Naji, Kasra: Ahmadinejad. The Secret History of Iran's Radical Leader. Berkeley 2008.

Nirumand, Bahman: Persien, Modell eines Entwicklungslandes oder Die Diktatur der freien Welt. Reinbek 1967.

O'Ballance, Edgar: Islamic Fundamentalist Terrorism, 1979–95. The Iranian Connection. London 1997.

Pilz, Peter: Eskorte nach Teheran. Der österreichische Rechtsstaat und die Kurdenmorde. Wien 1997.

Plate, Thomas und Darvi, Andrea: Secret Police. The Inside Story of a Network of Terror. New York 1981.

Rafizadeh, Mansur: Witness. From the Shah to the Secret Arms Deal, An Insider's Account of U.S. Involvment in Iran. New York 1987.

Reyshahri, Mohammed: Erinnerungen. Teheran (drei Bände in persischer Sprache).

Ziba-Kalam, Dr. Sadegh: Die Opfer. Analyse der Höhen und Tiefen der neuen Bewegung der Reformisten. Teheran (nur in persischer Sprache).

Libyen

Bowen, Wyn Q.: Libya and Nuclear Proliferation. Stepping Back From the Brink. London 2006.

Sadek, Hassan: Gaddafi. München 2005.
Stanik, Joseph T.: El Dorado Canyon. Reagan's Undeclared War on Qaddafi. Annapolis MD 2003.

Palästina

Lia, Brynjar: A Police Force Without a State. A History of the Palestinian Security Forces in the West Bank and Gaza. Reading 2006.

Saudi-Arabien

Abukhalil, As'ad: The Battle for Saudi Arabia. Royalty, Fundamentalism, and Global Power. New York 2004.
Bradley, John R.: Saudi Arabia Exposed. Inside a Kingdom in Crisis. New York 2005.
Teitelbaum, Joshua: Holier Than Thou. Saudi Arabia's Islamic Opposition. Washington 2000.

Syrien

Blanford, Nicholas: Killing Mr. Lebanon. The Assassination of Rafiq Hariri and its Impact on the Middle East. London 2006.
Deeb, Marius: Syria's Terrorist War on Lebanon and the Peace Process. New York 2003.
Dietl, Wilhelm: Carlos. Das Ende eines Mythos. Die Jagd nach dem Top-Terroristen. Bergisch Gladbach 1995.
George, Alan: Syria. Neither Bread nor Freedom. London/New York 2003.
Iskandar, Marwan: Rafiq Hariri and the Fate of Lebanon. London 2006.
Külbel, Jürgen Cain: Mordakte Hariri. Unterdrückte Spuren im Libanon. Berlin 2006.
Middle East Watch: Syria Unmasked. The Supression of Human Rights by the Asad Regime. New York 1990.
Moslembruderschaft Syrien: Assads langer Arm. Der syrische Terror im Ausland, o.A.
Nirumand, Bahman (Hg.): Im Namen Allahs. Islamische Gruppen und der Fundamentalismus in der Bundesrepublik Deutschland. Köln 1990.
Rubin, Barry: The Truth About Syria. New York 2007.
Wieland, Carsten: Syria at Bay. Secularism, Islamism and ›Pax Americana‹. London 2006.

Terrorismus

Byman, Daniel: Deadly Connections. States that Sponsor Terrorism. Cambridge 2005.

Clarke, Richard A: Against all Enemies. Der Insiderbericht über Amerikas Krieg gegen den Terror. Hamburg 2004.

Coll, Steve: Die Bin Ladens. Eine arabische Familie. München 2008.

Coll, Steve: Ghost Wars. The Secret History of the CIA, Afghanistan, and Bin Laden, from the Soviet Invasion to September 10, 2001. New York 2004.

Dietl, Wilhelm/Hirschmann, Kai/Tophoven, Rolf: Das Terrorismus-Lexikon. Täter, Opfer, Hintergründe. Frankfurt a. M. 2006.

Falkoff, Marc: Poems from Guantanamo. The Detainees Speak. Iowa City 2007.

Grey, Stephen: Das Schattenreich der CIA. Amerikas schmutziger Krieg gegen den Terror. München 2006.

Mayer, Jane: The Dark Side. The Inside Story of How the War on Terror Turned Into a War on American Ideals. New York 2008.

Risen, James: State of War. Die geheime Geschichte der CIA und der Bush-Administration. Hamburg 2006.

Spurlock, Morgan: Wo zum Teufel steckt bin Laden? München 2009.

Weiner, Tim: Legacy of Ashes. The History of the CIA. New York 2007.

Worthington, Andy: The Guantanamo Files. The Stories of the 774 Detainees in America's Illegal Prisons. London 2007.

Wright, Lawrence: Der Tod wird euch finden. Al-Qaida und der Weg zum 11. September. München 2007.

Bildnachweis

Wilhelm Dietl, geboren 1955, freier Journalist (u. a. bei »Der Spiegel«, »stern« und »Focus«) und Autor zahlreicher erfolgreicher Bücher zu den Themen Naher und Mittlerer Osten, Südasien, Geheimdienste, Terrorismus. Seine letzten Bücher befassten sich mit dem Innenleben des Bundesnachrichtendienstes, dem er lange Jahre angehörte: »Spy Ladies – Frauen im Geheimdienst« (2006) und »Deckname Dali« (2007). »Was Dietl berichtet, hört sich an wie aus einem Agenten-Thriller … Dietl wusste seine Insider-Kenntnisse zu nutzen«, schrieb »Spiegel online« über ihn.

Gregor Mayer
Bernhard Odehnal
Aufmarsch
Die rechte Gefahr aus Osteuropa

ISBN 978 3 7017 3175 6

Rechtsradikale Parteien und neofaschistische Gruppen werden zu einem immer größeren Problem in den neuen Demokratien Mittel- und Osteuropas. Die Korrespondenten Gregor Mayer und Bernhard Odehnal beobachten seit Jahren die wachsende Bedrohung – und sind dabei mitunter selbst in die Schusslinien geraten. In ihrem Buch beleuchten sie in Reportagen und Analysen die rechtsextreme Szene in Ungarn, Tschechien, der Slowakei, in Serbien, Kroatien und Bulgarien. Auf der Grundlage von Recherchen und Insiderinformationen stellen sie die historischen und ideologischen Hintergründe dar und zeigen, wie gegen Roma, Juden und Homosexuelle gehetzt wird.

»Zum ersten Mal zeigen die beiden Autoren, wie stark die Propagandisten der diversen obskuren Verschwörungstheorien noch – oder wieder – sind. Der Leser erfährt aus erster Hand, wie die Netzwerke der rechtsextremen und radikal nationalistischen Gruppen funktionieren und warum sich relativ viele junge Menschen, keineswegs nur aus der Unterschicht, von der Demokratie abwenden und als Verlierer der Globalisierung auch den Glauben an die Politik verlieren.«
Paul Lendvai

www.residenzverlag.at

Paul Flieder
Der Barbier von Bagdad
Leben, Sterben und Glauben im Irak

ISBN 978 3 7017 3148 0

»Dieses Buch ist keines, das den vielen Theorien über den Irak-Krieg eine weitere hinzufügen will. Es ist ein Buch über die Menschen, deren Leben seit Generationen durch Politik und Krieg zerstört wird. Ein Buch über ein Land, in dem die Bevölkerung vollkommen traumatisiert ist und keine Hoffnung mehr hat. Diese Menschen kommen in dem Buch zu Wort. Viele hat es geradezu gedrängt, zu sprechen, ihre Namen zu nennen, sich fotografieren zu lassen. Sie haben mich eingeladen, bewirtet, umarmt und mich immer wieder beschworen: Erzähle, was hier wirklich los ist.«
Paul Flieder

»Mit dem offiziellen Ende des Irak-Krieges begann für die Menschen der richtige Krieg: tägliche Morde, Entführungen, Bomben, Verelendung. Paul Flieder kümmert sich nicht um die große Politik – er zeigt die Menschen in ihrem täglichen Kampf um das physische und materielle Überleben.«
Hugo Portisch

»Flieder erklärt (…) das politische, kulturelle und religiöse Umfeld der Menschen. Das macht er ausführlich und kenntnisreich. Das Buch ist (…) weit mehr als nur eine Klagemauer für Opfer missratener amerikanische und irakischer Politik.«
Jörg Armbruster, SWR

www.residenzverlag.at